Obrigado a Marilia, sem seu apoio esta
reimpressão não seria possível.

# 1968
Ditadura Abaixo

# 1968
## Ditadura Abaixo

Teresa Urban
Quadrinhos de Guilherme Caldas

Curitiba - PR

*1ª reimpressão*

2023

© Teresa Urban

Desenhos/Quadrinhos: Guilherme Caldas
Capa: Guilherme Caldas
Assistentes de arte: Elisa Serafin, Félix Varejão e Francisco Gusso
Assistentes de pesquisa: Lennita Ruggi e Manuela Salazar
Organização de dados: Lennita Ruggi
Projeto Gráfico: Diego Corrêa Martins
Editoração: Diego Corrêa Martins
Revisão: Renata Medeiros
Reproduções fotográficas: João Urban

Foto Prêmio Esso de 1968 cedida por Edson Jansen

```
U72m    Urban, Teresa
            1968 ditadura abaixo / Teresa Urban ; ilustração de Guilherme
        Caldas. – Curitiba : Arte & Letra, 2008.
        252 p. : il.

            ISBN 978-85-60499-10-6

            1. Movimento estudantil – Curitiba - 1968. 2.História do Brasil - 1968.
        I. Caldas, Guilherme. II. Título.

                                        CDU 2ª ed. 329.61-057.87(816.2)"1968"
```

Direitos desta edição:
Arte e Letra Editora
Rua Desembargador Motta, 2011 - CEP 80420-162 - Curitiba/PR
www.arteeletra.com.br

PARA

JOÃO, CECÍLIA E NEWTON, MEUS NETOS

TERESA, BEATRIZ E PEDRO, NETOS DE CLÁUDIO

JULIA, SOFIA E CLARA, NETOS DE MARÉS

ARTHUR E LAURA, NETOS DE MUSSI

HELENA, SOFIA, JÚLIA, LUCAS, GUILHERME E GABRIEL, NETOS DE HÔDA

MATTEUS, LOUISA, VIKTOR E ARTHUR, NETOS DE ORIOVISTO

VITOR, FILHO DE GUILHERME

JULIANA, RODRIGO, RAFAEL E BEATRIZ, FILHOS DE CABRAL

PARA OS MENINOS DE QUATRO PINHEIROS

MUITO, MUITO ANTES DE 1968 . . . . . . . . . . . . . . . 17
POUCO ANTES . . . . . . . . . . . . . . . . . . . . . . . 37
1968 . . . . . . . . . . . . . . . . . . . . . . . . . . . 53
DEPOIS . . . . . . . . . . . . . . . . . . . . . . . . . 229
2008 . . . . . . . . . . . . . . . . . . . . . . . . . . . 237
FONTES DE PESQUISA (E DE CONSULTA) . . . . . . . . 243

O LIVRO, SEGUNDO JOÃO

EXISTEM VÁRIOS JEITOS DE SE CONTAR UMA HISTÓRIA. MINHA VÓ, ESCREVENDO ESTE LIVRO, USA UM BEM DIFERENTE DO NORMAL. ELA MOSTRA, PARA AS PESSOAS QUE O LEREM, VÁRIOS PONTOS DE VISTA SOBRE O QUE OCORREU NO ANO DE 1968, COM MUITAS CURIOSIDADES SOBRE A CULTURA, OS ESPORTES, A LITERATURA, A MÚSICA E O MODO DE VIDA. MOSTRA, TAMBÉM, AS DIFICULDADES ENFRENTADAS POR AQUELES QUE VIVERAM NA ÉPOCA E, PRINCIPALMENTE, DAQUELES QUE PARTICIPARAM DO MOVIMENTO ESTUDANTIL.

PORÉM, APESAR DE MINHA VÓ TER FEITO MUITO ESFORÇO PARA FAZER UM BOM LIVRO, ELE DEPENDE TAMBÉM DE QUEM O LÊ. PARA AJUDAR O LEITOR, ELE É BASTANTE INFORMAL, E TEM VÁRIOS QUADRINHOS PARA QUE A HISTÓRIA POSSA SER PASSADA MAIS FACILMENTE E, ASSIM, AJUDAR A ENTENDER MELHOR COMO ESTUDANTES PODEM LUTAR PELO QUE ACHAM QUE É DIREITO E IMPOR SUA VONTADE, MESMO COM MUITAS DIFICULDADES.

O LIVRO, SEGUNDO A VÓ DE JOÃO

A PRIMEIRA VEZ QUE PENSEI EM CONTAR ESSA HISTÓRIA FOI QUANDO JOÃO NASCEU, HÁ QUASE 16 ANOS, PARA QUE ELE PUDESSE CONHECER SUAS RAÍZES. DEIXEI DE LADO A IDÉIA PORQUE ELE PARECIA MUITO PEQUENO PARA UMA HISTÓRIA TÃO GRANDE. O TEMPO FOI PASSANDO E EU ADIANDO, OLHANDO O BEBÊ VIRAR MENINO, DEPOIS GAROTO, ADOLESCENTE.

VEIO CECÍLIA, E EU ADIANDO. CHEGOU NEWTON E A HISTÓRIA DISPERSA, AS RAÍZES ESPALHADAS.

AÍ PERCEBI QUE, DESDE 1968, LÁ SE VÃO 40 ANOS, ESTAVA VIRANDO MESMO UMA HISTÓRIA DE VÓ. MELHOR CONTAR LOGO. PARA BUSCAR O JEITO CERTO, COMO DIZ JOÃO, PRECISEI DE MUITA AJUDA DE GENTE JOVEM COMO ELE, OUTROS UM POUCO MAIS VELHOS, MAS COM UM TRAÇO EM COMUM: TINHAM NASCIDO MUITO DEPOIS DE 1968, JÁ DE MOUSE NA MÃO, DEDINHO CLICANDO BOTÃO. ELES INDICARAM O JEITO, EU REMEXI NO BAÚ DA MEMÓRIA, NOS ARQUIVOS DE JORNAIS, REVISTAS, DOCUMENTOS DA DOPS E EM VELHOS ÁLBUNS DE FOTOGRAFIA. E FOI ASSIM QUE SAIU ESTE LIVRO.

PARA FAZER ESTE LIVRO FOI PRECISO JUNTAR INGREDIENTES RAROS E ESPECIAIS:

A CERTEZA DE MARIANNE SPILLER DE QUE ESTAVA MAIS DO QUE NA HORA DE CONTAR ESSA HISTÓRIA PARA OS MENINOS

O APOIO IRRESTRITO DE UM PUNHADO DE VELHOS AMIGOS: CABRAL, CLÁUDIO, EDUARDO, HÔDA, MARÉS, MARÍLIA, MUSSI, ORIOVISTO E PAULO

O ENTUSIASMO DE LENNITA, GUILHERME E DIEGO, QUE MERGULHARAM FUNDO NESSE UNIVERSO DESCONHECIDO

A LEITURA ATENTA DE LUCAS, JOÃO, THIAGO E MARIA, CHAMANDO ATENÇÃO PARA DETALHES QUE SÓ MENINOS CONSEGUEM VER

A INFINITA PACIÊNCIA DE GUNTHER, LUPE, BIA E BENN

OS PEQUENOS DETALHES DE DAILEY

DEPOIS, FOI SÓ MISTURAR E DEIXAR AQUECER NO CALOR DAS LEMBRANÇAS DE UM TEMPO EM QUE TÍNHAMOS A CERTEZA DE QUE O MUNDO ESTAVA AÍ PARA SER MUDADO.

O tempo não é uma linha
nem a distância mais curta entre dois
•------ pontos. ------•
É estrada de mão única.
É curto, é **longo**.
É novelo de lã entre as patas de um gato.
Enrola, emaranha, embaraça, dá nó.
Estica, encolhe, prende, solta.
Faz, desfaz.
Esgarça, desfia.
Vira em 2, vira em 10.
Sobe, desce, parece que desaparece.
Não tem cor, mas às vezes dias negros,
anos de chumbo, domingos sangrentos,
séculos de luzes.
Horas mortas, perdidas.
+É demais, é de menos.—
Div/ide, multi×plica.
É **veloz**, é lento.
Tem memória mas esquece.
✓É certo, ✗é errado,
Ensina, consola.
É remédio,
Vai, mas não volta.
Não acaba, não tem replay nem .

# MUITO, MUITO ANTES DE 1968

# MEXE-MEXE NA LINHA IMAGINÁRIA

"As dez direções são sem paredes. Os quatro pontos cardeais são sem portões."
*Antiga citação chinesa*

"Navegar é preciso; viver não é preciso."
*Frase atribuída a Pompeu,
general romano. ano 100 AC*

"Ó mar salgado, quanto do teu sal
São lágrimas de Portugal!"
**Mar Portuguêz**. *Fernando Pessoa. 1918*

Em busca de mercadorias de valor para comercializar - especiarias, marfim, ouro e escravos -, Espanha e Portugal disputam o domínio de "mares nunca dantes navegados", como diz Camões em *Os Lusíadas*. Quando há dúvidas sobre a posse de novas terras, o papa é quem decide, pois reconhecem à poderosa Roma o direito supremo sobre todas as terras e todos os povos.

**1481** Com uma linha imaginária, o Papa Sisto IV divide o mundo em dois hemisférios: a parte norte vai para a Coroa de Castela (Espanha); a sul, para a Coroa de Portugal.

**1492** Cristóvão Colombo chega às Antilhas e reclama as terras para a Espanha. O rei de Portugal protesta, alegando que as terras estão do lado português e recorre ao papa Alexandre IV.

**1494** Depois de muito vai-e-vem, o papa traça outra linha imaginária, desta vez cortando o mundo de um pólo ao outro. Pelo Tratado de Tordesilhas a parte leste fica para Portugal e a oeste para Espanha. Francisco I, rei de França, reclama: "quero ver a cláusula no testamento de Adão que legitima essa divisão de terras."

## DE QUEM É O NOVO MUNDO?

**1500** O espanhol Vincente Yáñez Pinzón, que acompanhou Colombo na expedição de 1492, cruza a linha do Equador e alcança a costa do Brasil em 26 de janeiro. Como a terra estava no pedaço português do mundo, não valeu.

**1500** Expedição portuguesa de Pedro Álvares Cabral desembarca na costa brasileira em 21 de abril e toma posse da nova terra em nome de Portugal.

Sou Pataxó,
sou Xavante e Cariri,
Ianonami, sou Tupi
Guarani, sou Carajá.
Sou Pancararu,
Carijó, Tupinajé,
Potiguar, sou Caeté,
Ful-ni-o, Tupinambá.

Depois que os mares
dividiram os continentes,
quis ver terras diferentes.
Eu pensei: 'vou procurar
um mundo novo,
lá depois do horizonte,
levo a rede balançante
pra no sol me espreguiçar'.

eu atraquei
num porto muito seguro,
céu azul, paz e ar puro...
botei as pernas pro ar.
Logo sonhei
que estava no paraíso,
onde nem era preciso
dormir para se sonhar.

Mas de repente
me acordei com a
surpresa: uma esquadra
portuguesa veio na praia
atracar.
Da grande-nau,
um branco de barba
escura, vestindo uma
armadura me apontou
pra me pegar. E assustado dei um pulo da rede,
pressenti a fome, a sede,
eu pensei: 'vão me
acabar'.

Me levantei de borduna já
na mão.
Ai, senti no coração,
o Brasil vai começar.

*Chegança.*
*Antônio Nóbrega -1997*

# E COMEÇOU ASSIM...

Trinta anos depois de Cabral, o rei de Portugal manda Martim Afonso de Souza tomar conta das novas terras - incluindo as que "achar e descobrir". Ele traz as primeiras mudas de cana-de-açúcar. Em vinte anos, o Brasil já é o maior produtor mundial de açúcar. Os holandeses têm papel importante na economia açucareira: financiam a instalação de engenhos, refinam o açúcar e distribuem o produto na Europa. Evidentemente, ficam com a maior parte da renda mas, mesmo assim, a produção de açúcar cria grandes fortunas entre os senhores de engenho no Brasil e traz benefícios ao rei de Portugal, que recolhe impostos dos produtores, comerciantes e transportadores.

Enquanto isso, contrabandistas de pau-brasil, que conhecem como muito bem a costa brasileira, levam enormes quantidades para vender na Europa.

Em 1555, chegam os franceses, que sonham em estabelecer aqui a França Antártica, para fugir das perseguições religiosas que dividem a Europa.

## CONVERSA DE ÍNDIO

– Por que vindes vós outros, maírs e perôs (franceses e portugueses) buscar lenha de tão longe para vos aquecer? Não tendes madeira em vossa terra?
– *Temos muita mas não daquela qualidade, e não a queimamos, mas dela extraíamos tinta para tingir, tal qual fazem aqui com os seus cordões de algodão e suas plumas.*
– E por ventura precisais de muito?
– *Sim, pois em nosso país existem negociantes que possuem mais panos, facas, tesouras, espelhos e outras mercadorias do que podeis imaginar e um só deles compra todo o pau-brasil com que muitos navios voltam carregados.*
– Ah! Tu me contas maravilhas, mas esse homem tão rico de que me falas não morre?
– *Sim, morre como os outros.*
– E quando morrem para quem fica o que deixam?
– *Para seus filhos se os têm; na falta destes para os irmãos ou parentes mais próximos.*
– Na verdade, agora vejo que vós outros maírs sois grandes loucos, pois atravessais o mar e sofreis grandes incômodos, como dizeis quando aqui chegais, e trabalhais tanto para amontoar riquezas para vossos filhos ou para aqueles que vos sobrevivem! Não será a terra que vos nutriu suficiente para alimentá-los também? Nós temos pais, mães e filhos a quem amamos; mas estamos certos de que depois da nossa morte a terra que nos nutriu também os nutrirá, por isso descansamos sem maiores cuidados.

*Conversa entre o francês Jean de Léry e um velho Tupinambá. Adaptada de Viagem à Terra do Brasil. 1577*

Formada, em 1580, a União Ibérica: Portugal e suas colônias passam ao domínio espanhol e o mexe-mexe da linha imaginária parou por 60 anos. Espanha proíbe os holandeses de continuar seus lucrativos negócios com o açúcar. Apoiados na Companhia das Índias Ocidentais, os holandeses invadem a Bahia, mas a Espanha reage. Seis anos depois, em 1630, fazem uma nova investida, desta vez em Pernambuco, maior centro produtor de açúcar do mundo. Bem sucedidos, depois de anos de resistência, os holandeses se estabelecem na região. A Companhia nomeia o conde João Maurício de Nassau como governador e estabelece uma política muito favorável aos senhores de engenho: proíbe a

agiotagem; diminui os impostos; concede crédito e perdão de dívidas; e suspensão da penhora de bens.
Essa política não se mantém depois da saída de Nassau. Portugal, que recupera a autonomia política com o fim da União Ibérica, se alia aos senhores de engenho e inicia um movimento contra os holandeses, expulsos definitivamente em 1649.

Não existe pecado do lado de baixo do equador
Vamos fazer um pecado rasgado, suado, a todo vapor
Me deixa ser teu escracho, capacho, teu cacho
Um riacho de amor
Quando é lição de esculacho, olha aí, sai de baixo
Que eu sou professor

Deixa a tristeza pra lá, vem comer, me jantar
Sarapatel, caruru, tucupi, tacacá
Vê se esgota, me bota na mesa
Que a tua holandesa
Não pode esperar

**Não Existe Pecado ao Sul do Equador**, da peça Calabar - elogio à traição.
Chico Buarque / Rui Guerra -1973

## ALÉM DO AÇÚCAR, OUTRO BOM NEGÓCIO: TRÁFICO DE ESCRAVOS

O açúcar faz fortunas, mas é preciso plantar e colher a cana, movimentar os engenhos. Trabalhadores livres não existem por aqui. Os índios resistem, guerreiam, fogem ou morrem quando são escravizados. Os senhores de engenho descobrem, então, outra fonte de mão-de-obra: africanos capturados em guerras tribais, trocados por tecidos, jóias, metais preciosos, armas, tabaco ou cachaça. Portugal já tem o monopólio do comércio na costa ocidental da África. Por que não incluir mais um item nas cargas que os navios levavam? Começa, então, um intenso comércio de seres humanos. Até o final do século XIX o tráfico de escravos é responsável pela retirada violenta de 20 milhões de seres humanos da África. Desses, cerca de 4 milhões vêm para o Brasil. Saem do Congo, de Angola e de Moçambique. Em navios apinhados. Negócio bom também para a Coroa, pois o "direito de resgate" está regulamentado e rende tributos por escravo capturado. Para organizar o comércio, as normas são aperfeiçoadas e com o tempo passa a ser obrigatório verificar se o número de escravos desembarcados é realmente aquele que consta nos registros de bordo, para evitar sonegação de impostos. Sem esquecer de deduzir os mortos, é claro. Assim, um termo de contagem de escravos provenientes de Moçambique no navio Ninfa do Mar, no porto do Rio de Janeiro, em 13 de junho de 1802, por exemplo, registra a chegada de 227 escravos vivos e 228 mortos.
Fugir não é fácil, mas é preciso. Os escravos fugitivos se embrenham na mata e formam quilombos. O mais conhecido deles é o de Palmares, em Pernambuco. Lá vivem 30 mil pessoas, distribuídas em nove aldeias, construindo uma vida de liberdade e resistência.

## ENQUANTO ISSO, NO LADO DE CIMA DO EQUADOR...

Instituído em Portugal, em 1536, o Tribunal do Santo Ofício é encarregado de julgar qualquer infração contra a fé e os costumes católicos, considerada como heresia. Além da devoção a diferentes religiões, são consideradas heresias a prática do homossexualismo, sodomia, feitiçaria, bigamia, blasfêmias, entre outras. As investigações são realizadas pela Inquisição. Os inquisidores são poderosos e seguem as orientações do Manual dos Inquisidores - depois da bíblia, um dos primeiros livros a ser impresso, onde estão detalhados os tipos de crime contra a fé ou os costumes - que devem ser julgados e algumas orientações práticas para se obter uma confissão. A tortura é permitida e aplicada sempre que há suspeita de uma confissão incompleta ou mentirosa. A pessoa denunciada ao Tribunal do Santo Ofício deve ser presa, seus bens, confiscados, e a casa, trancada. Muitas vezes a casa é arrasada para que não fique dela sinal sobre a terra. As penas variam conforme a gravidade da heresia. Os descendentes de um condenado pelo Tribunal do Santo Ofício são considerados infames por várias gerações. Em 1547, sai o primeiro rol de livros proibidos. Os livros permitidos devem obter o "imprimatur" do tribunal. Entre 1600 e 1774, 80% das condenações são de degredo, associado a prisões e açoites. O Brasil é a colônia que recebe o maior número de réus degredados pelo Tribunal Santo Ofício de Portugal.

Em 1694, o quilombo é sitiado e capitula. Zumbi, chefe guerreiro, foge. Capturado um ano depois, condenado à morte, é esquartejado e sua cabeça levada a Olinda para ser exposta publicamente.

{ Se a mão livre do negro tocar na argila
o que é que vai nascer ?
Vai nascer pote pra gente beber
nasce panela pra gente comer
nasce vasilha, nasce parede
nasce estatuinha bonita de se ver.

**Estatuinha,** da peça Arena Conta Zumbi. Augusto Boal / Gianfrancisco Guarnieri / Edu Lobo - 1965 }

{ "Nós, os cardeais da Santa Igreja Romana, pela graça de Deus, tendo sido nomeados inquisidores-gerais da Santa Fé Católica, verificámos que tu, Galileu, filho de Vicente Galilei, florentino, de 70 anos de idade, já no ano de 1613 foste denunciado a este tribunal do Santo Ofício, em virtude de considerares verdadeira a falsa doutrina de que o Sol é o centro do mundo; e de aceitares a ideia de que a Terra não está imóvel (...)"

Sentença do Tribunal do Santo Ofício contra Galileu Galilei. 1633 }

## "EPPUR SI MUOVE!"

O poder de interferência do Tribunal do Santo Ofício não tem limites. Em 1616 considera como heresia a teoria de que o Sol é o centro do universo e que a Terra se move. O físico e astrônomo Galileu Galilei, que defende essa idéia, é julgado pelo tribunal e renega suas teorias. Nem a sentença, nem a negação de Galileu mudaram a ordem do universo. Há quem diga que Galileu sabia disso e resmunga, ao sair do Tribunal: "Eppur si muove!" (Contudo, ela se move)

{ "É verdade que Deus também fez coisas para o nosso sofrimento. Mas foi para que também o temêssemos e aprendêssemos a dar valor às coisas boas. Deus deve passar muito mais tempo na minha roça, entre as minhas cabras e o canavial batido pelo sol e pelo vento, do que nos corredores sombrios do Colégio dos Jesuítas. Deus deve estar onde há mais claridade, penso eu. E deve gostar de ver as criaturas livres como Ele as fez."

Santo Inquérito. Dias Gomes. 1966 }

# O SÉCULO DAS LUZES

As grandes transformações tecnológicas do século XVIII, como a invenção do tear mecânico e da máquina a vapor, fazem crescer as cidade e duas novas classes: a burguesia, dona das fábricas, e os operários, que operam as máquinas. A vida social e econômica da Europa sofre grandes alterações. O velho modelo feudal já não serve mais e surge uma nova e poderosa corrente de pensamento, o iluminismo, fundamentada na valorização da razão, da dúvida, do questionamento, da experiência, da observação das leis naturais em contraposição ao absolutismo e aos privilégios da nobreza e do clero. O iluminismo aposta no conhecimento para fugir da tutela da igreja e do Estado feudal. A Enciclopédia ou Dicionário Racional das Ciências, das Artes e dos Ofícios - um notável conjunto de 17 volumes de textos - faz parte de um esforço conjunto de intelectuais de todas as áreas de conhecimento para divulgação das novas idéias.

No Novo Mundo, começa o movimento pela independência das colônias inglesas na América do Norte. Em 4 de julho de 1776, reunidos na Filadélfia, delegados de todos os territórios norte-americanos promulgam a Declaração da Independência que diz que "todos os homens são iguais".

No Brasil, a ousadia dos pensadores franceses e a independência das colônias inglesas influenciam estudantes e intelectuais. Em Minas Gerais, reúnem-se para planejar a revolta que vai libertar o país de Portugal. Dizem alguns que o movimento visa apenas se livrar da obrigação de pagar impostos sobre o ouro. É a Inconfidência Mineira. São poucos, distantes da população e do centro de poder, mas próximos do ouro que alimenta a Coroa. Criam uma bandeira, fazem versos, sonham com a República de Minas. Derrotados antes de começar a revolta, são todos presos, julgados pela Corte e condenados. São onze sentenças de morte depois modificadas para degredo na África. Apenas Joaquim José da Silva Xavier, o Tiradentes - popular, entusiasmado e falador, mas pobre e sem amigos influentes-, teve sua pena mantida.
A sentença de Tiradentes sofre forte influência das penas mais severas dadas pelo Tribunal do Santo Ofício. Lembra também a de Zumbi dos Palmares. Num sábado, 21 de abril de 1792, a sentença se cumpre: é enforcado no Rio de Janeiro; sua cabeça é cortada, levada até a cidade de Vila Rica e pregada no alto de um poste; o resto de seu corpo é dividido em quatro partes, expostas pelos caminhos de Minas Gerais; a casa em que viveu deve ser arrasada e o terreno salgado, "para que no chão nunca mais se edifique". Como Tiradentes vivia em casa alugada, a sentença mostra delicadeza no trato da propriedade alheia: "não sendo própria (a casa) será avaliada e paga a seu dono pelos bens confiscados".

# LIBERTÉ, EGALITÉ, FRATERNITÉ

Entre maio de 1789 e novembro de 1799, a Revolução Francesa põe por terra o Antigo Regime e desenha uma nova ordem: separação entre Estado e Igreja, Estado secular, voto do povo, instrução pública, serviço militar generalizado, direitos da cidadania, sistema de peso e medidas decimal, igualdade dos filhos perante a herança e a igualdade de todos perante a lei, divórcio, abolição das torturas penais, condenação à escravidão, liberdade religiosa.

# INSTRUÇÃO PARA QUEM PODE

No Brasil, até 1759, os jesuítas são responsáveis pela maioria dos colégios existentes, onde se forma a elite colonial. Depois da expulsão dos jesuítas, a instrução passa a ser obrigação pública. Promovem-se reformas do ensino para reforçar o princípio da autoridade monárquica. No primário, aprende-se a ler, escrever e contar. Nos cursos secundários, que duram entre oito e nove anos, Letras, Humanidades e Artes. A educação não tem recursos específicos, faltam professores, livros, controle e fiscalização dos currículos. Mesmo assim, começam a surgir as primeiras iniciativas voltadas para o ensino da população mais pobre, que não tem acesso à educação. Em 1814, por exemplo, o intendente de Polícia da Corte autoriza que se aproveitem os meninos pobres e "vadios" para trabalhar nas fábricas, ao mesmo tempo em que recebem instrução pública. Universidade? Só na Europa.

# MARAVILHAS TECNOLÓGICAS

Testada, em 1804, a primeira locomotiva a vapor, usando trilhos de ferro fundido. A locomotiva conseguiu puxar cinco vagões com dez toneladas de carga e setenta passageiros à velocidade vertiginosa de 8 quilômetros por hora.

# O REI CHEGOU

Com problemas em Portugal, a família real está de mudança. Instala-se no Rio de Janeiro em 1808. Chega em 14 navios, mais de 13 mil pessoas, entre funcionários, nobres e criados. Mudam a cidade, os costumes e os negócios da Colônia. Um edital real determina que as casas devem se adequar ao padrão real. Outro, que devem ser cedidas aos recém-chegados. É isso que acontece, por exemplo, com a Ópera Nova - primeiro teatro do Brasil - fechada pouco tempo depois da chegada da família real, para alojar empregados da Corte.

As novidades atingem a economia com a abertura dos portos às "nações amigas", a revogação dos decretos que proibiam as manufaturas no Brasil e a criação do Banco do Brasil. Novidades, também, na organização da sociedade, pois o Rio de Janeiro é, agora, Capital do Reino. Cria-se, então, a Intendência Geral de Polícia da Corte e do Estado do Brasil, a quem cabe um enorme conjunto de atribuições: execução de obras públicas; abastecimento da cidade; segurança pessoal e coletiva, incluindo a ordem pública, a vigilância da população dos crimes e a captura de criminosos. Bem à moda de Portugal, deve, ainda, tratar de assembléias secretas, conspirações, perturbações da ordem, motins e sublevações.

A capital do Reino ganha o Real Teatro São João, com 1200 lugares, financiado com recursos da loteria. O rei inaugura o ensino superior na Colônia, com a Faculdade de Medicina da Bahia e Escola de Anatomia, Cirurgia e Medicina do Rio de Janeiro e instala academias militares.

# TRÊS MESES DE REPÚBLICA

A República de 1817, movimento pernambucano que se estendeu a outros estados do Nordeste, rompe com a dominação portuguesa e com a monarquia. Inspira-se na Revolução Francesa e no federalismo norte-americano.

Em apenas três meses, a República pernambucana cria novos cenários. Escravos insolentes, mendigos desaforados, mulatos e negros livres ou libertos falam em ocupar mais espaço na nova sociedade. Durou pouco e a repressão foi violenta, com inúmeros casos de maus tratos, torturas, prisões prolongadas e mortes cruéis.

## O REI VAI EMBORA

A situação se normaliza em Portugal e o povo exige o retorno de D. João VI, que volta em 1821. Deixa em seu lugar o filho D. Pedro como príncipe regente. Um ano depois, D. Pedro declara Independência do Brasil e torna-se imperador. Só em 1825 Portugal reconhece a independência.

## PRIMAVERA DOS POVOS

Charles Darwin chega ao Rio a bordo do Beagle, em 1832. Maravilha-se com a natureza tropical e fica indignado com a escravidão.

Conflitos internos regionais explodem em todo o país. No Rio Grande do Sul, a Revolução Farroupilha, republicana e abolicionista, enfrenta o exército imperial durante dez anos.

Na Europa, o debate político ultrapassa os sonhos iluministas. Movimentos liberais, democráticos ou nacionalistas varrem os governos autocráticos. São as Revoluções de 1848, também conhecidas como Primavera dos Povos.

Pouco antes da insurreição francesa de 1848, Karl Marx e Friedrich Engels abalam o mundo com a primeira frase de seu Manifesto: "Um fantasma ronda a Europa - o fantasma do comunismo". O extenso programa teórico e prático da Liga dos Comunistas, que passa a ser conhecido como Manifesto do Partido Comunista, defende a propriedade coletiva dos meios de produção e a distribuição da riqueza segundo as necessidades de cada um, em oposição ao sistema capitalista.

*"Que as classes dominantes tremam à idéia de uma revolução comunista! Os proletários nada têm a perder a não ser suas algemas. Têm um mundo a ganhar. Proletários de todo o mundo, uni-vos!"*
Último parágrafo do Manifesto do Partido Comunista. Marx e Engels - 1848

Afinada com os grandes debates europeus, a Revolução Praieira de 1849, em Pernambuco, lança o Manifesto ao Mundo, que defende, entre outros pontos: o voto livre e universal; a plena e absoluta liberdade de comunicar os pensamentos por meio da imprensa; o trabalho, como garantia da vida; a independência dos poderes constituídos; a completa reforma do Poder Judiciário, de forma a assegurar as garantias dos direitos individuais dos cidadãos.

Em 1859, foi extinto o Tribunal do Santo Ofício, que funcionou durante seis séculos.

Em 1865, com o fim da Guerra Civil Americana, que causa a morte de 970 mil pessoas, a 13ª Emenda à Constituição americana acaba oficialmente com a escravidão no país. Logo depois surgem sociedades secretas como os Cavaleiros da Camélia Branca e a Ku Klux Klan, que perseguem os negros e defendem a segregação racial.

Na Alemanha, em 1867, é publicado o Livro I de O Capital, de Karl Marx, que disseca em partículas o funcionamento do capitalismo nascente.

## ASSALTO AO CÉU

Durante dois meses e dez dias - de 18 de março a 28 de maio de 1871 - os operários franceses tomam conta de Paris e instalam a Comuna, formada por delegados eleitos pelo povo. A Comuna não é um órgão parlamentar, mas um grupo de trabalho com funções, ao mesmo tempo, legislativas e executivas. Para dirigir a cidade, os operários adotam alguns princípios defendidos pelo Manifesto Comunista, como a substituição do exército pelo povo armado, controle das fábricas abandonadas ou paralisadas pelas cooperativas operárias; igualdade de remuneração de funcionários públicos e operários, eleição da direção de fábricas pelos trabalhadores. Intensa e de curta vida, a Comuna de Paris é criticada por Karl Marx como um "assalto ao céu" porque faltavam condições objetivas para sustentá-la.

## HISTÓRIA SANGRENTA

O maior conflito armado do continente americano une, por motivos diversos, Brasil, Argentina e Uruguai contra o Paraguai. Em 1870, depois de cinco anos de lutas sem tréguas, o Paraguai é um país arrasado: estima-se em 300 mil o número de mortos, entre militares e civis, em decorrência dos combates, das epidemias que se alastraram durante a guerra e da fome. Exaurido, com a população masculina reduzida, o Paraguai se transforma num país miserável. Como sempre, quem sai ganhando são os fabricantes de armas e de medalhas. Os mortos brasileiros são pelo menos 40 mil.

## 1872: DE CADA 100 HABITANTES, 15 SÃO ESCRAVOS.

O primeiro censo demográfico informa: o Brasil tem 9.930.478 habitantes. Desses, 1.510.806 são escravos.

*Senhor Deus dos desgraçados!*
*Dizei-me vós, Senhor Deus,*
*Se eu deliro... ou se é verdade*
*Tanto horror perante os céus?!...*
*Ó mar, por que não apagas*
*Co'a esponja de tuas vagas*
*Do teu manto este borrão?*
*Astros! noites! tempestades!*
*Rolai das imensidades!*
*Varrei os mares, tufão!...*
**Navio Negreiro**. Castro Alves - 1886

O fim da escravidão ainda é tema polêmico, com diferentes correntes abolicionistas. Algumas defendem a simples extinção enquanto outras querem reformas que assegurem condições de vida aos negros libertos. Enquanto os abolicionistas discutem, o tráfico de escravos continua, ao mesmo tempo em que o governo imperial começa a incentivar a vinda de imigrantes europeus para substituir a mão-de-obra escrava. Vence a corrente mais cômoda e os escravos libertados transformam-se numa imensa massa de excluídos, sem direito a terra e sem trabalho.

Mercado de escravos na rua dos Judeus. Recife 1640. Aquarela de Zacarias Wagener.

1500          1960

# CAI A MONARQUIA E CANUDOS

O governo do Império perde suas bases econômicas, militares e sociais. Republicanos se mobilizam para derrubar a monarquia com apoio dos militares. Na manhã do dia 15 de novembro, começa o movimento que pôs fim ao regime imperial. Dois dias depois, Dom Pedro II parte para a Europa. Terminam assim, sem alarde, com um discreto golpe militar, os sessenta e sete anos do império.

A última década do século XIX é de turbulência política. A Constituição de 1891 declara o Brasil uma república federativa e presidencialista no modelo norte-americano. Separa-se o Estado da Igreja e amplia-se direito de voto. Rebeliões, levantes, guerra no Sul, guerra nos sertões nordestinos. Antônio Conselheiro, liderando um grupo de romeiros, desafia a República. Cinco mil homens do exército cercam o arraial de Canudos. Mulheres, velhos e crianças se rendem. Os homens lutam até a morte por degola ou baioneta. Corre o ano de 1897, o século está terminando. Os 5.200 casebres de Canudos são destruídos a dinamite.

# OURO NEGRO

Descoberto nos Estados Unidos, em 1859, o primeiro poço de petróleo a 21 metros de profundidade. No final de 1893, é testada a primeira máquina de combustão interna movida a gasolina.

# PRIMEIRO DE MAIO

Trabalhadores mobilizados por melhores condições de trabalho e jornada de oito horas são duramente reprimidos em 1º de maio 1886, na cidade de Chicago, nos Estados Unidos da América. A data passa a ser lembrada como um dia de luta dos trabalhadores em todo o mundo

Já no início do século XX, os operários brasileiros passam a assinalar o primeiro de maio com manifestações que ganham as ruas para demonstrar a força dos movimentos organizados. Lutam pela redução da jornada de trabalho, então de 10 ou 12 horas, para oito horas, pela abolição do trabalho infantil, pois não há limite mínimo de idade para trabalhar, e pela proteção ao trabalho da mulher.

# TEMPO DE GUERRA

Num domingo de janeiro de 1905, operários de São Petersburgo, então capital do Império Russo, organizam uma manifestação para entregar a Nicolau II um documento pedindo melhores condições de vida e melhores salários. Uma multidão de cerca de 200 mil pessoas, entre as quais muitas crianças e mulheres, dirige-se ao Palácio de Inverno, residência do czar. As tropas do governo, de prontidão, recebem os manifestantes com tiros de fuzil. O incidente, conhecido como Domingo Sangrento, provoca conflitos em toda a Rússia. Surgem os sovietes, conselhos revolucionários formados pelo povo.

No Brasil, lei do deputado Adolfo Gordo autoriza a repressão aos movimentos operários em São Paulo e permite a expulsão de estrangeiros envolvidos em greves. Aprovada no ano de 1907, respalda a expulsão, somente nesse ano, de 132 estrangeiros. Entre 1908 e 1921 outros 556 estrangeiros são expulsos.

Em 1910 ainda vigoram na Marinha do Brasil as severas normas disciplinares que permitem castigos corporais. "Para as faltas leves, prisão e ferro na solitária, a pão e água; faltas leves repetidas, idem idem por seis dias; faltas graves 25 chibatadas". No dia 22 de novembro, o marinheiro Marcelino Menezes é condenado a receber 250 chibatadas. Desmaia, mas o castigo continua. É o estopim da Revolta da Chibata: 2.379 marinheiros, negros e mulatos em sua maioria, tomam os principais navios da armada brasileira exigindo a revogação do Código Disciplinar, o fim das chibatadas e outros castigos, o aumento dos soldos e a preparação e educação dos marinheiros. Comandado por João Cândido Felisberto – conhecido como Almirante Negro, durante cinco dias os marinheiros dominam os navios e enfrentam as autoridades. O governo cede, pois os marinheiros controlam as mais modernas armas da época, e aprova um projeto pondo fim aos castigos e concedendo anistia aos revoltosos. A anistia não se cumpre e alguns dias depois 100 marinheiros são presos e muitos morrem fuzilados ou por maus tratos.

*Rubras cascatas jorravam das costas*
*dos negros pelas pontas das chibatas*
*Inundando o coração de toda tripulação*
*Que a exemplo do marinheiro gritava então*
*Glória aos piratas, às mulatas, às sereias*
*Glória à farofa, à cachaça, às baleias*
*Glória a todas as lutas inglórias*
*Que através da nossa história*
*Não esquecemos jamais*
*Salve o almirante negro*
*Que tem por monumento*
*As pedras pisadas do cais*
*Mas faz muito tempo*
**O Mestre-Sala dos Mares**, *letra original sem censura. João Bosco / Aldir Blanc - 1975*

Em 1914 começa a Primeira Grande Guerra. No Velho Mundo em crise econômica, a vida política e social se reorganiza. Estima-se em 9 milhões o número de soldados mortos em 4 anos de guerra.

# PÃO, TERRA E TRABALHO

Monarquia absolutista, fome, miséria e guerra. Assim é a Rússia, em outubro de 1917. Os sovietes, forma de organização adotada desde 1905, são a base de atuação dos revolucionários bolcheviques do Partido Operário Social Democrata Russo. Lenin, líder bolchevique, quer "todo o poder aos sovietes", defende o confisco das grandes propriedades e o controle das indústrias pelos operários. Os sovietes tomam a capital e, reunidos em Congresso, confirmam o triunfo da revolução, confiando o poder a um Conselho de Comissários do Povo, presidido por Lenin.

Com a cabeça a prêmio, Emiliano Zapata - que durante 10 anos comanda a luta de indígenas camponeses do sul do México com o lema "Terra e Liberdade"-, é assassinado no dia 10 de abril de 1919, por um general governista, atraído pela recompensa oferecida.

Um primeiro de maio de muita festa, em 1919, no Rio de Janeiro. Os trabalhadores cantam a Internacional Comunista pelas ruas da cidade. Nesse período são numerosas as manifestações e a influência da revolução russa se faz sentir de forma marcante.

# OS INDESEJÁVEIS

Em 1912, a lei de Adolfo Gordo, conhecida como "lei dos indesejáveis", sofre alterações, endurecendo ainda mais a repressão contra estrangeiros envolvidos em atividades políticas. Em discurso na Assembléia, seu autor declara:

*"O direito que tem o estrangeiro de entrar e de fixar-se em nosso território tem uma restrição — qual é a de conformar-se com a nossa vida social, respeitando as nossas leis e instituições, obedecendo as nossas autoridades e não constituindo jamais um perigo para a ordem e segurança públicas.*
*A expulsão é uma medida de prevenção, de segurança social e política, é um instrumento de governo, de defesa, que cabe ao Estado no exercício de sua soberania".*

Em 1921 o país tem 30 milhões de habitantes, industrialização começando e cidades crescendo. Estima-se que, nessa época, pelo menos 3 milhões de imigrantes europeus já haviam entrado no país. Muitos trabalhadores das indústrias trazem do país de origem influências de movimentos anarquistas, socialistas e comunistas. As greves e manifestações operárias desencadeiam na imprensa uma campanha contra os "indesejáveis". Aumenta o número de processos de expulsão de estrangeiros por desemprego, ativismo político ou participação em movimentos sindicais, sem qualquer direito à defesa. Em 1923, já senador, Adolfo Gordo aprova controle oficial sobre a imprensa operária.

# ANOS 20

Uma década de acontecimentos marcantes.
Criada, no Rio de Janeiro, a primeira universidade do Brasil.
A Semana de Arte Moderna, em 1922, em São Paulo, é o ponto alto da insatisfação com a submissão da cultura nacional a modelos importados e a busca de uma arte verdadeiramente brasileira. É uma semana de "escândalos" culturais, muito mal recebidos pela elite paulista.
O Partido Comunista do Brasil, com a sigla PCB, realiza seu primeiro congresso, também em 1922.
Seis anos depois é fundado o Partido Fascista Brasileiro.
No mesmo ano, Oswald de Andrade, participante ativo da Semana de Arte Moderna, lança o Manifesto Antropófago, "contra todos os importadores de consciência enlatada."

*"Queremos a Revolução Caraíba. Maior que a Revolução Francesa. A unificação de todas as revoltas eficazes na direção do homem. Sem nós a Europa não teria sequer a sua pobre declaração dos direitos do homem."*
Trecho do Manifesto Antropófago. Oswald de Andrade - 1928

Em 1929, os intelectuais de direita publicam o manifesto Nhengaçu Verde Amarelo, defendendo a integração étnico-cultural sob o domínio da colonização portuguesa.

# ERA VARGAS

Conduzido ao poder em 3 de novembro de 1930 pela Junta Militar que depôs o presidente Washington Luís, Getúlio Vargas cumpre, ao longo de 15 anos, diversos papéis na vida do país. Populista, odiado pela elite industrial paulista, derrotada na Revolução Constitucionalista de 1932, concede direitos trabalhistas, mas aumenta o controle sobre os sindicatos e reprime os comunistas. Manipula a Assembléia Constituinte de 1934 e é eleito presidente com poderes ampliados. Golpista em 1937, institui a ditadura do Estado Novo dirigida por uma constituição fascista, e assim governa o país durante oito anos. Cria o Departamento de Imprensa e Propaganda (DIP) e usa o jornalismo para reforçar o mito do "pai dos pobres" que lhe garante forte base popular. Nos porões da ditadura, a polícia política de Filinto Müller tortura e assassina presos políticos; apesar de simpático ao fascismo, em 1942 declara guerra à Alemanha e à Itália e recebe apoio dos comunistas brasileiros. Deposto em 1945, é eleito senador e deputado constituinte com mais de um milhão de votos e participa da elaboração da nova constituição, em 1946.

Nesse período, ganham força organizações de direita e de esquerda. Em 1932, Plínio Salgado funda a Ação Integralista Brasileira, inspirada no nazismo e no fascismo, que adota como uniforme uma camisa verde e, como saudação - feita com o braço estendido, à moda dos fascistas italianos - a palavra anauê, uma saudação da língua tupi. Plínio Salgado usa um bigode ao estilo de Hitler e defende um Estado autoritário e nacionalista que promova a "regeneração nacional", com base no lema "Deus, Pátria e Família". A Ação Integralista chega a ter mais de 300 mil adeptos em todo o país. Na gangorra política do governo Getúlio Vargas, a Ação Integralista Brasileira é extinta, junto com os demais partidos. Em resposta, os integralistas organizam dois golpes mal sucedidos. Plínio Salgado vai para o exílio em Portugal.

Em 1935 surge a Aliança Nacional Libertadora, que tem como presidente de honra o líder comunista Luís Carlos Prestes. É uma frente popular antifascista que, em pouco tempo, consegue agregar os mais diversos setores da sociedade e se torna um movimento de massas, com 1.600 núcleos espalhados por todo país. O programa da Aliança defende a suspensão definitiva do pagamento da dívida externa, ampliação das liberdades civis, proteção aos pequenos e médios proprietários de terra, reforma agrária nos latifúndios improdutivos, nacionalização das empresas estrangeiras e instauração de um governo popular. Com apenas alguns meses de atividade, a Aliança Nacional Libertadora é declarada ilegal.

Em agosto de 1935, o PCB inicia um levante armado com o objetivo de derrubar Vargas do poder. Sem apoio dos trabalhadores e restrito a três cidades, o movimento fracassa. A repressão é dura, não só contra os comunistas, mas contra toda a oposição ao governo. Milhares de pessoas foram presas em todo o país e o movimento passa à história como Intentona Comunista.

# GUERRA CIVIL ESPANHOLA

Lá como cá, cada vez mais os conflitos estão polarizados entre duas opções: fascismo e socialismo. Na Espanha de 1936, a Falange Fascista inicia uma guerra civil contra o governo da Frente Popular Republicana. Mais de 60 mil comunistas de todo o mundo participam das Brigadas Internacionais em apoio à Frente Popular. Em três anos de luta morrem cerca de um milhão de pessoas. A esquerda é derrotada e o Generalíssimo Franco assume o poder.

> *Espanha no coração*
> *No coração de Neruda,*
> *No vosso e em meu coração.*
> *Espanha da liberdade,*
> *Não a Espanha da opressão.*
> *Espanha republicana:*
> *A Espanha de Franco, não!*
>
> *Espanha republicana,*
> *Noiva da Revolução!*
> *Espanha atual de Picasso,*
> *De Casals, de Lorca, irmão*
> *assassinado em Granada!*
> *Espanha no coração*
> *De Pablo Neruda, Espanha*
> *No vosso e em meu coração!*
>
> **Trechos do poema No meu e no vosso coração.** *Manoel Bandeira.*

Guernica é um painel pintado por Pablo Picasso, que representa o bombardeio sofrido pela cidade espanhola de Guernica, em abril de 1937, por aviões alemães. A respeito de seu trabalho, declara:

*"No, la pintura no está hecha para decorar las habitaciones. Es un instrumento de guerra ofensivo y defensivo contra el enemigo."*
Pablo Picasso, sobre Guernica.

## UNE

Apesar do pequeno número de instituições de ensino superior – o Brasil foi um dos últimos países latino-americanos a ter uma universidade de fato - em 1939 é fundada a União Nacional dos Estudantes (UNE). Em 1943, numa passeata de protesto contra a prisão do presidente do Diretório Acadêmico 11 de Agosto, da Faculdade de Direito da USP, a polícia atira na multidão e dois estudantes morrem. As manifestações estudantis contra o Estado Novo se ampliam. Os estudantes secundaristas realizam seu primeiro congresso nacional em 1948, no Rio de Janeiro e criam a União Brasileira de Estudantes Secundários (UBES), que tem uma linha de atuação sempre próxima à UNE.

# JOGOS DE GUERRA

A divisão dos mercados mundiais entre os vencedores e as condições humilhantes da rendição alemã no final da Primeira Guerra Mundial criam campo favorável para o surgimento do nacional socialismo, o nazismo. A doutrina de Adolf Hitler encontra terreno fértil num país em crise: superioridade da raça ariana, reconquista das regiões perdidas, partido único e poderoso, combate a toda oposição política (socialistas, comunistas, liberais e pacifistas), perseguição aos judeus, desprezo pelas atividades intelectuais. Preocupadas com a ameaça do bloco soviético, as grandes potências ocidentais permitem o crescimento da Alemanha nazista como um antídoto ao comunismo. Alemanha, Itália e Japão têm interesses e planos expansionistas em comum.

Está pronto o tabuleiro da Segunda Guerra Mundial.

Em pouco tempo, as tropas alemãs controlam grande parte da Europa e a resistência fica por conta de grupos antifascistas. Por ironia, cabe às tropas russas deter o avanço da Alemanha. Enquanto isso, a Itália fracassa na África e o Japão avança na Ásia. O bombardeio de uma base norte-americana no Pacífico, por aviões japoneses, provoca a entrada dos Estados Unidos no conflito. Uma guerra que utiliza máquinas cada vez mais poderosas e cria enormes fortunas para seus fabricantes precisa de um grande final: com apenas duas bombas atômicas, os Estados Unidos matam 220 mil pessoas nas cidades japonesas de Hiroshima e Nagasaki. Os jogos de guerra mudam de nível e a divisão do mundo ganha outro desenho.

## NOVO VISUAL

O mundo pós-guerra cria instrumentos para reorganizar a ordem internacional. O Fundo Monetário Internacional e o Banco Internacional para a Reconstrução e o Desenvolvimento, o Banco Mundial, servem aos interesses econômicos. A Organização das Nações Unidas (ONU) tem o papel de manter o equilíbrio político estabelecido. Como nova potência emergente, os Estados Unidos têm grande influência sobre cada um desses organismos.

## GUERRA FRIA

A linha que divide o mundo pós-guerra não é imaginária. Estados Unidos e União Soviética disputam a liderança do planeta, mas o conflito permanece no campo político, ideológico e econômico porque o arsenal nuclear das duas potências se equivalem. É chamada de Guerra Fria porque não há combates diretos entre os dois países.

## NA CHINA, A GRANDE MARCHA

Em outubro de 1949 é instalada a República Popular da China, depois de uma longa guerra civil. Mao Tsé-Tung, teórico marxista, fundador do Partido Comunista Chinês e líder da Grande Marcha que percorreu mais de 12 mil quilômetros no interior da China, é proclamado presidente. O Livro Vermelho de Mao Tsé-tung, com citações e pensamentos do presidente, inspira militantes do mundo inteiro:

*"Todo poder político se origina do cano de uma arma."*

*"A revolução não é um convite para um jantar, a composição de uma obra literária, a pintura de um quadro ou a confecção de um bordado. Ela não pode ser assim tão refinada, calma e delicada, tão branda, tão afável e cortês, comedida e generosa. A revolução é uma insurreição, é um ato de violência pela qual uma classe derruba a outra."*

A oposição do teórico chinês à política da União Soviética provoca divisão de partidos comunistas em diversos países.

**1950** Vargas, de novo. Eleito presidente, vira tema de música de carnaval. O retrato oficial do presidente, distribuído pelo DIP no Estado Novo e retirado quando foi deposto, volta às paredes.

**1950**
Brasil perde a Copa para o Uruguai

**1951**
Promulgada a Lei Afonso Arinos contra a discriminação racial.

> *Bota o retrato do velho outra vez*
> *Bota no mesmo lugar*
> *O sorriso do velhinho*
> *Faz a gente trabalhar, oi!*
>
> *Eu já botei o meu*
> *E tu não vais botar?*
> *Já enfeitei o meu*
> *E tu vais enfeitar?*
> *O sorriso do velhinho*
> *Faz a gente trabalhar, oi!*
>
> **Retrato do Velho**. Haroldo Lobo / Marino Pinto - 1951

O mundo já não é o mesmo, nem o Brasil.
O governo Vargas enfrenta dificuldades e críticas.

> *O Brasil tem muito doutor,*
> *Muito funcionário, muita professora,*
> *Se eu fosse o Getúlio,*
> *Mandava metade dessa gente pra lavoura.*
> *Mandava muita loura*
> *Plantar cenoura*
> *E muito bonitão*
> *Plantar feijão*
> *E essa turma da mamata,*
> *Eu mandava plantar batata.*
>
> **Se eu fosse Getúlio**. Arlindo Marques Jr / Roberto Roberti - 1954

**Em agosto de 1954, Getúlio Vargas se mata com um tiro no peito.**

**1954** Começam as lutas pela independência das colônias africanas. A violência francesa na Argélia choca o mundo. Gana é o primeiro país da África Negra a tornar-se independente, três anos depois.

**1955** Criada a primeira Liga Camponesa, em Vitória de Santo Antão, Pernambuco. Começa a primeira grande onda de lutas pela reforma agrária no Brasil.

# RUMO AO PLANALTO CENTRAL

Depois do traumático fim de Getúlio Vargas, o governo de Juscelino Kubitschek tem ares de modernidade. Promete construir uma capital no planalto central, promove concurso para o projeto urbanístico e arquitetônico de Brasília, compra um porta-aviões, apresenta um Programa de Metas e controla a economia por um Conselho de Desenvolvimento. Rompe com o Fundo Monetário Internacional, mas escancara a entrada de capital estrangeiro. Ganha o apelido de presidente bossa nova.

Bossa nova mesmo é ser presidente
Desta terra descoberta por Cabral
Para tanto basta ser tão simplesmente
Simpático, risonho, original.

Depois desfrutar da maravilha
De ser o presidente do Brasil,
Voar da Velhacap pra Brasília,
Ver a alvorada e voar de volta ao Rio.

Voar, voar, voar, voar,
Voar, voar pra bem distante, a
Té Versalhes onde duas mineirinhas valsinhas
Dançam como debutante, interessante!

Mandar parente a jato pro dentista,
Almoçar com tenista campeão,
Também poder ser um bom artista exclusivista
Tomando com Dilermando umas aulinhas de violão.

Isto é viver como se aprova,
É ser um presidente bossa nova.
Bossa nova, muito nova,
Nova mesmo, ultra nova!

**Presidente Bossa Nova**. Juca Chaves

**1958** Brasil é campeão do mundo

"Vai tudo bem
Pelo lado de lá
Pelo lado de cá
O que é que há.

Não há água, nem leite, nem pão
Carne não se come, faz baixar a pressão
O café vai de marcha à ré
Em compensação, o Brasil foi campeão."

**Vai tudo bem**. Antonio Almeida - 1959

**1959**
Rebeldes liderados por Fidel Castro tomam Havana. Vitória da Revolução Cubana. A guerra de guerrilhas inflama a esquerda latino-americana. A Guerra Fria esquenta.

**1960**
O Brasil tem uma nova capital.

# POUCO ANTES

As linhas imaginárias que dividiam os povos na antiguidade já não existem. Equador, meridianos e paralelos continuam traçados sobre o globo, mas são apenas recursos cartográficos para orientar as sociedades humanas espalhadas pela imensa superfície terrestre. As divisões são outras, profundas e conflitantes. Socialismo x capitalismo; colonizados x colonizadores; trabalhadores x patrões; camponeses x donos da terra; miséria x opulência; negros x brancos.

A temperatura política da Terra é alta, mas a guerra é fria: as duas potências militares do planeta evitam confrontos generalizados. As grandes batalhas se dão nos campos da ideologia e da tecnologia, na corrida espacial, nos esportes, na ONU. Ou, então, pontos distantes do globo, onde testam as novidades bélicas do momento em guerras delimitadas. Os mortos da guerra do Vietnã se contam em milhões – além de 50 mil soldados norte-americanos. A independência das colônias africanas é feita com sangue. Para falar desse mundo polarizado, inventam-se novos termos. Cortina de Ferro, para designar as fronteira dos países que constituem a União Soviética. Comunistas, socialistas, adeptos e simpatizantes são chamados de vermelhos ou bolcheviques. Primeiro Mundo, para os países capitalistas em franca expansão. Segundo Mundo, para o bloco socialista. Por fim, o "Terceiro Mundo, ignorado, explorado, desprezado", como diz o demógrafo francês Alfred Sauvy em seu livro "Três Mundos, um planeta", que popularizou a expressão.

Um planeta, três mundos e uma guerra surda, que se expressa em conflitos locais e disputas extremas. É a paz armada, com bases militares espalhadas pelo planeta, mísseis com o nariz apontado contra o inimigo, a ameaça dos mortais efeitos das armas nucleares pairando sobre a Terra.

Década de grandes espetáculos: Yuri Gagarin, astronauta russo, é o primeiro ser humano a ver a Terra do espaço, azul, maravilhosa. Pronto, já sabemos a cor do planeta! Os norte-americanos fincam no solo lunar uma bandeira dos Estados Unidos, no melhor estilo do velho oeste. Só falta, agora, pintar a logomarca da Coca-Cola no satélite prateado.

A Guerra Fria moderniza a indústria, agiliza os transportes, acelera as comunicações. São anos de crescimento econômico nunca visto, de conquistas tecnológicas inimagináveis e de um intenso debate ideológico. Esse cenário não combina com a forma antiga de organização social, a família tradicional, as mulheres submissas, o futuro traçado desde o nascimento, a burocracia autoritária, a universidade arcaica, a democracia contida. O feminismo resgata o livro o Segundo Sexo, de Simone de Beauvoir e abre uma nova frente de batalha. Ao mesmo tempo, a degradação do ambiente promovida pelo crescimento sem limites desperta as primeiras dúvidas sobre o destino da natureza e Rachel Carson, com Primavera Silenciosa, abre outras fronteiras num debate já tão rico.

Todas essas questões se misturam à discussão maior, pois a opção entre capitalismo e socialismo está sempre presente, mobiliza trabalhadores, faz crescer os partidos de esquerda e, principalmente, apaixona os jovens, em todo o mundo.

São anos intensos que nem sempre desaguam em mares tranquilos. Na América Latina, por exemplo, o golpe militar no Brasil inaugura um longo período de ditaduras militares e barbárie.

O golpe militar tem uma razão bem prática: o capitalismo em crescimento precisa garantir sua expansão e aqui é um bom lugar, com mão-de-obra barata, terras férteis e recursos naturais aparentemente inesgotáveis. Só que é preciso eliminar alguns obstáculos como leis de proteção para setores fundamentais da economia, gastos públicos para políticas sociais, esforços para desenvolvimento científico e tecnológico próprios, reforma agrária, sindicatos fortes e grupos nacionalistas e socialistas. Em resumo, a ordem é varrer qualquer resistência política, apoiar os negócios locais e escancarar a porteira para o capital internacional, e os militares se prestam muito bem a esse papel. É claro que a justificativa oficial para o golpe não é essa, e sim a ameaça comunista. Uma boa desculpa, que agrupa militares, donos de terra e empresários, com apoio da parte da Igreja Católica que vê o perigo vermelho em cada esquina, e daqueles setores da classe média que acham até tomate maduro subversivo.

# UM PLANETA EM EBULIÇÃO

Protestos da população negra dos EUA contra discriminação racial espalham-se pelo Sul do país

EUA aprovam a pílula contraceptiva

Federico Fellini filma "La Dolce Vita"

**Propriedades norte-americanas em Cuba ocupadas em retaliação contra a agressão econômica dos Estados Unidos**

**EUA rompem relações diplomáticas com Cuba**

União Soviética vence a corrida para mandar o primeiro homem ao espaço sideral

Bob Dylan, com 20 anos, encanta Nova York

**Norte-americanos assistem pela primeira vez imagens de televisão ao vivo da Europa, transmitidas por satélite**

**Martin Luther King lança campanha pacífica pelo fim da segregação racial, mas milhares de pessoas são presas durante as marchas de protestos**

**Jane Fonda é Barbarella, a heroína espacial, de Roger Vadim**

União Soviética coloca a primeira mulher no espaço

A atriz Marilyn Monroe é encontrada morta em sua casa de Los Angeles, com um frasco de calmantes ao seu lado

**Presidente norte-americano John Kennedy é assassinado a tiros em Dallas**

**Martin Luther King recebe o prêmio Nobel da Paz, por sua luta pacífica pelos direitos civis**

Beatles viram febre em todo o mundo

Jean-Paul Sartre ganha o Nobel de literatura, mas recusa porque o prêmio poderia interferir em suas responsabilidades como escritor

Stanley Kubrick lança Dr. Strangelove, uma das maiores e mais duras críticas satíricas à Guerra Fria

**Estilista norte-americano Rudi Gernreich lança o topless**

Sidney Poitier é o primeiro negro a conquistar um prêmio Oscar de melhor ator

1960     1968

**EUA aprovam lei proibindo qualquer forma de discriminação racial**

Estilista francês André Courrèges lança a minissaia

**Naves norte-americanas encontram-se no espaço**

Soviéticos anunciam que a nave Luna 10 está em órbita da Lua

**Aumenta a oposição à guerra do Vietnã**

10 mil hippies se juntam no Central Park, em Nova York

**Lançado o forno de microondas**

Começa o uso da informática para fins comerciais

**Guerrilheiros vietnamitas lançam a ofensiva Tet**

Sony desenvolve tubo de TV a cores

**Roqueiro Ian MacLagan é preso por porte de maconha**

Coréia do Norte captura o submarino norte-americano USS Pueblo, acusado de espionagem em águas territoriais coreanas

**Astrônomo Jocelyn Burnnel descobre o primeiro pulsar**

Primeiro transplante de coração é realizado por cirurgiões franceses

**Che Guevara é executado na Bolívia**

Submarino atômico U.S. Scorpion afunda com 99 tripulantes

**Senador Bobby Kennedy é assassinado em Los Angeles**

Grande concerto no Hyde Park reúne as maiores bandas do momento: Pink Floyd, Jethro Tull, Roy Harpeer e Tyrannosaurus Rex

**França explode bomba de hidrogênio do sul do Pacífico e se torna a quinta potência nuclear do planeta**

Cosmonauta soviético Alexei Leonov é primeiro homem a sair de uma espaçonave em órbita e flutuar no espaço

**Rolling Stones arrasam com "Satisfaction"**

15 mil estudantes se aglomeram diante da Casa Branca para exigir a retirada das tropas americanas do Vietnã e o fim da guerra

Mao Tse-Tung lança a "Revolução Cultural" na China

**A sonda norte-americana Surveyor 1 pousa em solo lunar e envia fotografias**

Festival Pop Internacional de Monterey reúne 50 mil jovens de cabelos compridos, pregando amor em vez de guerra

**IBM lança o circuito integrado ou chip**

Massacre de My Lai: centenas de mulheres, velhos e crianças são executadas por soldados americanos

**Papa Paulo VI condena o uso da pílula**

Bombardeiro US B-52 cai na Groelândia e descarrega quatro bombas nucleares

**Cantor pop Frankie Lymon morre aos 25 anos de overdose de heroína**

Lançado o Galaxy, maior avião do mundo

**Martin Luther King é assassinado em Memphis**

Musical 'Hair' estréia com nus e escandaliza a platéia

Brian Jones, dos Rolling Stone, é preso por porte de drogas pela segunda vez

**Feminista dá um tiro em Andy Warhol, a grande estrela da pop art**

Banda inglesa 'The Nice' queima uma bandeira norte-americana durante um show e é banida da Royal Albert Hall uma das mais famosas salas de espetáculo de Londres

**Mais de sessenta países assinam o Tratado de Não Proliferação de Armas Nucleares**

1960   1968

Indústria automobilística norte-americana cresce espantosamente

**On The Road, livro do beatnik Jack Kerouac, contesta a sociedade de consumo**

Atletas norte-americanos fazem a saudação do *Black Power* nas Olimpíadas do México

**Viúva de John Kennedy se casa com magnata grego**

John Lennon é multado por porte de maconha

**Inventado o primeiro jogo de computador, o Spacewar!**

Easy Rider, de Dennis Hopper, com Peter Fonda, Jack Nicholson e o próprio Hopper, critica a intolerância e a vulgaridade da sociedade americana

**Criada linguagem Basic para programas de computador**

Anunciada a Arpanet, o protótipo da Internet

**O petróleo move o mundo**

Forças militares dos EUA e do Vietnã do Sul lançam ofensiva no Delta do Mekong

**John Lennon e Yoko Ono são detidos por porte de maconha**

Governo norte-americano anuncia cessar fogo contra o Vietnã do Norte

**Anunciadas primeiras aplicações práticas do laser**

Lançado o primeiro satélite de comunicação e o primeiro telefone de teclas

**Comercializado o primeiro PC**

Lançado o primeiro gravador de vídeo-tape doméstico

**Primeira demonstração do uso do mouse**

Woodstock Festival reúne 400 mil pessoas no maior evento hippie do planeta, com muita música, protesto e drogas.

# BRASIL

**1960**
Jânio Quadros é eleito, em 3 de outubro de 1960, como presidente do Brasil, com 48 % dos votos.

**1961**
Depois de apenas seis meses e 25 dias de governo, Jânio Quadros renuncia. O vice-presidente João Goulart, conhecido como Jango, do Partido Trabalhista Brasileiro (PTB), nacionalista e getulista, não é bem visto pelos oficiais das Forças Armadas e políticos de direita. Os ministros militares vetam sua posse. Leonel Brizola, governador do Rio Grande do Sul, também do PTB, desencadeia a Campanha da Legalidade, para defender a posse do vice-presidente. A campanha dá certo, mas o Congresso aprova o regime parlamentarista, que diminui os poderes do presidente.

É forte a presença de trabalhadores rurais e urbanos, estudantes e intelectuais no cenário político, com a Frente de Mobilização Popular, a Frente Parlamentar Nacionalista, o Comando Geral dos Trabalhadores, as Ligas Camponesas e a UNE. Entre eles há muitas divergências, mas pelo menos dois pontos em comum: a luta contra o latifúndio e contra o imperialismo.

Criado o Centro Popular de Cultura da UNE, que reúne artistas de teatro, música, cinema, literatura, artes plásticas. O CPC se propõe a construir uma "cultura nacional, popular e democrática" e entende a arte como instrumento da revolução. O artista é um militante, vai onde o povo está: escolas, portas de fábricas, favelas ou sindicatos. O CPC produz inúmeras peças de teatro, publica cadernos de poesia vendidos a preços populares e apóia a produção de filmes engajados.

O presidente comparece ao I Congresso Nacional de Lavradores e Trabalhadores Agrícolas e se compromete com a reforma agrária e com mudanças na legislação que regula os direitos dos trabalhadores rurais.

## 1962

Conferência pan-americana aprova proposta dos EUA de expulsar Cuba da Organização dos Estados Americanos. O Brasil desafia os norte-americanos e se abstém de votar.

Novidades na esquerda: militantes rompem com o velho PCB e formam o Partido Comunista do Brasil (PC do B); católicos de esquerda organizam a Ação Popular (AP).

Greve do 1/3 – assim chamada porque os estudantes defendem representação de 1/3 nos órgãos universitários, paralisa por quase três meses todas as 40 universidades públicas do país.

Pela primeira vez, um filme brasileiro recebe a Palma de Ouro do Festival Internacional do Filme de Cannes: O Pagador de Promessas, adaptação de Anselmo Duarte da peça de Dias Gomes.

Seleção Brasileira de Futebol conquista pela segunda vez a Taça Jules Rimet.

Eleições estaduais: a esquerda elege dois governadores e a direita, 4. O resto vai aonde o vento soprar. No legislativo, o PTB, partido do presidente, passa de 66 para 104 deputados e de 5 para 10 senadores.

Programa de Emergência do Ministério da Educação e Cultura revela: apenas 46% das crianças brasileiras de sete a 11 anos estão matriculadas, metade delas cursando a primeira série. Somente 21,4% das crianças alcançam a segunda série, 19,3%, a terceira e 14,1% a quarta. De cada cem jovens, apenas nove chegam ao ensino médio.

IV Congresso Sindical Nacional dos Trabalhadores cria o Comando Geral dos Trabalhadores (CGT)

Greve geral dos trabalhadores pela antecipação do plebiscito sobre a volta do sistema presidencialista.

## 1963

Cai o parlamentarismo: 9,4 milhões de votos a favor e 2 milhões de votos contra.

Aprovado o Estatuto do Trabalhador Rural, que regula as relações de trabalho no campo. Câmara dos Deputados rejeita o Estatuto da Terra, que trata da reforma agrária.

Aprovada a Lei 4.131, que restringe a remessa de lucros do capital estrangeiro.

Programa de alfabetização de adultos baseado no Método Paulo Freire provoca fortes reações dos setores conservadores:

*"Assim, a Campanha Nacional de Alfabetização, através do sistema Paulo Freire, representaria enorme perigo para as instituições, pois pretende alfabetizar, em moldes marxistas, em 1964, quatro milhões de brasileiros que serão eleitores em 1965... Não se pode permitir, porém, que esse movimento venha a ser desvirtuado em benefício dos que pretendem implantar o comunismo em nosso País, visando a tomada do poder."*
O Estado de São Paulo. 30/11/1963.

## 1964

### 13 DE MARÇO
Comício das reformas, com apoio do Comando Geral dos Trabalhadores, reúne 150 mil pessoas no Rio de Janeiro. O presidente anuncia decreto regulamentando a desapropriação de terras para Reforma Agrária e outro encampando todas as refinarias privadas, que passavam a pertencer ao patrimônio nacional. Informa, em discurso de mais de uma hora, que vai enviar ao Congresso mensagem tratando da reforma eleitoral, permitindo o voto de praças e soldados e da reforma universitária.

### 15 DE MARÇO
Presidente encaminha ao Congresso projeto de Lei da Reforma Urbana que, entre outras mudanças, favorecia as pessoas de renda mais baixa, que vivem em casas alugadas, a compra do imóvel onde moram.

### 19 DE MARÇO
500 mil pessoas participam da Marcha da Família com Deus pela Liberdade, em São Paulo. Na praça da Sé, padre Patrick Peyton, capelão do Exército dos EUA, reza missa pela "Salvação da Democracia".

### 25 DE MARÇO
Mais de dois mil marinheiros reúnem-se no Sindicato dos Metalúrgicos do Rio para comemorar o segundo aniversário da Associação dos Marinheiros e Fuzileiros Navais, considerada ilegal. Ministro da Marinha dá ordem de prisão para os líderes da associação e o destacamento de fuzileiros encarregado de prendê-los, em vez disso, adere à manifestação. Marinheiros e Fuzileiros se recusam a deixar o prédio, Jango proíbe a invasão do local pelos militares e o ministro da Marinha pede demissão.

## 30 DE MARÇO

Diversas manifestações de militares contra a intervenção do presidente em assuntos das forças armadas. Jango ignora os protestos e comparece a reunião de sargentos no Automóvel Clube, no Rio.

## MADRUGADA DE 31 DE MARÇO

Tropas se deslocam de Minas Gerais para o Rio de Janeiro, com o objetivo de depor o presidente, que viaja do Rio para Brasília, por medida de segurança. Não há movimentos de apoio a Jango, a não ser no Rio Grande do Sul, para onde o presidente vai em seguida. Lá, deixa claro que não quer confronto e parte para o exílio, no Uruguai. Antes mesmo de Jango deixar o país, o presidente do Senado declara vaga a Presidência de República. Assume interinamente o presidente da Câmara.

## 1º DE ABRIL

Sede da UNE e da UBES saqueada e incendiada no Rio de Janeiro.

Metralhados os prédios das Faculdades de Filosofia da UFRJ e USP.

## 2 DE ABRIL

Cerca de um milhão de pessoas participam da Marcha da Família com Deus pela Liberdade, no Estado da Guanabara.

Organizado o "Comando Supremo da Revolução", formado por um brigadeiro, um vice-almirante e um general. Os militares passaram a denominar o movimento de revolução, mas o termo é inadequado porque o objetivo é exatamente o oposto ao de uma revolução: é impedir mudanças. Como houve total ruptura com as leis existentes no país, está mais para golpe de Estado. Bom, nessas alturas, a única certeza é que o país está sob um regime militar.

Seguem-se dias de repressão desordenada contra CGT, UNE, Ligas Camponesas, Juventude Universitária Católica e Ação Popular, Partido Comunista Brasileiro e do Brasil e quem mais se mexer. Prisões sem mandado, tortura. No Nordeste, a repressão é particularmente brutal: o líder comunista Gregório Bezerra é amarrado e arrastado pelas ruas do Recife. No Rio, as pessoas detidas são colocadas em 2 navios-prisão. A chamada Linha Dura, formada por militares radicais, elabora lista de 5 mil "inimigos da Revolução".

## 9 DE ABRIL

Primeiro Ato Institucional, que não tinha número, só passou a ser chamado de número um depois que os militares tomaram gosto por baixar lei assim, sem consultar ninguém, e veio o dois, o três o quatro, o cinco...

O AI-1 concede ao comando revolucionário o poder de cassar mandatos suspender direitos políticos pelo prazo de dez anos e deliberar sobre a demissão, a disponibilidade ou a aposentadoria de pessoas que tivessem "atentado" contra a segurança do país, o regime democrático e a probidade da administração pública.

No artigo 2º do AI-1, uma surpresa: estão convocadas eleições indiretas para a presidência e vice-presidência da República, para o dia 11.

Universidade de Brasília é invadida por 400 Policiais Militares.

## 10 DE ABRIL

Sai a primeira lista dos atingidos pelo AI-1, composta de 102 nomes que tiveram seus direitos políticos suspensos: 41 deputados federais (que votariam na eleição indireta para presidente...), 29 líderes sindicais e mais: João Goulart, Jânio Quadros, Luís Carlos Prestes, Miguel Arraes, Leonel Brizola, Osny Duarte Pereira, Celso Furtado e Darcy Ribeiro, entre outros.

## 11 DE ABRIL

O Congresso Nacional mutilado no dia anterior elege para a presidência da República o general Humberto de Alencar Castelo Branco.

## 14 DE ABRIL

Nova lista de cassações, incluindo 67 civis e 24 oficiais.

## 15 DE ABRIL

Castelo Branco toma posse como presidente.

## 13 DE JUNHO

Criado o SNI - Serviço Nacional de Informações. O General Golbery do Couto e Silva, que já colecionava informações no Instituto de Pesquisas Sociais, leva para o SNI 100.000 fichas. Tem como principal função centralizar as informações. A rede é formada pelos serviços de informação militares (Ciex no Exército, Cenimar na Marinha, Cisa na Aeronáutica, 2ª seção do Estado Maior das Forças Armadas), dos ministérios, das secretarias estaduais de segurança e delegacias de Ordem Política e Social (Dops) e das estatais. O número de cidadãos fichados é de 250 mil e de informantes, dizem, 300 mil.

## MAIS MUDANÇAS

Aprovada "lei antigreve"

Emenda Constitucional prorroga o mandato de Castelo Branco até 1967.

Congresso aprova Lei nº 4.464, que extingue UNE, UBES e entidades estudantis estaduais e passa à história com o nome de seu autor, o Ministro da Educação Flávio Suplicy de Lacerda.

O balanço do ano é o seguinte: 3.500 pessoas punidas, intervenção em três das sete confederações de trabalhadores, 43 das 107 federações e 452 dos 1.948 sindicatos urbanos. Os 17 líderes do CGT são condenados no total a 184 anos de prisão. Centenas de inquéritos policial-militares (IPM) em andamento. O IPM é instrumento criado pelo AI-1 para investigar atividades contrárias à segurança nacional. Tem IPM para tudo, da importação de trigo à literatura subversiva. O IPM do Partido Comunista indicia quase 900 pessoas. Entre elas, o ex-presidente Juscelino Kubitschek... O da Associação de marinheiros e Fuzileiros Navais tem mais de mil indiciados, dos quais 250 são condenados. O IPM da UNE ouve 750 pessoas. No Rio, dois navios são transformados em prisões flutuantes, onde os detidos pelo regime são colocados. Os militares da chamada Linha Dura, mais radical, elaboram uma lista de 5 mil "inimigos da Revolução".

# 1965

Castelo Branco é vaiado na aula inaugural na Universidade Federal do Rio de Janeiro.

"O Exército é o partido forte do governo e não deixará, com o marechal Castelo Branco ou sem ele, que o país mergulhe novamente na desordem."
Costa e Silva. 1/4/1965

Intelectuais protestam contra supressão de liberdades políticas.

Polícia Militar invade o alojamento da USP em represália a greve estudantil.

Eleição para governos de 11 estados sob interferência dos militares.

Em outubro, 223 professores pedem demissão da Universidade de Brasília em solidariedade aos professores afastados pelos militares em 1964.

# 27 DE OUTUBRO

Ato Institucional nº 2 extingue os 13 partidos existentes, suprime a eleição direta para presidente, remete todo crime político à Justiça Militar e reabre as cassações.

A cada Ato Institucional seguem-se leis, decretos e atos complementares que transformam o antigo sistema jurídico do país numa colcha de retalhos mal costurados. De fato, há uma lei pra cada ocasião e, se não há, é só fazer.

## UNIVERSITÁRIO PARANAENSE VEM À RUA

Ele é levado a isso pelas seguintes razões e considerandos:

1- Que o fechamento de entidades estudantis, prisões de estudantes, agressões e espancamentos, verificados na Guanabara e São Paulo e o impedimento indiscriminado de Congressos Estudantis, criou uma situação de intranquilidade e revolta;

2- Que no Paraná, êsses acontecimentos tiveram a mesma ressonância causada em todo o Brasil e não poderíamos trair a expontânea manifestação com que somos levados a vir a público, pois, se introduzida no têxto Constitucional a obrigariedade de pagamento do ensino superior ficaria impossibilitado o acesso às faculdades dos menos favorecidos de recurso e, consequentemente, antidemocratizando o Ensino no país;

3- Que em face da receita orçamentária proposta pelo Govêrno, a Educação e a Saúde não tiveram as prioridades financeiras indispensáveis para um país que delas depende (Saúde: 1.222 bilhões; Educação: 3.666 bilhões; Defesa: 1,147 trilhão);

4- Que sòmente uma manifestação como a presente, demonstra a importância do drama que o estudante vive, viemos à rua, ordeira e pacificamente, expressar protesto o silêncio que é a maneira como o Universitário Paranaense se solidariza com seus demais Colegas pela posição assumida em defêsa dos direitos e da liberdade do povo brasileiro.

**LIBERDADE NÃO SE GANHA, SE CONQUISTA!**

E. Neves da Rocha - Engenheiro Civil
Edésio Passos - Jornalista
Érico da Silva - Artista Plástico
Fernando Veloso - Pintor
Francisca Riechbitter - Engenheira
Guido Viaro - Pintor
Gilberto Ricardo dos Santos - Jornalista
Francisco Bettega Neto - Crítico de Cinema
G.B. Lilien - Artista
Gilda Kasting - Médica
Glauco Souza Lobo - Poeta
Gilda Belczak - Artista Plástico
Heitor Wallace de Melo e Silva - Professor Universitário
Hiram Hollanda - Publicitário
Hilton Diniz - Sociólogo
Hiram A. de Oliveira - Ator
Hugo Duarte - Ator
Iguatemi Catarinense da Costa - Poeta
Iloléa Guimarães Rodrigues - Artista Plástico
Ivan da Costa - Crítico de Arte
Idelson Santos - Ator
João Izidoro Brzezinski - Artista Plástico, digo, João Onório Brzezinski
José Lamartine Correa de Oliveira - Prof.Univ.
Jesus Santora - Fotógrafo
José Augusto Iwersen - Jornalista
José Ghignone - Livreiro
João Urban - Escritor
Jiomar José Turim - Diretor de Teatro
José Mario de Almeida - Religioso
Jamil Nassip Habib - Religioso
José Gasparin - Advogado
João Siqueira - Diretor Teatral
Luiz Arpad Driesel - Engenheiro
Luiz Dohms - Jornalista
Luiz Carlos Arbugeri - Jornalista
Luiz Carlos Ugliano - Médico
Lélio Sotto Maior - Crítico de Cinema
João Antonio Bento - Artista
Laerzio (Laerzio) Campeli - Jornalista
Lucio Togo Mange - Ator
Leonil Lara - Ator
Michael Wilberg - Economista
Manoel Kobachuk Filho - Ator
Manoel de Andrade - Poeta
Maria Ermina Vieira - Professora
Mussa José Assis - Jornalista
Maria Philomena Gebran Veloso - Prof. Universitária
Mauricio Távora Neto - Ator

Registrado em cartório o Manifesto dos intelectuais paranaenses tem 132 nomes.

**1966** Só existem dois partidos no país: Arena (governista) e MDB (oposição).

## 5 DE FEVEREIRO

Ato Institucional nº 3: determina eleição indireta para governador e a nomeação dos prefeitos nomeados das capitais.

Aparece boiando no rio Jacuí, Rio Grande do Sul, o corpo do sargento Manoel Raimundo Soares, com as mãos e os pés amarrados, com marcas de tortura. Tinha 30 anos e era militante do Movimento Revolucionário 26 de março.

Criado o Fundo de Garantia por Tempo de Serviço, o FGTS, que acaba com a estabilidade de emprego nas empresas privadas.

Lançada no Rio a Frente Ampla, anti-ditadura, unindo antigos inimigos políticos.

Eleição indireta para a presidência. O novo presidente é o marechal Arthur da Costa e Silva. O MDB se abstém.

Eleição indireta para governador em 12 estados, sem nenhuma surpresa: ganham em todos os estados os candidatos apoiados pela ditadura. Campanha pelo voto nulo nas eleições diretas para deputados e senador. Votos brancos e nulos somam 21% do país.

## 7 DE DEZEMBRO

Ato Institucional n.º 4 convoca o Congresso a discutir, votar e promulgar a Constituição apresentada pela presidência da República entre 12 de dezembro de 1966 e 24 de março de 1967.

## 1967

O Brasil tem nova constituição, com pouca discussão e quase sem emendas. A Constituição é tratada como assunto de segurança, sem participação da sociedade e nem mesmo dos parlamentares. É o SNI que solicita cópias dos projetos e das constituições estaduais promulgadas

Posse, em 15 de março, do novo presidente, Costa e Silva.

Criado o Conselho de Segurança Nacional (CSN), núcleo real da ditadura militar.

Primeira Lei de Segurança Nacional da ditadura (decreto-lei 313) substitui a noção de crime contra a segurança do estado pela de crime contra a segurança nacional, que é tão vaga quanto a idéia de subversão e abrange tudo, de greves a idéias discordantes.

Onda de prisões na Juventude Operária Católica (JOC).

A Confederação Nacional dos Bispos do Brasil - CNBB começa a criticar o regime militar.

PRESIDÊNCIA DA REPÚBLICA

SERVIÇO NACIONAL DE INFORMAÇÕES

PEDIDO-DE BUSCA N.º 1018 - SNI / ARJ / 1967

(SC5-93)

Data : - 18 mai 967
Assunto : - PROJETO DE CONSTITUIÇÃO DO ESTADO
Referência : -

1. DADOS CONHECIDOS

De acôrdo com o Art 188 da Constituição do BRASIL de 1967, os Estados da Federação brasileira devem ter adaptado suas Constituições até 15 de maio do corrente ano.

2. INFORME SOLICITADO

a. Dois exemplares do Projeto da Constituição apresentado na Assembléia Legislativa dêsse Estado.

b. Dois exemplares da nova Constituição dêsse Estado depois de promulgada.

**

# 1968

—— 53 ——

PARA SÉRGIO GIOVANELLA

Em 1968, Curitiba tem pouco mais de 500 mil habitantes e dez mil estudantes universitários. Pouco, mas bem acima da média nacional pois, no Brasil de então, apenas dois em cada 1.000 habitantes chegam ao ensino superior concentrados em duas universidades a federal e a católica, além de alguns cursos isolados os estudantes, que vêm de todos os cantos do Paraná e dos estados vizinhos, quebram um pouco o jeito calado e um tanto carrancudo dos nativos. Deve ser por isso que o nome de cidade universitária pegou e substituiu um mais antigo, cidade sorriso, que na verdade ninguém entendia muito bem.

Quem não vai para a universidade, tem poucas opções de trabalho. Ou funções burocráticas ou comércio, pois a cidade tem poucas indústrias. Pode fazer treinamento em taquigrafia, vitrinismo, barbeiro ou pacotes ornamentais. Também é possível fazer cursos de aprendizagem industrial, como mecânico de automóveis, marcenaria, linotipia, impressão, encadernação, técnicas de chefia, bombeiro hidráulico, eletricidade, manutenção de locomotiva diesel.

Pela cidade se espalham 141 cursos avulsos de datilografia, 42 de corte e costura e 39 de educação familiar e social. Para quem pode fazer o segundo grau, existe duas escolhas, um tanto dirigidas: as meninas fazem a escola normal, que formam professoras para o curso primário, e os rapazes, curso de comércio e contabilidade.

A imprensa reclama do trânsito porque os carros param em fila dupla na rua Monsenhor Celso entre a praça Carlos Gomes e a rua Marechal Deodoro. Já na rua Marechal Floriano, no Boqueirão, nas proximidades do rio Iguaçu, quem atrapalha o trânsito são as vacas que pastam por ali.

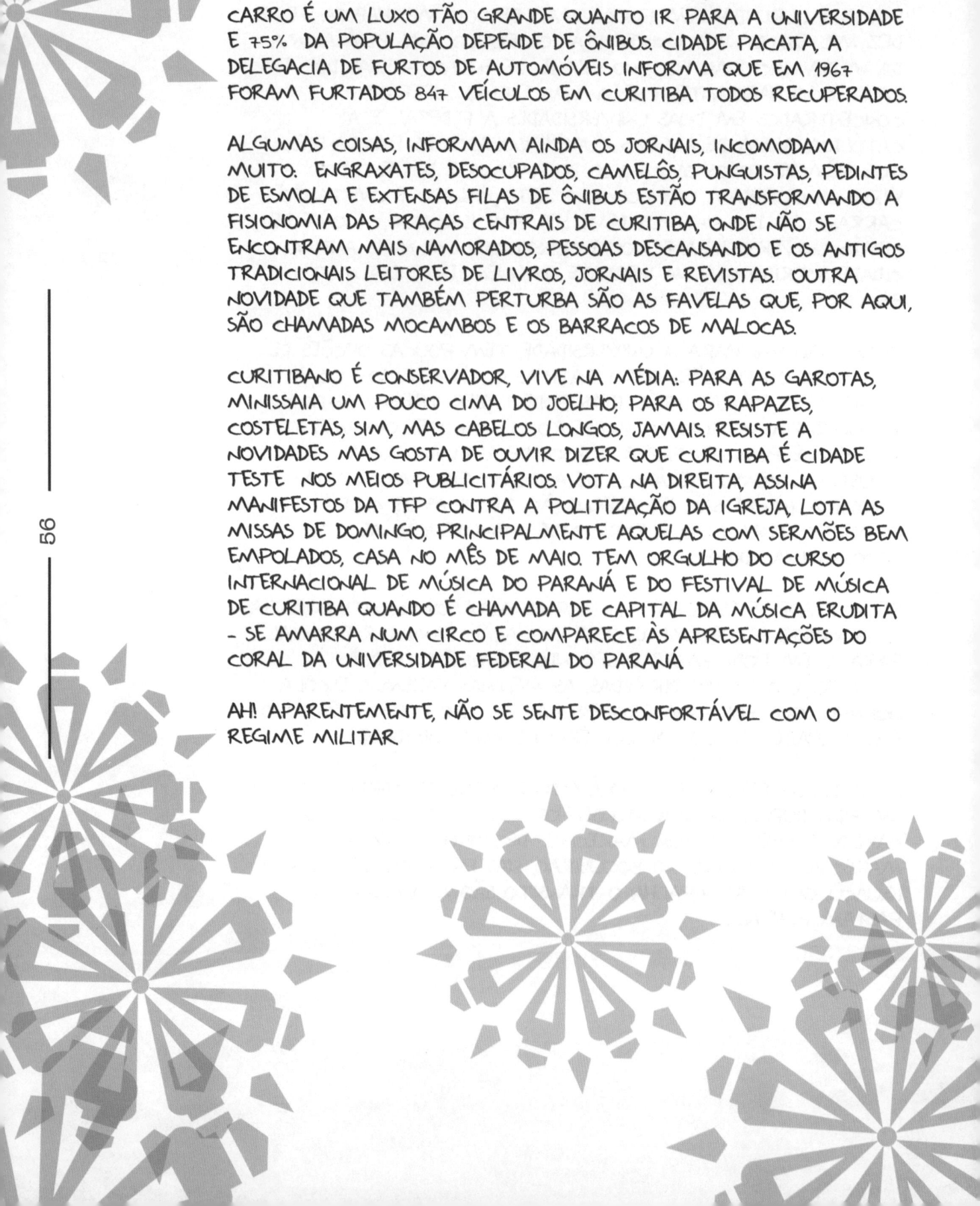

CARRO É UM LUXO TÃO GRANDE QUANTO IR PARA A UNIVERSIDADE E 75% DA POPULAÇÃO DEPENDE DE ÔNIBUS. CIDADE PACATA, A DELEGACIA DE FURTOS DE AUTOMÓVEIS INFORMA QUE EM 1967 FORAM FURTADOS 847 VEÍCULOS EM CURITIBA TODOS RECUPERADOS.

ALGUMAS COISAS, INFORMAM AINDA OS JORNAIS, INCOMODAM MUITO. ENGRAXATES, DESOCUPADOS, CAMELÔS, PUNGUISTAS, PEDINTES DE ESMOLA E EXTENSAS FILAS DE ÔNIBUS ESTÃO TRANSFORMANDO A FISIONOMIA DAS PRAÇAS CENTRAIS DE CURITIBA, ONDE NÃO SE ENCONTRAM MAIS NAMORADOS, PESSOAS DESCANSANDO E OS ANTIGOS TRADICIONAIS LEITORES DE LIVROS, JORNAIS E REVISTAS. OUTRA NOVIDADE QUE TAMBÉM PERTURBA SÃO AS FAVELAS QUE, POR AQUI, SÃO CHAMADAS MOCAMBOS E OS BARRACOS DE MALOCAS.

CURITIBANO É CONSERVADOR, VIVE NA MÉDIA: PARA AS GAROTAS, MINISSAIA UM POUCO CIMA DO JOELHO; PARA OS RAPAZES, COSTELETAS, SIM, MAS CABELOS LONGOS, JAMAIS. RESISTE A NOVIDADES MAS GOSTA DE OUVIR DIZER QUE CURITIBA É CIDADE TESTE NOS MEIOS PUBLICITÁRIOS. VOTA NA DIREITA, ASSINA MANIFESTOS DA TFP CONTRA A POLITIZAÇÃO DA IGREJA, LOTA AS MISSAS DE DOMINGO, PRINCIPALMENTE AQUELAS COM SERMÕES BEM EMPOLADOS, CASA NO MÊS DE MAIO. TEM ORGULHO DO CURSO INTERNACIONAL DE MÚSICA DO PARANÁ E DO FESTIVAL DE MÚSICA DE CURITIBA QUANDO É CHAMADA DE CAPITAL DA MÚSICA ERUDITA – SE AMARRA NUM CIRCO E COMPARECE ÀS APRESENTAÇÕES DO CORAL DA UNIVERSIDADE FEDERAL DO PARANÁ

AH! APARENTEMENTE, NÃO SE SENTE DESCONFORTÁVEL COM O REGIME MILITAR

CURITIBANA, MUITO JOVEM, GOSTA DE LER E APRENDER, PRIMEIRA DA FAMÍLIA A IR PARA A UNIVERSIDADE. SEUS PAIS ACHAM QUE É UMA MENINA UM POUCO ESTRANHA PORQUE GOSTA DE LER, NÃO LIGA PARA AS ROUPAS QUE USA E SE RECUSOU A DEBUTAR.

**UM POUCO EXCÊNTRICA**

A FAMÍLIA MUDOU PARA A CAPITAL PARA ELE PODER ESTUDAR. PAIS COM FORMAÇÃO UNIVERSITÁRIA E BOA RENDA, QUE CONSIDERAM O FILHO UM MENINO EXEMPLAR.

**BEM EDUCADO**

JÁ ESTAVA NA UNIVERSIDADE ANTES DO GOLPE, VIU MUITA COISA ACONTECER, AMIGOS E PROFESSORES PRESOS OU EXILADOS. OBSERVADOR SOLITÁRIO, NÃO PARTICIPA DO MOVIMENTO ESTUDANTIL. DE VEZ EM QUANDO DÁ UM PALPITE.

**SUJEITO MISTERIOSO**

\* OS PERSONAGENS APRESENTADOS NESTA HISTÓRIA, ESCRITA POR TERESA URBAN E DESENHADA POR GUILHERME CALDAS, SÃO FICTÍCIOS. OS FATOS, NEM TANTO.

**PAIXÃO POR BRECHT**

VEIO DE UMA CIDADEZINHA DO INTERIOR DE SÃO PAULO, LOUCO PARA PÔR O PÉ NA ESTRADA. NÃO SE INTERESSA MUITO PELOS ESTUDOS. QUER MESMO É FAZER TEATRO.

DESDE QUE ENTROU PELA PRIMEIRA VEZ NUMA SALA DE CINEMA, JÁ ADOLESCENTE, QUANDO CHEGOU EM CURITIBA, NÃO FOI MAIS O MESMO. OLHA A VIDA COMO SE PASSASSE NUMA TELA.

**LOUCO POR CINEMA**

A MÃE COSTUMA DIZER QUE, UM DIA, ELE VAI SER PRESIDENTE. BOM DE PALANQUE, JEITOSO NO TRATO COM AS AUTORIDADES.

**LÍDER**

VIERAM DO INTERIOR, COM MUITA VONTADE DE MUDAR O MUNDO.

**REBELDES**

Caderno grosso na mão, novinho em folha, duas canetas e um pouco de nervosismo. Acabou o tempo do uniforme, de colégio de menina e de menino, de carteiras enfileiradas. Espalhados no anfiteatro, os calouros fazem parte do privilegiado grupo que conseguiu ser aprovado no vestibular da universidade federal, pública e gratuita. Alguns sonham com a carreira que escolheram; outros, com o futuro que aponta para o sucesso: carro, casa própria e dinheiro no banco. Rapazes de terno e gravata, cabelos curtos, costeletas e moças de saia e blusa, bem penteadas e maquiadas, todos muito parecidos com pai, mãe, tio, avó. Na galera mais à vontade, terno não tem vez e as garotas de cara lavada e cabelo solto, usam calças compridas. Sapatos de todo tipo. Tênis, nem pensar, é coisa para usar na aula de educação física do colégio.

Cada um a seu modo, todos esperam pela primeira frase do primeiro professor no primeiro dia de aula na universidade.

Logo, logo, a decepção. Aulas mal preparadas, professores idem. Teorias velhas, ultrapassadas. Falta de equipamentos e instalações inadequadas. Na Medicina, por exemplo, numa sala que comporta 120 alunos, querem colocar 270. Na escola de Química, os laboratórios são bem aparelhados, mas faltam professores. O mesmo acontece na Engenharia Florestal. Na Faculdade de Filosofia, Ciências e Letras os cursos são desorganizados, com péssima distribuição de matérias. Quando os alunos protestam, logo aparece o fantasma do ensino pago, pois o governo diz que não tem recursos. Ah!

Jan. 1968 Dez.

dizem os estudantes: para a segurança nacional e para as forças armadas, o orçamento é enorme! Só para educação é que não tem dinheiro! Nem para os restaurantes universitários.

Muitos estão sem verbas e o cardápio não varia: dia após dia, é arroz, feijão e batata. Com esse clima rolando, difícil dizer o que é pior. Ensino ruim, comida pior ainda ou a sensação de vigilância constante. Reclamar, perguntar, discutir, questionar? Cuidado! O governo acaba de nomear um coronel para a comissão supervisora de assuntos estudantis do Ministério da Educação e Cultura e em cada sala de aula sempre há um informante, pronto para anotar o nome dos alunos que perturbam a ordem estabelecida.

Vai ver que o problema não é só da universidade, dizem alguns estudantes mais experientes. Afinal, como lembra a Folha Acadêmica - jornal dos estudantes de Direito da Universidade Federal do Paraná (UFP) - no comecinho de 68, o Brasil é um vasto pátio de quartel.

— QUAL É SEU NOME, JOVEM?
— JOÃO
— JOÃO DE QUÊ?

— POR QUE O SENHOR QUER SABER MEU NOME COMPLETO E NÃO RESPONDE À MINHA PERGUNTA?

— É NORMA DE BOA EDUCAÇÃO RESPONDER COM NOME E SOBRE-NOME.

— JOÃO ALBUQUERQUE

— JO... ÃO... AL... BUUU... QUERQUE

Jan. 1968 Dez.

Revista Realidade. Setembro/1968.

"contratar professores competentes e afastar os que comprovadamente não contribuem para os verdadeiros objetivos da universidade..."
Documento DARPP. 1968. Arquivo DCE.

"...em vez de usar jogo de palito ou mesmo de bola de búrico, fazem esse vestibular..."
Transcrição de comício. Arquivo DOPS

*Catorze Anos*
*Paulinho da Viola – 1966*

Tinha eu 14 anos de idade
Quando meu pai me chamou
Perguntou-me se eu queria
Estudar Filosofia
Medicina ou Engenharia
Tinha eu que ser doutor

— VEJA, MEU JOVEM, ANTES DE 64 EU ANDAVA DE ÔNIBUS, HOJE TENHO MEU PRÓPRIO AUTOMÓVEL, ISSO É PROSPERIDADE.

— ...HOJE NÃO HÁ MAIS BADERNA NAS RUAS, ISSO É TRANQUILIDADE;

— AS IGREJAS VOLTARAM A ESTAR CHEIAS, A FAMÍLIA PERMANECE UNIDA...

— O PAÍS MUDOU PARA MELHOR...

— ...É SÓ OLHAR AO REDOR.

— DROGA DE AULA, DROGA DE PROFESSOR!

— E PENSAR QUE A GENTE DEU UM DURO DANADO PRA ENTRAR...

Jan. 1968 Dez.

CALOURO

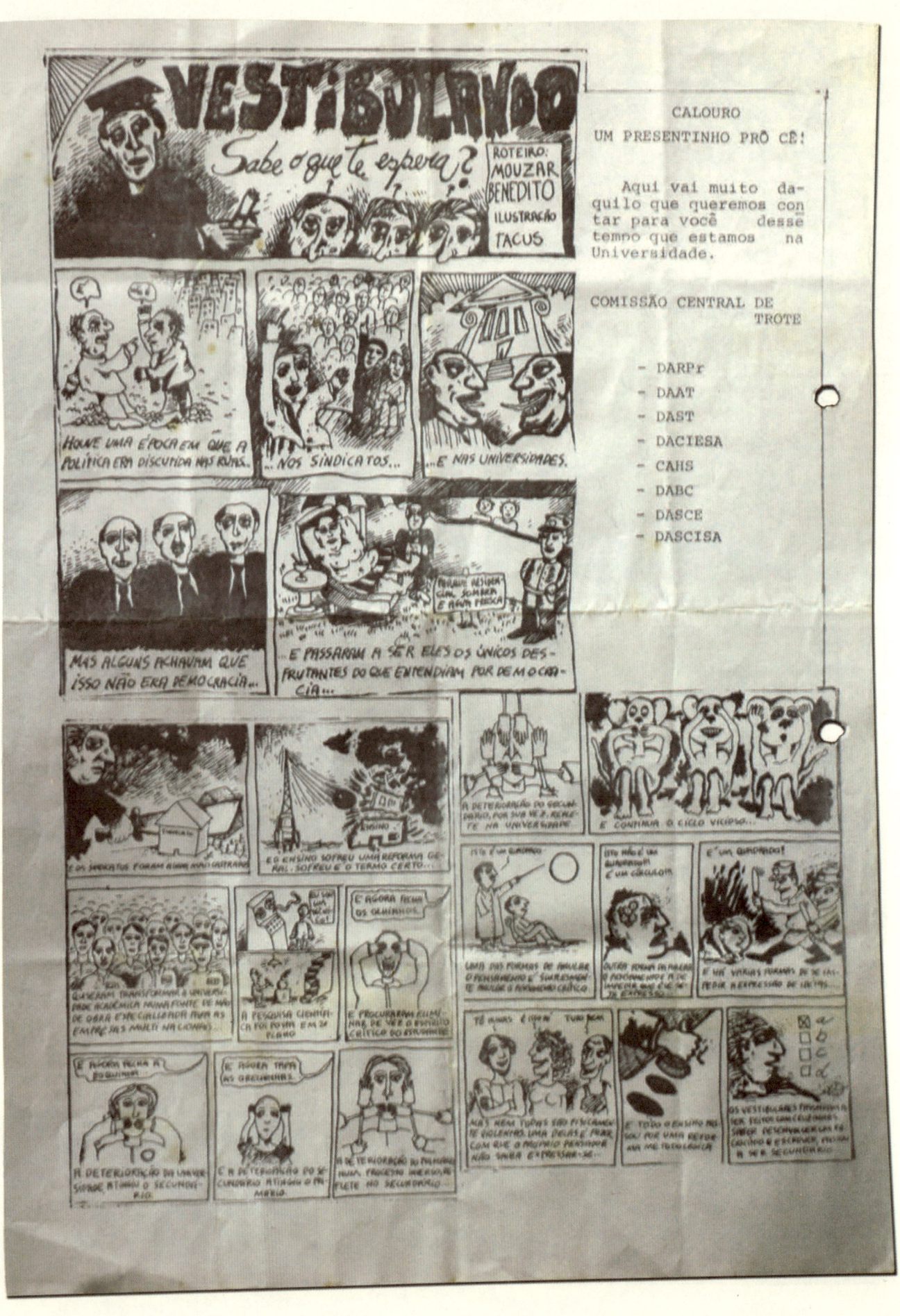

UM PRESENTINHO PRÔ CÊ!

Aqui vai muito daquilo que queremos contar para você desse tempo que estamos na Universidade.

COMISSÃO CENTRAL DE TROTE

- DARPr
- DAAT
- DAST
- DACIESA
- CAHS
- DABC
- DASCE
- DASCISA

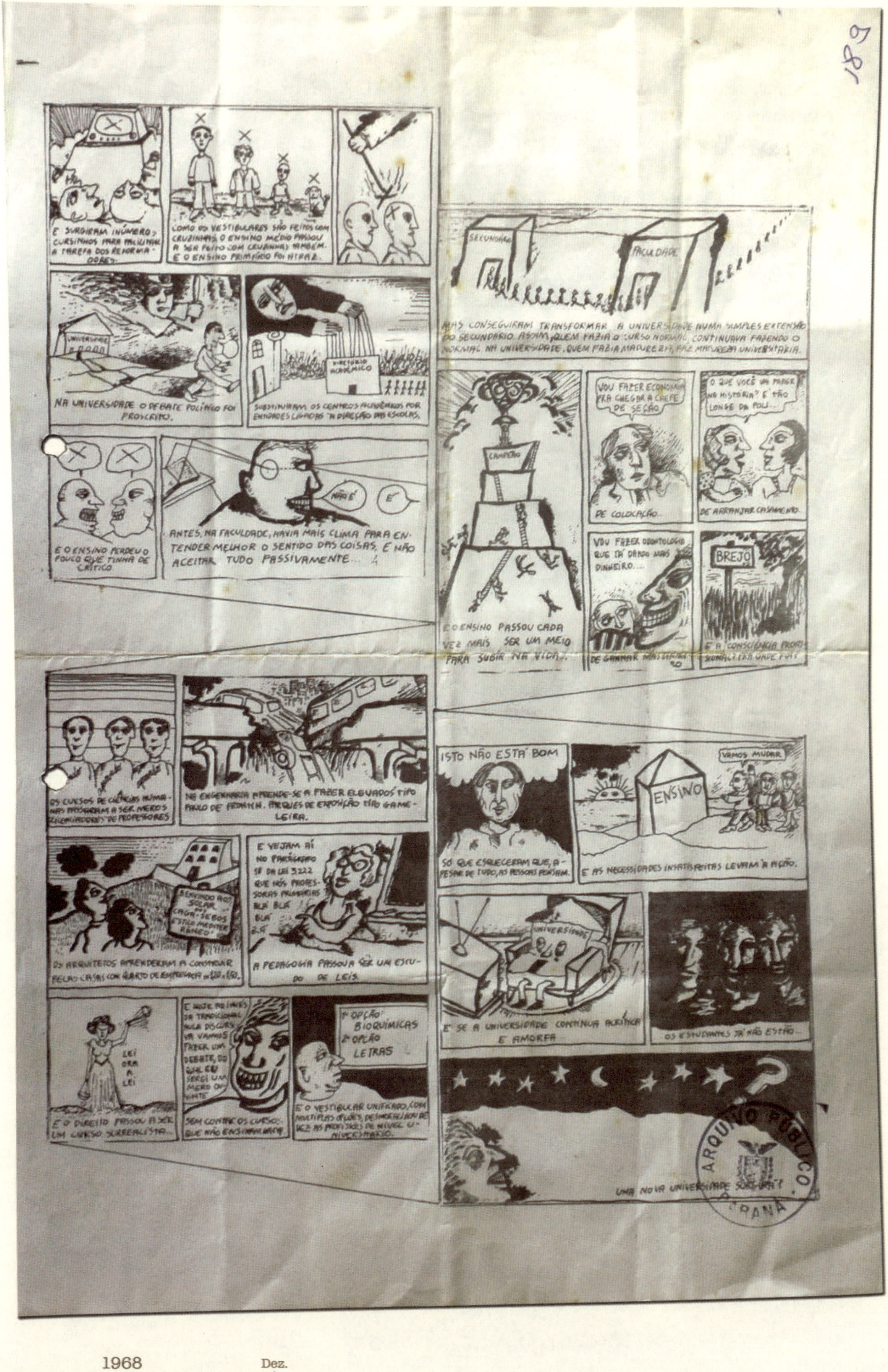

A qualquer hora do dia, a cantina da Faculdade de Filosofia, a FAFI, é um agito. Mesas de fórmica, cadeiras duras, bancos almofadados encostados nas paredes servem como guarda malas. Coca-cola, empadinha, cachorro quente, pão com manteiga, média, café e muito cigarro. As moças dominam o cenário, nos cursos e nas mesas, e os rapazes vêm de longe, do Politécnico e da Agronomia, ou da Santos Andrade, para um cafezinho rápido e uma paquera um pouco mais demorada.

Quatro estudantes jogam baralho num canto e discutem apaixonadamente o resultado do futebol – para variar, Atlético e Coritiba dividem as opiniões, enquanto Britânia, Água Verde e Ferroviário merecem pouca atenção. Ao lado, um casal comenta o filme de ontem à noite.

Tardes dançantes e bailes – dos Calouros, da Safira, Psicolux, Rastapé na Floresta, anunciados em cartazes nas paredes. É, a moçada se amarra numa festa animada pelos conjuntos musicais da cidade: *Os Metralhas, Os Cayras, The Rebels ou Os Águias*. Alguém lê em voz alta um trecho do livro de Máximo Gorki, *Ganhando meu pão*, recordista de vendas na 1ª Feira do Livro da UFP, enquanto um estudante isolado abre com respeito quase religioso o *Curso de Física Teórica de Lev Landau*, outro sucesso da feira.

Um copo cai no chão e ganha um minuto de silêncio, que alguém rompe declamando com voz forte um poema de Bertolt Brecht:

"Há aqueles que lutam um dia; e por isso são bons,
Há aqueles que lutam muitos dias, por isso são muito bons,
Há aqueles que lutam anos, por isso são melhores ainda,
Porém há aqueles que lutam toda a vida; esses são os imprescindíveis."

O pessoal do coral faz um fundo musical, ninguém presta muita atenção, mas não faz mal, a cantina da FAFI é assim mesmo. Um grupo ri enquanto revisa o editorial do jornal do DCE: "A sua colaboração... é o tiro do Zorro na corda quando o Tonto tá sendo enforcado..."

Alheio a confusão, um estudante mais velho, tem mesa cativa na cantina, sempre com um jornal aberto sobre a mesa. Na primeira página, como ontem e na semana passada, mais uma foto da guerra do Vietnã.

Perto dele, rapazes e moças falam de política estudantil, programam uma nova passeata. A conversa é animada, em voz alta, descuidada com a segurança. Parecem nem se importar com o sujeito sentado de costas na mesa ao lado, caderneta na mão, inclinando-se ostensivamente para ouvir a conversa.

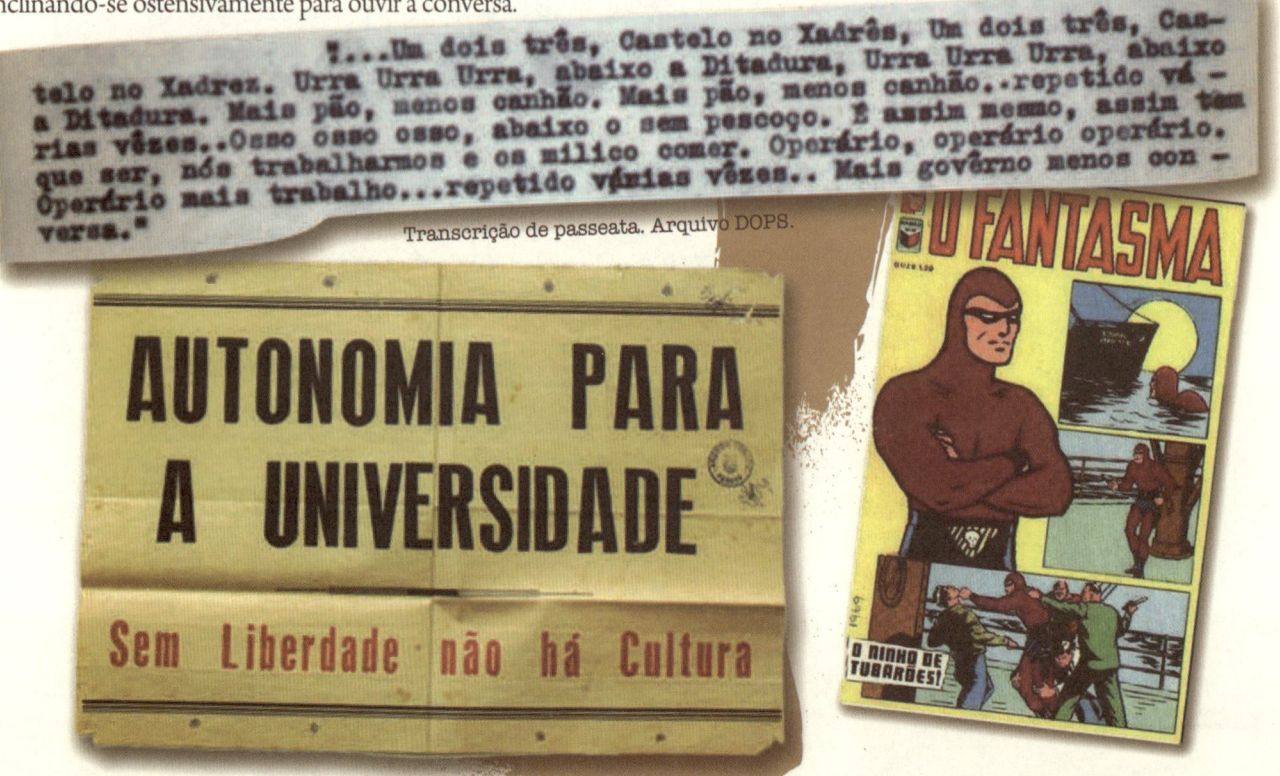

"...Um dois três, Castelo no Xadrês, Um dois três, Castelo no Xadrez. Urra Urra Urra, abaixo a Ditadura, Urra Urra Urra, abaixo a Ditadura. Mais pão, menos canhão. Mais pão, menos canhão..repetido várias vêzes..Osso osso osso, abaixo o sem pescoço. É assim mesmo, assim tem que ser, nós trabalharmos e os milico comer. Operário, operário operário. Operário mais trabalho...repetido várias vêzes.. Mais govêrno menos conversa."

Transcrição de passeata. Arquivo DOPS.

**AUTONOMIA PARA A UNIVERSIDADE**
Sem Liberdade não há Cultura

Jan. 1968 Dez.

Revista TV Programas. Setembro/ 1968. BPP.

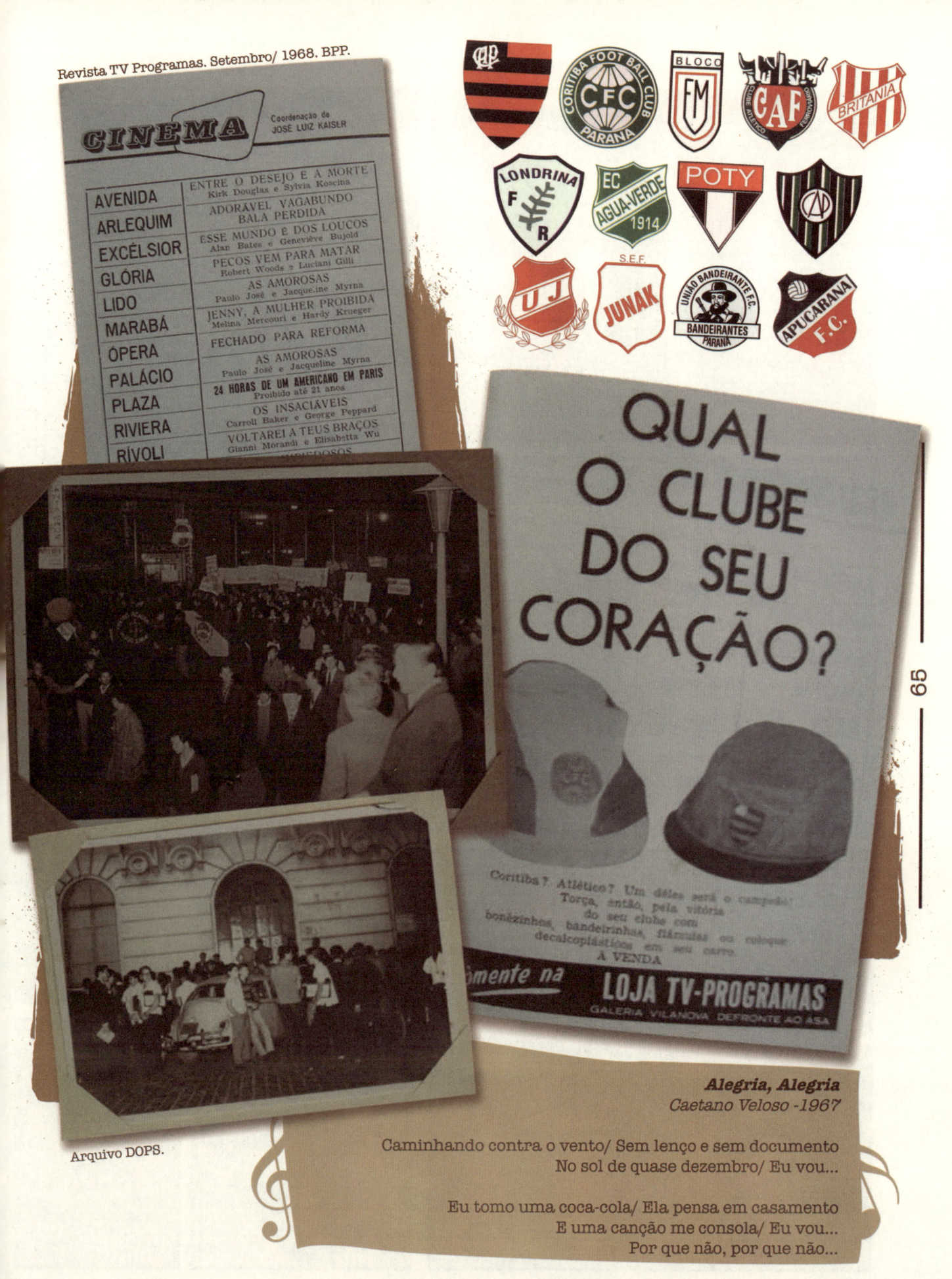

## CINEMA
Coordenação de JOSÉ LUIZ KAISER

| | |
|---|---|
| AVENIDA | ENTRE O DESEJO E A MORTE<br>Kirk Douglas e Sylvia Koscina |
| ARLEQUIM | ADORÁVEL VAGABUNDO<br>BALA PERDIDA |
| EXCELSIOR | ÊSSE MUNDO É DOS LOUCOS<br>Alan Bates e Geneviève Bujold |
| GLÓRIA | PECOS VEM PARA MATAR<br>Robert Woods e Luciani Gilli |
| LIDO | AS AMOROSAS<br>Paulo José e Jacqueline Myrna |
| MARABÁ | JENNY, A MULHER PROIBIDA<br>Melina Mercouri e Hardy Krueger |
| ÓPERA | FECHADO PARA REFORMA |
| PALÁCIO | AS AMOROSAS<br>Paulo José e Jacqueline Myrna |
| PLAZA | 24 HORAS DE UM AMERICANO EM PARIS<br>Proibido até 21 anos |
| RIVIERA | OS INSACIÁVEIS<br>Carroll Baker e George Peppard |
| RIVOLI | VOLTAREI A TEUS BRAÇOS<br>Gianni Morandi e Elisabetta Wu |

Arquivo DOPS.

## QUAL O CLUBE DO SEU CORAÇÃO?

Coritiba? Atlético? Um dêles será o campeão! Torça, então, pela vitória do seu clube com bonézinhos, bandeirinhas, flâmulas ou coloque decalcoplásticos em seu carro.

À VENDA somente na **LOJA TV-PROGRAMAS**
GALERIA VILANOVA DEFRONTE AO ASA

— 65 —

***Alegria, Alegria***
*Caetano Veloso -1967*

Caminhando contra o vento/ Sem lenço e sem documento
No sol de quase dezembro/ Eu vou...

Eu tomo uma coca-cola/ Ela pensa em casamento
E uma canção me consola/ Eu vou...
Por que não, por que não...

Jan.  1968  Dez.

ESTADO DO PARANÁ
MCNAMARA CONFIRMA
AJUDA AO VIETNÃ

Jan. 1968 Dez.

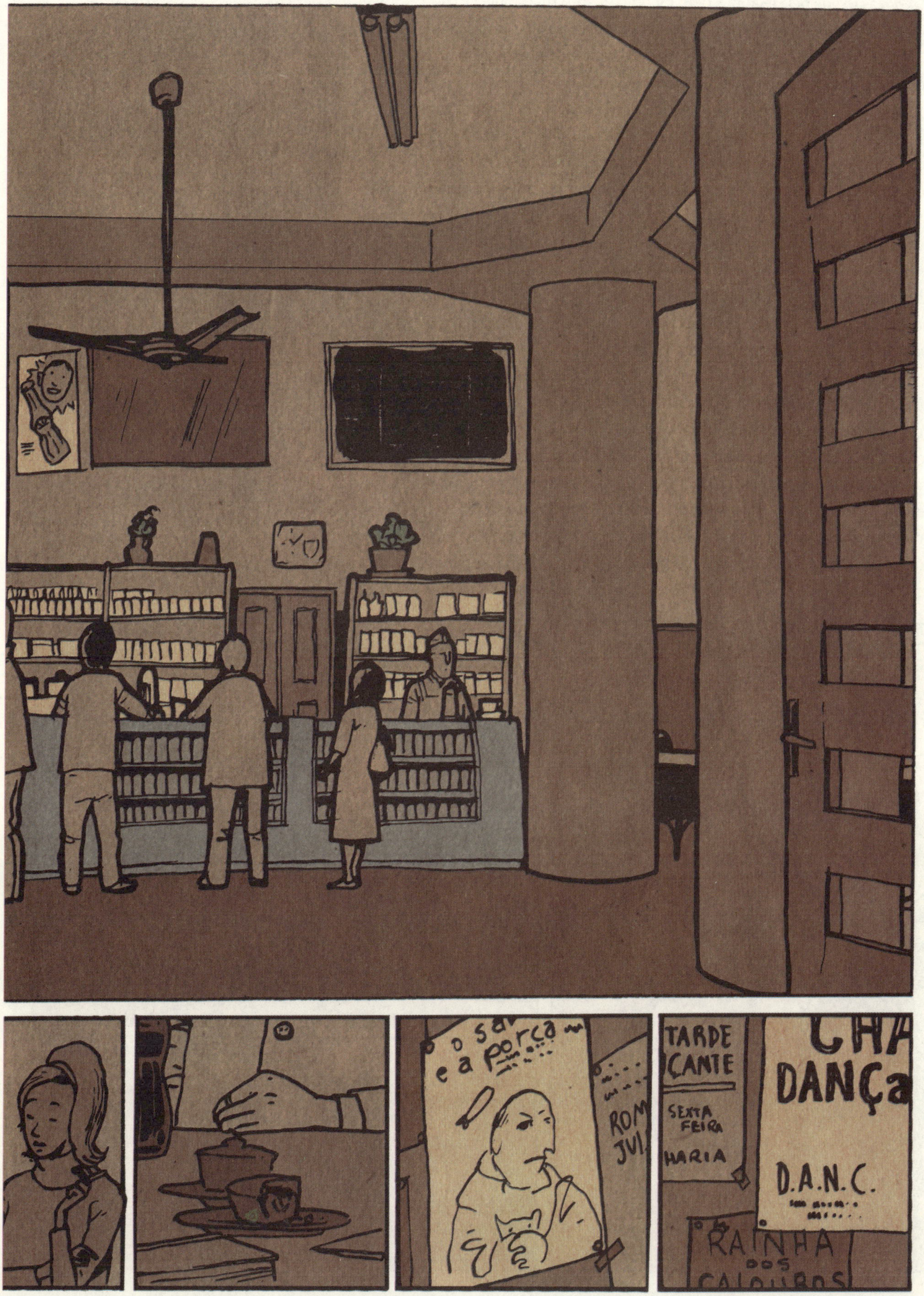


Jan. 1968 Dez.

Casaco de pele legítima, bem longo – quanto mais longo, mais chique e caro–, minissaia não muito curta porque as moças curitibanas são discretas, pouco palavrão e muita tradição. Estar na moda é importante, mas não existe roupa de marca, são as costureiras que fazem milagre para reproduzir os modelos que aparecem nos figurinos, revistas de grande circulação na cidade. Gíria? Sem essa, bicho, corta que é furada, tem que falar leite quente... Vida social é nos clubes, onde todos se conhecem por nome e sobrenome, moça de família não entra em bar. Sexo só de aliança na mão esquerda. Antes, só vale tirar casquinha. Tem moda do outro lado, também. Calça *jeans* importada é o máximo, sandália de sola de pneu ou coturno de couro natural comprado na Alfaiataria Militar, da rua Riachuelo. Pega bem um casacão de lã ou de gabardine, do tipo usado pelos soldados europeus dos filmes de guerra. Para combater a ditadura, vale um certo ar militar. Numa cidade tão bem comportada, a TFP – Sociedade de Defesa da Tradição, Família e Propriedade – só pode dar certo. Fundada por Plínio Corrêa de Oliveira, descendente de senhores de engenho, heróis de guerra e políticos do império, é a voz das elites, o braço político dos militares. Seus rapazes engravatados agitam nas ruas estandartes vermelhos com leões dourados e anunciam que o comunismo vai tomar conta do país, acabando com a tradição, a família e a propriedade, para terror das famílias de classe média. Este ano, o principal alvo da TFP é a infiltração comunista na Igreja Católica e, contra isso, reúnem mais de um milhão e meio de assinaturas, entre as quais, 73 mil são de paranaenses.

Revista Reportagem. 1968.

ISSO NÃO É AULA QUE SE APRESENTE: É DEUS, FAMÍLIA E PROPRIEDADE, SÓ ISSO QUE SE VÊ.

TFP PURA

É O REINO DA IGNORÂNCIA, MENINOS...

É SÓ VER OS GORILAS...

QUE ESTÃO MANDANDO NO PAÍS.

Jan. 1968 Dez.

**TIRE DE LETRA este inverno**

Fácil mesmo. Porque moda masculina agora, tem o atualizadíssimo bom gôsto de Lojas Unidas; todos os detalhes estão preparados para que V. seja bem servido.

5 pagamentos sem acréscimo, absolutamente sem entrada e cupons para concorrer a 1 Galaxie e 9 televisores

**LOJAS UNIDAS**
CINELÂNDIA – TIRADENTES

TV Programas. 1968.

---

"Os 4 Ms no mundo jovem: moda, música, mulher e money."
Gazeta do Povo. 1/5/1968. BPP.

**Costeleta, a moda que pega no jovem**
"Torna o homem mais másculo. Provoca auto-afirmação a quem usa. Talvez represente um pouco de agressividade da nossa época. Mas é estética e torna a pessoa mais bonita".
Gazeta do Povo. 18/5/1968. BPP.

Em 30-7-68 – O fichado foi detido pela Polícia, quando criou um conflito na Praça Generoso Marques, em razão de ter encontrado um Movimento da Tradição, Família e Propriedade (TFP), o qual colhia assinaturas do público, a fim de solicitarem a expulsão dos Padres: Josef Comblein e Dom Helder Câmara, por serem Comunistas; o fichado juntamente com Inácio da Silva Mafra, começaram a dizer ao contrário quando explicavam ao público que não assinassem a lista, ocasião em que a Polícia interveio prendendo-os e encaminhando-os à esta DOPS.

---

**Antigamente, a coxa era o limite, mas agora não se sabe até aonde chegarão as novas modas**

Revista Seleção de Reader's Digest. Abril/1968.

---

VIRAM O QUE ACONTECEU ONTEM À NOITE?

O CASAL TENTOU FORÇAR A ENTRADA NO BAILE DO CURITIBANO: ELE DE GOLA ROLÊ E ELA DE PALAZZO PIJAMA.

É MUITO MAU GOSTO!

TEM GENTE QUE NÃO SE ENXERGA!

SEM FALAR QUE O PALAZZO PIJAMA... ...É INDECENTE, IMORAL!

Jan. 1968 Dez.

## A Campanha

Durante o curto período de duração da campanha foram registradas 58 agressões e 237 agitações de rua, feitas com o objetivo de impedir o povo de assinar a mensagem da TFP. No entanto, nada pode impedir os jovens defensores do movimento, que afirmam: «Católico-comunista é o maior absurdo da história».

Reportagem. t1968

DP Feminino. Diário do Paraná, 7/1/1968.

**Baby**
*Caetano Veloso - 1968*

Você precisa saber da piscina
Da margarina
Da Carolina
Da gasolina
Você precisa saber de mim

Baby baby
Eu sei que é assim
Você precisa tomar um sorvete
Na lanchonete
Andar com a gente
Me ver de perto
Ouvir aquela canção do
Roberto

—OS CLUBES TÊM QUE SELECIONAR MUITO BEM OS SEUS SÓCIOS. SE DEIXAR ENTRAR QUALQUER UM...

—...DÁ NISSO!

—É. DÁ NISSO!

Jan. 1968 Dez.

Sangue negro respinga todos os dias nas pequenas notícias de jornal sobre a guerra de Angola. Notícias encobertas, porque o governo português do ditador Salazar nega a guerra e a imprensa está ocupada demais com o grande conflito no Vietnã, para prestar atenção na África negra. Mas a guerra está lá, brutal, colonial, como também no sudeste asiático. Por trás dos dois conflitos, a guerra fria e surda travada entre Estados Unidos e União Soviética. Direita versus esquerda. Capitalismo versus socialismo. De um lado, armamento moderno, guerra química, violência generalizada contra a população civil. Do outro, a guerrilha, a resistência popular.

No tabuleiro do mundo, mesmo onde não há guerra, a divisão existe e, no Brasil, a ditadura tem claro apoio do governo norte-americano. Essa intervenção nos assuntos do país não é bem-vinda ao mundo estudantil. Palavras como Pentágono, yankee, neo-colonialismo e *Wall Street* pipocam em faixas, cartazes e manifestos de protestos. O magnata Nelson Rockfeller é a encarnação do Tio Sam, símbolo maior da ideologia norte-americana.

Para os estudantes, a ditadura, em si mesma, é porta escancarada para a entrada do *american way of life*. Por isso, algumas correntes dentro do movimento estudantil apontam o imperialismo como o grande inimigo, que precisa ser combatido em todas as frentes junto com a ditadura. Na cultura, essa briga é bem humorada. Pandeiro, saudade, violão, palhoça, prestamista, vigarista, o samba, a prontidão e outras bossas, são coisas nossas...como canta Noel Rosa. E a dupla Gordurinha e Almira Castilho desafia, em Chiclete com Banana: "Quero ver o Tio Sam de frigideira, numa batucada brasileira."

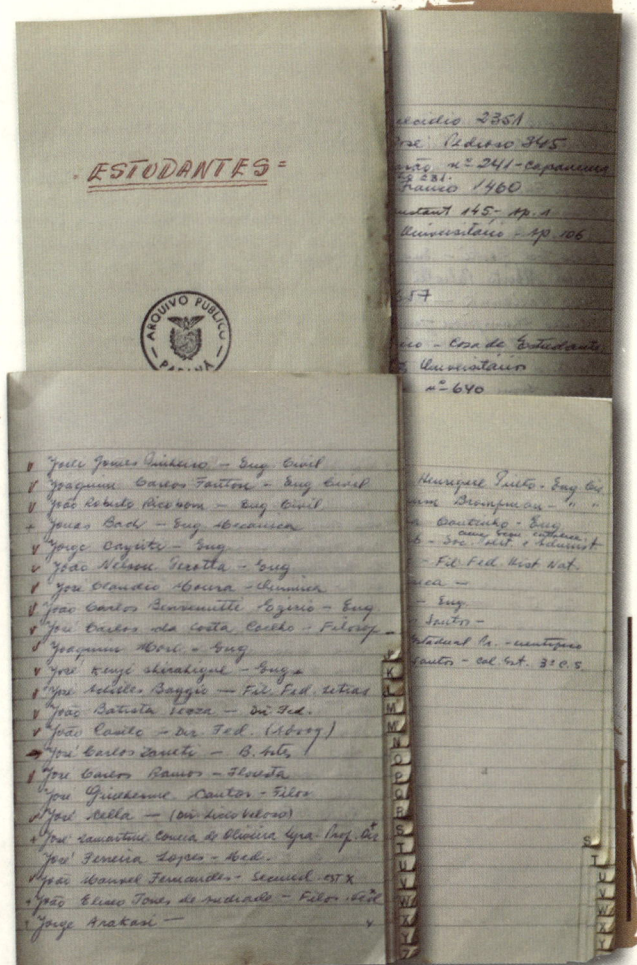

Agenda da Polícia com nomes e endereços. Arquivo DOPS

DO PONTO DE VISTA INTERNACIONAL, O MUNDO OCIDENTAL ENFRENTA DOIS DESAFIOS:...

PACIFICAÇÃO DO SUDESTE ASIÁTICO...

...E DA ÁFRICA.

Jan. 1968 Dez.

**Um Dia Na Vida De Brasilino**
Paulo Guilherme Martins
Santos, Outono de 1961

Não sei se você conhece o Brasilino!? Mas isso não importa... Brasilino – é um homem qualquer, que mora num apartamento qualquer, numa cidade qualquer... Situemo-lo em Santos, por exemplo.
Brasilino, como todo o bom burguês, começa o dia acordando; sim, porque o operário, este, levanta-se ainda dormindo a fim de chegar a tempo ao serviço.
(...)

Abre-se a porta. É Marta, a criada, que entra com o café da manhã: café, leite, pão, manteiga, um pouco de geleia e o jornal – "O Estado de São Paulo". – Brasilino, como todo o bom burguês, lê somente a boa imprensa – a chamada sadia. Enquanto lê as notícias, toma a sua primeira refeição. Brasilino não sabe que o leite, que bebe, é originário de uma vaca que foi alimentada com farelo REFINAZIL, da "Refinações de Milho do Brazil" (Brasil com Z), que é americana, e que a farinha com a qual foi feito o pão é originária do "Moinho Santista", que não é santista e sim inglês. Assim, para tomar o seu café da manhã, Brasilino tem que pagar dividendos ao CAPITAL ESTRANGEIRO. Mas, Brasilino nem sabe disso... e toma o seu café, bem feliz! Terminado o café, Brasilino acende o seu primeiro cigarro: Minister, ou Hollywood, um desses da "Cia. Souza Cruz", que não é do Sr. Souza e muito menos do Sr. Cruz, mas, sim, da "British, American Tobacco Co.", o "trust" anglo-americano do fumo. E assim, para fumar seu cigarrinho, Brasilino paga dividendos ao CAPITAL ESTRANGEIRO. Mas Brasilino nem pensa nisso e saboreia seu cigarrinho, feliz... feliz...

(...)

Manifesto Anti-imperialista. 1968. Arquivo DOPS

**O Preço da Opressão**
(...) Quando todo o continente se levanta, não podemos ficar de braços cruzados, indiferentes, assistindo o repasto de nossos algozes!
    É necessário que nos unamos aos demais povos latino-americanos, fazendo soar bem alto o nosso protesto pela presença de Rockefeller no Brasil. Façâmo-lo recuar, frustrando-lhe os objetivos, pela intensidade de nossa repulsa, tal como ocorreu com os nossos irmãos bolivianos, peruanos e venezuelanos.
    Sòmente unidos poderemos atingir a nossa meta, que é a derrubada dos títeres do poder, entregando-o ao Povo, o seu legítimo dono!
    "AVANTE ESTUDANTES E POVO NA LUTA PELO PODER!", "UNIDOS SEREMOS FORTES E, FORTALECIDOS, OBTEREMOS A VITÓRIA!"
Manifesto contra a visita de Nelson Rockefeller.
Arquivo DOPS

VISITEI ANGOLA RECENTEMENTE, A CONVITE DO GOVERNO PORTUGUÊS.

...PUDE CONSTATAR OS FINS HUMANITÁRIOS DA AÇÃO MILITAR DE PORTUGAL.

FINS HUMANITÁRIOS, PROFESSOR?

PUDE COMPROVAR COM MEUS PRÓPRIOS OLHOS QUE AS BOMBAS USADAS PELO EXÉRCITO PORTUGUÊS SÃO APENAS DE EFEITO MORAL!

ENTÃO OS ANGOLANOS MORREM DE SUSTO, PROFESSOR?

AH AH AH AH

Jan. 1968 Dez.

A INFLUÊNCIA DOS COMUNISTAS EM NOSSA JUVENTUDE É INTOLERÁVEL! DE ONDE TIRA ESSAS IDÉIAS, MOCINHA? ALIÁS,...

QUAL É SEU NOME COMPLETO?

ESTADO DO PARANÁ
Secretaria de Segurança Pública
- 1965 -
N.º 999
O Sr. CARLOS ROBERTO FER-
REIRA DE MACEDO
Portador da presente é
AGENTE COOPERADOR
desta Secretaria.
Indicado por: ANTONIO FERREIRA
RUPPEL _ Dep. Pres. Ass.
NÃO DÁ DIREITO A INGRESSO
em locais de diversões públicas.
TEM DIREITO A PORTAR ARMA

Carteira de Informante.
Arquivo DOPS

"AOS UNIVERSITÁRIOS
(...) Rockfeller enviado especial de Nixon para firmar as bases da nova política opressora para os povos da América Latina, visto o fracasso da política «Aliança para o Progresso».
Como base nesta missão o Pentágono garantiu que seus gorilas trepassem no poder, impondo ditaduras militares que garantam pela força os interêsses do neo-colonialismo yankee contra os interêsses do povo.
Mas o povo latino-americano, tomando consciência de suas condições sub-humanas e de povo dominado, reage violentamente contra os magnatas de Wall Street.
O BRASIL, ponto chave da dominação yankee, é o ponto alto da visita.
- ROCKEFELLER fará balanço de seus investimentos.
- A DITADURA prestará contas ao patrão Rockfeller.
- QUANTAS vidas êle exigirá pela visita???
- ATÉ QUANDO seremos colônia???
- ATÉ QUANDO o povo brasileiro continuará passivo???
- COMPANHEIROS, ROCKEFELLER PRECISA SER REPUDIADO!!!"

Manifesto. Arquivo DOPS.

Jan. 1968 Dez.

> Vou de Shell, uso Topeka, dirijo Karmann Ghia, fui a Nova York pela Varig e a Londres pela Pan American, fiz tôdas as provas (e passei) com Parker. E leio Seleções.
>
> 56% dos leitores de Seleções têm menos de 30 anos.

**Seleções**
*do Reader's Digest*
— a revista adulta que o jovem gosta de ler.

Revista Realidade. Setembro 1968.

---

**Soy Loco Por Ti, América**
*Capinan / Gilberto Gil - 1968*

Soy loco por ti, América/ Yo voy traer una mujer playera/ Que su nombre sea Marti
Que su nombre sea Marti...

Soy loco por ti de amores/ Tenga como colores
La espuma blanca/ De Latinoamérica
Y el cielo como bandera/ Y el cielo como bandera...

Sorriso de quase nuvem/ Os rios, canções, o mêdo/ O corpo cheio de estrêlas/
O corpo cheio de estrêlas/ Como se chama amante/ Desse país sem nome
Esse tango, esse rancho/ Esse povo, dizei-me, ah!/ O fogo de conhecê-la
O fogo de conhecê-la...

Soy loco por ti, América/ Soy loco por ti de amores...

---

A IDÉIA É TRANSFORMAR A UNIVERSIDADE NUMA FÁBRICA, NINGUÉM PARA PENSAR, SÓ PARA TRABALHAR...

OLHA, O QUE EU QUERO É TER PROFESSORES BONS, TER AULA, ESTUDAR.

PRÁ QUEM A GENTE RECLAMA? O IDIOTA DA AULA DE HOJE É O COORDENADOR DO CURSO...

PODEMOS FALAR COM O PESSOAL DO DIRETÓRIO...

Jan. 1968 Dez.

# Em 1971 o Brasil terá mais de 100 milhões de habitantes. E 12 milhões de Kilowatts para assegurar a cada um o seu emprêgo e bem estar.

Desenvolvimento é energia elétrica - para acionar a indústria, expandir o comércio e levar o confôrto a cada lar. Um país em desenvolvimento, como o nosso, precisa cada vez mais de energia elétrica farta e a preços justos. Esta é, há seis anos, a nossa missão, a missão da ELETROBRÁS: dar mais energia elétrica ao Brasil. Quando começamos, o Brasil possuía uma potência instalada de 5 milhões de kW. Hoje, já está com 8 milhões, e em 1971 terá 12 milhões de kW. No momento, através de nossas emprêsas subsidiárias e em colaboração com nossas emprêsas associadas, estamos construindo 24 grandes usinas e ampliando outras.
E muitas mais estão sendo projetadas, para que jamais falte ao Brasil a energia elétrica indispensável ao seu desenvolvimento.

**ELETROBRÁS**
CENTRAIS ELÉTRICAS BRASILEIRAS S.A.

ELETROBRÁS - ASSESSORIA DE RELAÇÕES PÚBLICAS
Av. Rio Branco, 52 - 18º and. ZC 00 - Rio de Janeiro - GB - Cx. P. 1639
Desejo receber, grátis, informações gerais sôbre o desenvolvimento energético do Brasil.
Nome
Profissão
Endereço
Cidade
Estado

"Estudante deve estudar", dizem as autoridades, do reitor ao general. Os estudantes não discordam, mas querem mais do que aulas medíocres, currículos desatualizados e professores preconceituosos. Entram na universidade para aprender mais, sobre "a vida nacional, a questão social, o relacionamento entre os povos, o esforço para que o mundo se torne mais humano", como dizem em suas publicações. Aprender para tomar posição, participar, opinar. Querem fazer perguntas e encontrar respostas. Essa inquietação é mal recebida, esbarra no muro da desconfiança construído pela ditadura através de uma compacta teia de informantes dentro e de fora da universidade. A Rede Ferroviária Federal, por exemplo, tem um Setor de Segurança muito ativo, com dezenas de informantes que frequentam os cursos da universidade, participam de todas as atividades e escrevem intermináveis relatórios sobre tudo o que lá acontece. A universidade, por sua vez, tem uma assessoria só para tratar de segurança e informação.

Para ficar bem com quem manda, é preciso entrar nesse clima. Ser "dedo-duro" - que aponta, acusa, denuncia – é ter uma posição confortável, com privilégios e regalias. Para mantê-los, é preciso alimentar permanentemente o sistema de informações com novas denúncias. Inventar, se for preciso. Encontrar falsos sinais e provas. E, assim, a vida de quem pensa, questiona e quer aprender cada dia fica mais difícil.

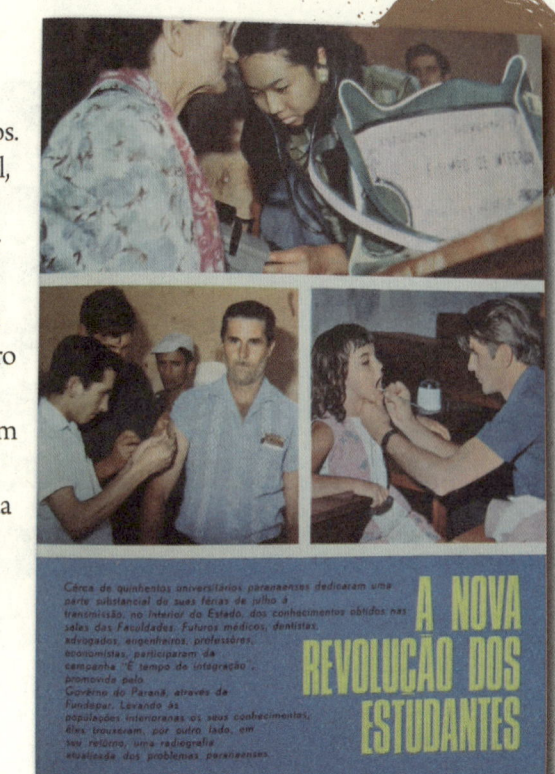

Revista Panorama. 1968

que TODOS EFETIVAMENTE participem do patrimônio cultural. Não se entende uma Universidade de elite, atingível sòmente por uma minoria, que usa dos benefícios em seu próprio proveito.

Nesse momento, quem fala com você é o pessoal do Diretório Acadêmico, órgão de coordenação dos alunos de uma faculdade. Cabe, por causa de nossa função, desfazer um equívoco: para desmerecer o trabalho desenvolvido pelas entidades estudantis, muitas vêzes se apregoa que "estudante deve estudar". Se essa frase significa que o estudante deve ater-se exclusivamente às matérias do currículo, anotações de aula, etc, é falsa. Pois estudar como nós entendemos abrange muito mais. Você tem que estar aberto a tôdas as questões que se apresentarem. A vida nacional, os problemas sociais, o relacionamento entre os povos, o esfôrço para que o mundo se torne mais humano, tudo isso vai exigir de você uma posição.

O universitário não pode receber as coisas passivamente, mas deve questionar, indagar, formar as próprias conclusões.

É com êsse estado de espírito que você deve ingressar na

Documento DARPP. 1968. Arquivo DCE.

ESCUTA, NOSSO CURSO ESTÁ UMA DROGA, FALTA PROFESSOR, OS QUE TÊM NÃO DÃO AULA, SÓ DIZEM BOBAGEM...

YES, SOMOS GORILAS COM MUITO ORGULHO!!!

1968

QUEREMOS APRESENTAR UMA RECLAMAÇÃO NA REITORIA!

QUAL É O SEU CURSO E NOME COMPLETO?

Jan. 1968 Dez.

**MINISTÉRIO DA JUSTIÇA**
DEPARTAMENTO DE POLICIA FEDERAL
DELEGACIA REGIONAL NO PARANÁ E SANTA CATARINA

Of. nº 1470/CO/68/SIG.    Em 16 de Maio de 1968

Do      Delegado Regional do D.P.F. no Paraná e Sta. Catarina.
Ao      Delegado de Ordem Politica e Social da Policia Civil
Assunto Solicitação (faz)

379

Senhor Delegado

      Estou fazendo anexar a êste expediente, relação detalhada contendo nomes de estudantes universitários paranaenses, dos cursos de Medicina, Agronomia, Veterinária e Engenharia Química, de tôdas as séries que se inscreveram na programação do Govêrno do Estado do Paraná (Fundepar) denominada "INTEGRAÇÃO" e para ser realizado no próximo mês de julho de 1968.

      Em carater urgentissimo solicito a fineza de fazer informar o que consta nesse organismo, relativamente aos elementos descritos.

      Tal medida visa acautelar os interesses da ordem pública, evitando-se que elementos ativistas ou vinculados a orgãos ou pessôas envolvidas em atividades contrarias ao regime, desenvolvam, no corpo da sadia e altruista programação, proseletismo viciador dos verdadeiros objetivos propostos.

      Apresento a V.S. neste ensejo, as minhas sempre atenciosas saudações.

Cel. Waldemar O. Bianco
Delegado Regional

Documento do delegado da Polícia Federal no Paraná. Arquivo DOPS

**SCOTS BARD, O REBELDE**

Ninguém pode negar sua origem escocesa. Êle é elaborado à base de cereais e nada de cana. Rebelde, quebrou a tradição dos velhos lordes e vestiu-se de côres vivas. Suas festas são as mais modernas. Seu gôsto é para os moços, é leve. Seus irmãos mais velhos, escoceses, acham-no meio impossível. Mas êle só se entende mesmo com essa "rebelde" juventude.

Realidade. Setembro/1968.

Realidade. Setembro/1968.

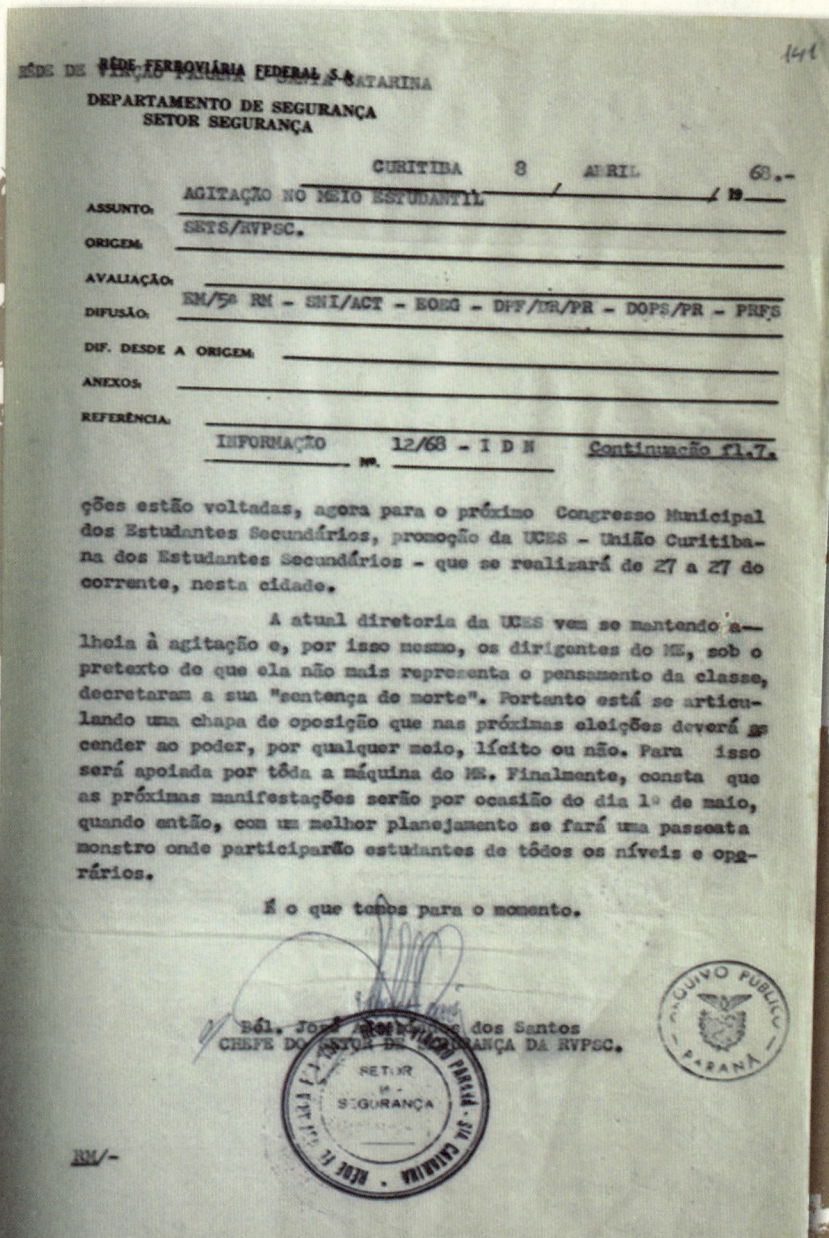

---

RÊDE FERROVIÁRIA FEDERAL S.A.
DEPARTAMENTO DE SEGURANÇA
SETOR SEGURANÇA

CURITIBA  8  ABRIL  68.-

ASSUNTO: AGITAÇÃO NO MEIO ESTUDANTIL
ORIGEM: SETS/RVPSC.
AVALIAÇÃO:
DIFUSÃO: EM/5ª RM - SNI/ACT - EOEG - DFF/DR/PR - DOPS/PR - PRFS
DIF. DESDE A ORIGEM:
ANEXOS:
REFERÊNCIA: INFORMAÇÃO 12/68 - IDN  Continuação fl.7.

ções estão voltadas, agora para o próximo Congresso Municipal dos Estudantes Secundários, promoção da UCES - União Curitibana dos Estudantes Secundários - que se realizará de 27 a 27 do corrente, nesta cidade.

A atual diretoria da UCES vem se mantendo alheia à agitação e, por isso mesmo, os dirigentes do ME, sob o pretexto de que ela não mais representa o pensamento da classe, decretaram a sua "sentença de morte". Portanto está se articulando uma chapa de oposição que nas próximas eleições deverá ascender ao poder, por qualquer meio, lícito ou não. Para isso será apoiada por tôda a máquina do ME. Finalmente, consta que as próximas manifestações serão por ocasião do dia 1º de maio, quando então, com um melhor planejamento se fará uma passeata monstro onde participarão estudantes de tôdos os níveis e operários.

É o que temos para o momento.

Bel. José ___ dos Santos
CHEFE DO SETOR DE SEGURANÇA DA RVPSC.

Documento do Departamento de Segurança da Rede Ferroviária Federal. 1968. Arquivo DOPS

---

AH, VOCÊ É DA TURMA DO NOME-COMPLETO, JÁ VI TUDO... E VOCÊ, UMA COMUNISTINHA DE MERDA

EU, COMUNISTA? TÁ LOUCO, CARA? ENTRO AQUI PRA PEDIR AULA E PROFESSOR DECENTE E VIRO COMUNISTA? QUAL É...

OLHA SUA ROUPA, CALÇA COMPRIDA, SANDÁLIA DE COURO... TÁ NA CARA QUE É VERMELHINHA...

Jan. 1968 Dez.

Auto de apreensão da fita "Escola Maternal". 1966. Arquivo DOPS

**Prisão para subversivos do «Teatro de Fantoches»**

ELA MORA AQUI PERTO, DIZEM QUE FOI PRESA.

PRESA? POR QUÊ???

Quem entra na universidade em 1968 era quase menino em 1964 e sabe pouco sobre o que aconteceu. Menos ainda sobre a vida do país em tempos de democracia. O golpe militar varre lembranças, queima livros, rompe o fio da história. Como era a universidade? Com o que sonhavam os jovens? Quais os planos para o futuro? Que país estava sendo construído? E nem tem como saber, porque existe apenas a versão de quem venceu. A quem poderia contar o outro lado da história restou o exílio, a prisão, a fuga e o medo. Vez por outra, uma notícia de jornal dá uma pista. A Auditoria Militar da 5º Região militar decreta pela segunda vez a prisão preventiva de Agliberto Vieira de Azevedo, apontado como ex-secretário da célula local do Partido Comunista e um dos membros maiores do partido no País, diz a notícia. Informa, também, que o Jardim de Infância Pequeno Príncipe foi fechado porque as criancinhas eram "doutrinadas com teorias marxistas". Ou, ainda, que Euclides Coelho de Souza, que encantava a todos com seu Teatro de Fantoches, teve prisão preventiva decretada. Teatro de fantoches, jardim de infância... que perigo isso representa para a tão falada Segurança Nacional? Um informe confidencial do Ministério da Guerra afirma que junto ao jardim de infância funciona o perigoso Teatro do Centro Popular de Cultura da extinta UNE. Nas diligências realizadas, foi encontrado tão somente material didático apropriado à infância, diz um relatório do DOPS. Para não sair de mãos abanando, os policiais apreenderam uma fita chamada Escola Maternal, de propriedade da Embaixada Britânica.

Jan. 1968 Dez.

# Côrte Instalada dá Preventiva ao Pessoal do Jardim

O Conselho Permanente de Justiça, da Auditoria da 5.a Região Militar, por unanimidade decretou ontem a prisão preventiva de Agliberto Vieira de Azevedo ex-secretário do extinto partido comunista, de Amazonas Brasil e de Euclides Coelho de Souza, todos denunciados no processo do jardim da infância «Pequeno Príncipe». A decisão da Côrte atendeu ao requerimento formulado pelo Promotor José Manes Leitão que solicitou a prisão dos três acusados, todos revéis, fazendo uma ampla exposição dos fatos e fundamentando seu pedido.

Os acusados Euclides Coêlho de Souza e Amazonas Brasil estão denunciados como incursos no artigo 9.o da Lei 1.802/53, no processo em que figura como principal ré a professora Dilma Maria Mais Pereira e ainda Marilda Chantard, Miriam Golarda, Manoel Kobaschuk Filho e outros. A decisão do Conselho Permanente de Justiça do 1.o trimestre, que se reuniu ontem pela primeira vez no corrente ano, será comunicada ao DFSP, Secretaria de Segurança Pública e outras organizações policiais para as providências cabíveis.

**PERITOS**

Os psiquiatras Nelson Ronconi e Arnoldo Luz prestaram compromisso de peritos no Cartório da Auditoria da 5.a RM. Além do Juiz Auditor Darcy Risseti, presenciaram o ato o Promotor José Manes Leitão, o coronel Jefferson Cardim de Alencar Osório e seu advogado. O termo foi lavrado pelo escrivão João de Castro, daquele Juízo, e destina-se ao exame neuropsiquiátrico no coronel Jefferson Cardim de Alencar Osório, acusado de chefiar o movimento de guerrilhas no sudoeste do Estado.

**O CONSELHO**

O Conselho Permanente de Justiça instalado ontem, é presidido pelo major Luiz Frederico de Albuquerque e integrado pelos capitães Kairton Cavalcanti Cunha, capitão Nelson de Simai Pimpão e 1.o tenente Osmair Dias. Durante a audiência foram apreciados diversos processos, entre êles, um de crime contra a economia popular.

O major Luiz Frederico de Albuquerque é quem preside o Conselho de Justiça, da Auditoria da 5.a RM, ontem instalado. Ontem mesmo, a preventiva de Agliberto Vieira de Azevedo, juntamente com vários no caso do Jardim de Infância «Pequeno Príncipe»

*Diário do Paraná 27/4/67*

Ninguém questiona a acusação de "as práticas marxistas" às crianças do Pequeno Príncipe

## Professores foram qualificados: IPM

**Tempo de Guerra**
*Edu Lobo - G. Guarnieri-Boal/adaptado de poema de Bertolt Brecht "Aos que virão depois de nós" - 1965*

É um tempo de guerra/ É um tempo sem sol/ Sem sol, sem sol, tem dó!

E você que prossegue/ E vai ver feliz a terra/ Lembre bem do nosso tempo/ Desse tempo que é de guerra.

Veja bem que preparando/ O caminho da amizade/ Não podemos ser amigos ao mau/ Ao mau vamos dar maldade

Se você chegar a ver/ Essa terra da amizade/ Onde o homem ajuda ao homem/ Pense em nós, só com vontade.

Em sessão realizada ontem, a Justiça Militar procedeu à qualificação das professôras implicadas em Inquérito Policial Militar, por ministrarem práticas marxistas às crianças alunas do Jardim de Infância «Pequeno Príncipe», que funcionava na Rua Comendador Araújo e que foi fechado há dois meses. Dos treze acusados, apenas quatro compareceram e são a Diretora, Dilma Maria Pereira, e as professôras Miriam Galardo, Marilda Kobaschuck e Manoel Kobaschuck Filho. Os demais envolvidos se não comparecem na próxima sessão da Auditoria serão qualificados e julgados à revelia.

---

**DIZEM QUE ELA É COMUNISTA, QUE FOI TORTURADA**

**VOU FALAR COM ELA!**

**TÁ LOUCA? VAI PENSAR QUE VOCÊ É AGENTE DO DOPS!!**

**NUMA HORA, COMUNISTA. NA OUTRA, SOU AGENTE DO DOPS!...**

**QUEM SOU EU, PÔ?**

Jan. 1968 Dez.

Tomar um diretório é difícil, pois quem está dentro não quer sair. Ser da confiança da reitoria e dos militares tem lá suas vantagens: é só dizer sim para tudo e ficar no bem bom, passar de ano sem esforço e ter portas abertas para arrumar um emprego público no final do curso. Quem está do outro lado sofre pressão de professor, tem informante colado nas conversas e vigilância da reitoria. E, ainda por cima, com pouca prática em política estudantil. A turma que vem do Colégio Estadual do Paraná tem um pouco mais de experiência, porque o grêmio continua em atividade, o coral Sing Song canta músicas de protesto e o teatro e os grupos de estudo acompanham o debate político. Também está mais acostumada com a polícia, pois o Estadual já foi invadido algumas vezes desde o golpe de 64.

É verdade que os estudantes secundaristas sofreram golpes pesados. A UBES (União Brasileira dos Estudantes Secundaristas), fundada em 1948, teve sua sede destruída em 64 e foi colocada na ilegalidade pelos militares. A UPES (União Paranaense de Estudantes Secundaristas) é controlada por grupos de direita mas, mesmo assim, os estudantes continuam mobilizados e muito próximos do que se passa na universidade.

Também entram na batalha para retomar as entidades estudantis os membros da JUC (Juventude Universitária Católica) e os seminaristas que começam a freqüentar a universidade. Trazem os ventos das grandes mudanças que estão acontecendo na Igreja Católica com a Teologia da Libertação, que prega a opção preferencial pelos pobres e se coloca abertamente contra as ditaduras militares em toda a América Latina.

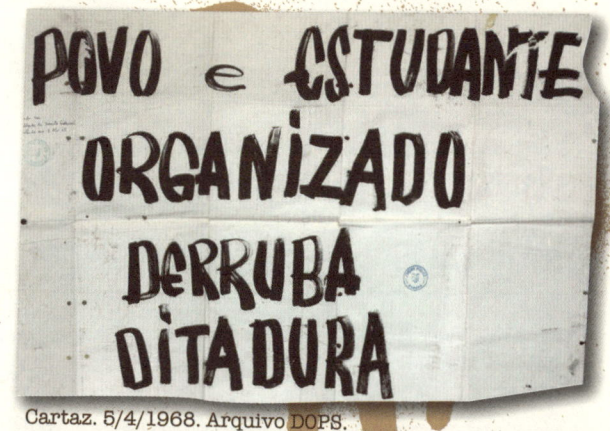

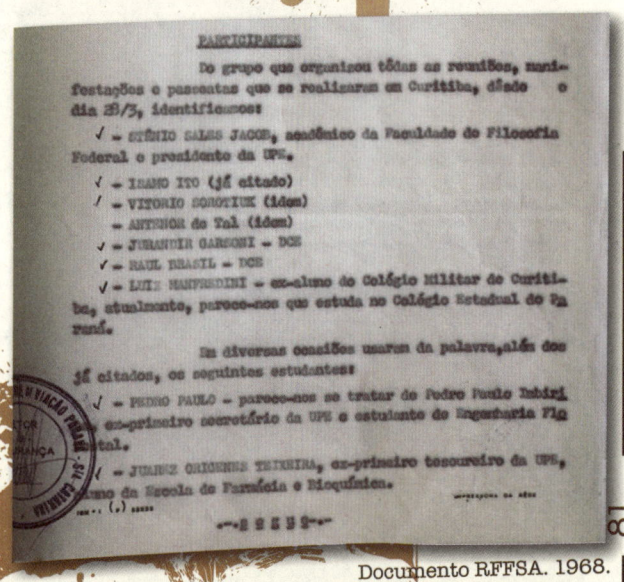

Cartaz. 5/4/1968. Arquivo DOPS.

Documento RFFSA. 1968.

— PÔ, ASSIM NÃO VAI DAR, ESTOU COM A BUNDA DOENDO DE FICAR AQUI, ESPERANDO QUE APAREÇA UM PROFESSOR PRA DAR AULA.

— EU QUE NÃO VOU MAIS ASSISTIR AULA DAQUELES DOIS IMBECIS...

— E OS CARAS DO DIRETÓRIO SÃO MESMO UNS GORILAS, NÃO QUEREM SABER DE NADA...

— DEVE TER ALGUMA VANTAGEM EM FICAR ALI.

— DEVEM PASSAR DE ANO SEM ESTUDAR...

— ESSA TURMA ESTÁ NO DIRETÓRIO DESDE 64, É DE CONFIANÇA DA REITORIA...

Jan. 1968 Dez.

Realidade. Janeiro/1968.

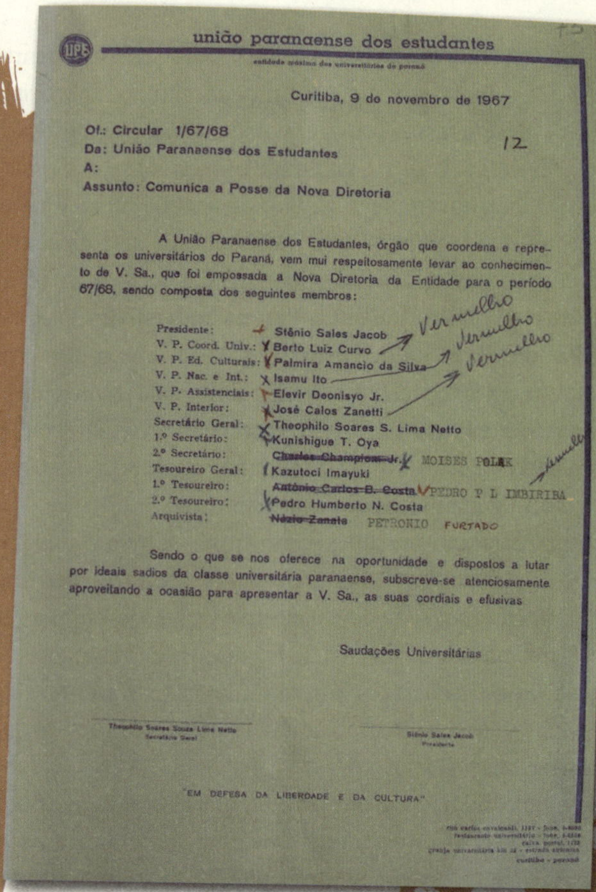

Nova diretoria da UPE. 1967. Arquivo DCE

**Quadro 1:** DESDE 64? ELES SÃO ELEITOS? / MENINA...

**Quadro 2:** ELEIÇÃO ANDA FORA DE MODA, ELES FAZEM UMA ELEIÇÃO FAJUTA...

**Quadro 3:** E CONTINUAM.

**Quadro 4:** BEM, PODEMOS FAZER UMA ASSEMBLÉIA SÉRIA E TIRAR ELES DE LÁ, COLOCAR GENTE QUE SE IMPORTA...

**Quadro 5:** PARA PEDIR UMA ASSEMBLÉIA É PRECISO JUNTAR UMAS 500 ASSINATURAS, DOIS TERÇOS DOS ALUNOS, SENÃO ELES NÃO SÃO OBRIGADOS A ATENDER. / BOM, VAMOS FAZER ISSO...

**Quadro 6:** ...JUNTAR ASSINATURAS.

Jan. 1968 Dez.

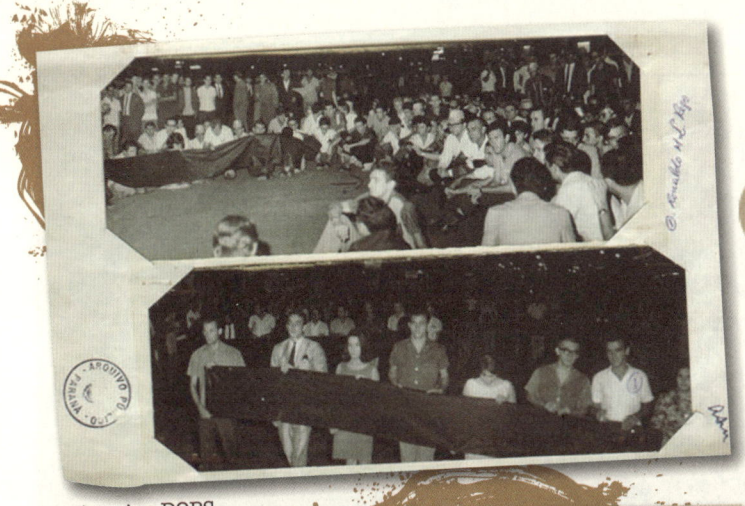

Arquivo DOPS.

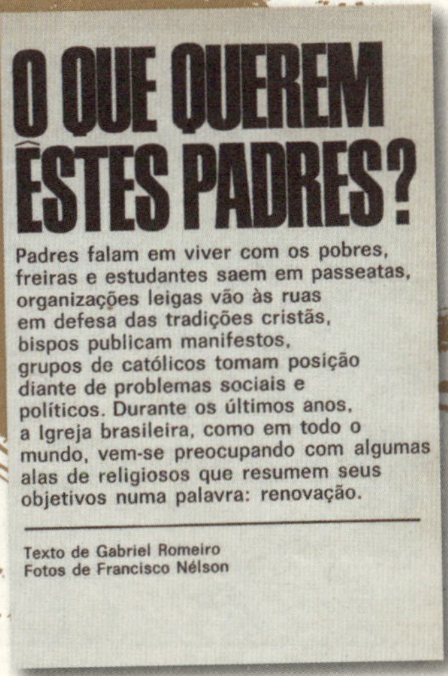

**O QUE QUEREM ESTES PADRES?**

Padres falam em viver com os pobres, freiras e estudantes saem em passeatas, organizações leigas vão às ruas em defesa das tradições cristãs, bispos publicam manifestos, grupos de católicos tomam posição diante de problemas sociais e políticos. Durante os últimos anos, a Igreja brasileira, como em todo o mundo, vem-se preocupando com algumas alas de religiosos que resumem seus objetivos numa palavra: renovação.

Texto de Gabriel Romeiro
Fotos de Francisco Nélson

Recorte de jornal. Arquivo DOPS.   Realidade. Janeiro/1968.

**Cálice**
*Chico Buarque / Gilberto Gil - 1973*

Pai! Afasta de mim esse cálice
Pai! Afasta de mim esse cálice
Pai! Afasta de mim esse cálice
De vinho tinto de sangue

Como beber
Dessa bebida amarga
Tragar a dor
Engolir a labuta
Mesmo calada a boca
Resta o peito
Silêncio na cidade
Não se escuta
De que me vale
Ser filho da santa
Melhor seria
Ser filho da outra
Outra realidade
Menos morta
Tanta mentira
Tanta força bruta...

83

NÓS... ABAIXO ASSINADOS... SOLICITAMOS A REALIZAÇÃO...

...DE ...UMA... ASSEMBLÉIA GERAL PARA...

DECIDIR... A REALIZAÇÃO... DE ELEIÇÕES... PARA O DIRETÓRIO ACADÊMICO.

Jan. 1968 Dez.

OLHA, PRECISAMOS DE UMAS DEZ PESSOAS. CADA UMA JUNTA 50 ASSINATURAS,
NÃO VAI SER DIFÍCIL.
ACHO MELHOR TER MAIS GENTE PARA AJUDAR ...
CADA UM AQUI PROCURA MAIS DOIS.
VAMOS FAZER UMA REUNIÃO PRA SE PROGRAMAR.
ONDE?
AQUI?
OUVI DIZER QUE O PES-SOAL DA U.P.E. É LEGAL.
DE ONDE SAIU ESSE JARDIM DE INFÂNCIA?

As entidades estudantis estiveram na mira dos militares desde os primeiros momentos. No 1º de abril de 1964, dia seguinte ao golpe, a sede da UNE (União Nacional dos Estudantes), no Rio de Janeiro – onde também funcionava a UBES - foi incendiada. O fogo destruiu o prédio mas não afetou a entidade, criada no Estado Novo de Getúlio Vargas e veterana na luta contra ditaduras. Em outubro do mesmo ano, deputados e senadores votam pela extinção da UNE e, em novembro, aprovam a Lei 4.464, mais conhecida como Lei Suplicy – referência ao autor da lei, Flávio Suplicy de Lacerda, ex-reitor da Universidade do Paraná que se tornou Ministro da Educação do regime militar A Lei Suplicy pretendia dar um golpe mortal no movimento estudantil, extinguindo as antigas entidade e proibindo greves e atividades político-partidárias. De pouco adiantou. Alguns Centros Acadêmicos, como o Hugo Simas, nem sequer mudaram o nome, como a nova lei exige. A UPE continua existindo. A extinção da UNE ficou só no papel: "a UNE somos nós", dizem os estudantes. Em muitos casos, porém, diretórios acadêmicos e até diretórios estaduais foram constituídos e durante algum tempo, cumpriram o papel de aliados do regime militar dentro das universidades. Em 1967, o Decreto-lei 228 revoga a Lei Suplicy, que estava desmoralizada, e impõe regras de controle ainda mais rígidas às entidades estudantis. O efeito prático do Decreto é que os estudantes assumem a responsabilidade de manter suas entidades, que se tornam mais fortes e independentes.

Arquivo DOPS.

O QUE VOCÊS ESTÃO FAZENDO É IMPORTANTE, MAS NÃO ESQUEÇAM QUE O DIRETÓRIO DE FILOSOFIA É UM DOS MAIS...

REACIONÁRIOS.

E A REPRESSÃO ESTÁ COM ELES.

TOMEM...

... CUIDADO.

Jan. 1968 Dez.

TEM QUE PARAR ESTE MOVIMENTO JÁ.
OU VAMOS TER PROBLEMAS.
YES, SOMOS GORILAS
TEMOS QUE DAR UM SUMIÇO NAS FOLHAS ASSINADAS. A GENTE FALA QUE VAI ANALISAR O PEDIDO...
... E DESAPARECE COM AS FOLHAS.
É MELHOR PEGAR DE UMA EM UMA,...
TEM UNS 20 COMUNAS JUNTANDO ASSINATURAS.

COMO É QUE ESTÁ INDO O ABAIXO ASSINADO?
DEIXA EU VER.
É ISSO QUE VAMOS FAZER COM SEU ABAIXO-ASSINADO.

MANIFESTO AOS UNIVERSITÁRIOS
E
AO POVO PARANAENSE

No dia três de Outubro, às 18,0 horas, o grupo [...] no Brasil, numa FARSA ELEITORAL de há muito planej[ada...] "ELEIÇÃO" de um novo chefe para o governo ditatorial.

Tem este ato o objetivo, único e exclusivo, de [...] a máscara democrática que lhe permite, impunemente perante [...] pública nacional e internacional, prosseguir com:

1. A repressão violenta, através da ação brutal de s[...] das diversas manifestações estudantis que denunciam a DIT[ADURA] como seus objetivos;

2. Uma política educacional que visa o amordaçamento [...], impedindo-os de participar, efetivamente, da luta pe[la...] [...]ão sócio-política-econômica do país;

3. Uma política econômica que defende os interêsses de grupos monopolistas internacionais, através de acôrdo de garantias; oprimindo o trabalhador brasileiro com o congelamento salarial;

4. Uma política internacional de subserviência às potências estrangeiras, participando da fôrça de ocupação que interviu na República Dominicana.

Em vista disso e de tudo que vivemos no presente, conclamamos os Universitários Paranaenses para a continuação da luta CONTRA A DITADURA, que não deve acabar com o final dêste comício, mas continuar, conforme decisão da UNE, na campanha do voto de protesto nas "ELEIÇÕES" DE 15 DE NOVEMBRO, campanha esta que nós Universitários devemos liderar, conclamando o povo Paranaense nas ruas, nas fábricas, em todos os locais de trabalho e habitação a votarem no dia 15!

_____
PARA DEPUTADO

ABAIXO A DITADURA
_____

Isto porque na DITADURA não há eleições livres, temos então que derrubá-la para que o Povo vote livremente.
E, de acôrdo com a decisão do XXII Congresso Estadual dos Es[tudantes], realizar em tôdas as faculdades, Assembléias para a desadapta[ção dos] Diretórios enquadrados na Lei Suplicy, para podermos lutar livre[...] [...]nte CONTRA A DITADURA.

---

15

30/3/68  HOJE É O DIA

Quando a ditadura descerra, de vêz sua máscara, massacrando estudantes e mesmo deputados que lhe fazem oposição;

Quando a livre manifestação do pensamento é cerceada e desrespeitadas as garantias individuais;

Quando, para todos só uma lei: FOME E CACETE!

Não poderemos ficar calados a assistir pacificamente!

— COMPAREÇA HOJE, ÀS 11,00 HORAS, À GRANDE CONCENTRAÇÃO NA PRAÇA SANTOS ANDRADE —

Arquivo DOPS.

Filipeta. 30/3/1968. Arquivo DOPS.

---

**Divino Maravilhoso**
*Caetano Veloso - 1968*

Atenção ao dobrar uma esquina
Uma alegria, atenção menina
Você vem, quantos anos você tem?
Atenção, precisa ter olhos firmes
Pra este sol, para esta escuridão
Atenção
Tudo é perigoso
Tudo é divino maravilhoso
Atenção para o refrão
É preciso estar atento e forte
Não temos tempo de temer a morte
Atenção para a estrofe e pro refrão
Pro palavrão, para a palavra de ordem

---

... MAS É EXATAMENTE O QUE EU IA DIZER... SABE...

Jan. 1968 Dez.

As mudanças vieram lentamente. O acordo entre o Ministério da Educação e Cultura (MEC) e o United States Agency International for Development (USAID) foi assinado em 1964, para "aperfeiçoamento do ensino primário". E começou a reforma do ensino: encurtaram o curso primário, juntaram com o ginasial, misturaram o clássico e o científico – as antigas opções do ensino médio - e o resultado foi o que o Brasil passou a ter um tempo menor de formação escolar. Além disso, os técnicos norte-americanos decidiram tornar obrigatório o ensino da língua inglesa e cortaram ou reduziram matérias consideradas antiquadas, como filosofia, latim e história. Aos poucos, o Acordo MEC-USAID se estende a outros níveis de ensino e chega à universidade.

Essa intervenção direta de técnicos do governo dos Estados Unidos na educação brasileira desagrada muita gente e os estudantes reagem com críticas pesadas. Querem discutir as reformas propostas e temem que tudo tenha um só objetivo: implantar cursos de "apertador de parafuso" - onde ninguém precisa pensar - e, ainda por cima, pagos.

O ex-ministro Suplicy, que volta a ser reitor da Universidade do Paraná, defende o acordo como modernizante e diz que a cobrança de anuidades é constitucional. Os alunos se recusam a pagar e lembram que a Constituição de 1967 foi feita sob o regime militar e que, portanto, está mais pra MEC-USAID do que para os direitos da sociedade.

> A lei em questão não apenas regula as atividades dos órgãos de representação estudantil, mas cria novas entidades com feição outra que aquelas já existentes. A Constituição Federal, quando trata do direito de livre associação, reza que as entidades criadas para representação de grupos só poderão ser regulamentadas pelos próprios grupos. Assim, se caberia uma regulamentação legal da Entidade representativa, sua criação é de direito exclusivo do grupo representado. Os órgãos criados pelo governo assumem, caráter de meros departamentos, no caso, departamentos do Ministério da Educação, sem qualquer aspecto legal de representatividade estudantil, como que a lei impõe.

Folheto Estudantil. Arquivo DOPS.

SE VOCÊS NÃO SE ACALMAREM, VOU CHAMAR A POLÍCIA!!!

Jan. 1968 Dez.

Arquivo DOPS.

# Estudantes realizaram nova passeata

**PROTESTO ESTUDANTIL**

Os estudantes universitários de Curitiba, realizaram ontem à tarde, nova passeata, que culminou com comício na Avenida João Pessoa.

Gazeta do Povo. 15/3/1967.

Jan. 1968 Dez.

Os governantes pensam: "Os estudantes são uma força. Precisamos ir colocando as coisas aos poucos para conseguir nosso intentos". A idéia de cobrar só dos calouros e uma taxa não muito alta, foi-lhes um achado. (...) Ensino é a maneira de uma sociedade colocar seus membros em contato com os amplos conhecimentos que o homem adquiriu durante séculos, para que êsses indivíduos, com seu trabalho, possam cada vez mais subordinar a natureza ao homem, em benefício de tôda a sociedade. (...) A universidade brasileira, feita para atender aos interêsses dos latifundiários, precisa se modificar para servir a essa nova forma de exploração: a exploração do capitalismo monopolista, mundial, que é fundamentalmente industrial. (...) Assim, em 1964, foi firmado um convênio entre o MEC (Ministério da Educação e Cultura) e a USAID (U.S. Agency for International Development), órgão da Aliança para o Progresso, segundo o qual uma equipe de cinco planejadores educacionais americanos e cinco brasileiros se encarregariam de fazer um levantamento da situação de ensino universitário no Brasil e [a] partir daí tirar um projeto de reestruturação universitária que o Govêrno nacional se encarregaria de implantar. O objetivo dessa mudança é o de aparelhar a universidade para formar técnicos eficientíssimos, especializadíssimos, bitoladíssimos, enfim, servos eficientes que não pensem muito fora das suas especialidades e que cujo conhecimento não lhes permita uma visão crítica da sociedade como um todo. O que seria perigoso para os dominadores. Chama-se a isso dominação ideológica. Procura-se transformar paulatinamente a Universidade em fundações, que são instituições de ensino privadas (Fundação Esso, Fundação Ford, Fundação Matarazzo), onde os estudantes pagam parte do custeio de ensino, e o sentido dêste é supervisionado diretamente por êsses grandes grupos econômicos. Fica garantida a tal dominação ideológica. Para justificar a instituição de fundações é preciso que a Universidade esteja em crise econômica. E isso eles conseguem simplesmente cortando as suas verbas. Mas no nosso sistema, o ensino é uma mercadoria. Nessa infeliz concepção, quem vai usufruir os benefícios de ter estudado em seu proveito pessoal, pois que não se pensa nem de longe no papel social da educação, deve pagar por ele

Dossiê União Paranaense dos Estudantes – UPE . Arquivo DOPS

**Parque Industrial**
*Tom Zé - 1968*

É somente requentar/ E usar,
É somente requentar/ E usar,
Porque é made, made, made, made in Brazil./ Porque é made, made, made, made in Brazil.

Retocai o céu de anil/ Bandeirolas no cordão/ Grande festa em toda a nação/ Despertai com orações/ O avanço industrial Vem trazer nossa redenção.

PESSOAL, AGORA QUE VOCÊS GANHARAM O DIRETÓRIO, TEMOS QUE VER ALGUMAS OUTRAS COISAS...

VOCÊS JÁ OUVIRAM FALAR NO ACORDO MEC-USAID?

POR UM DIRETÓRIO "PRA FRENTE"

Jan. 1968 Dez.

Enquanto os estudantes franceses iniciam uma revolução na Universidade de Nanterre porque a reitoria da instituição, com 12 mil alunos, proibiu que rapazes visitassem moças em seus dormitórios, por aqui a revolução sexual está bem longe de acontecer. O chamado sexo frágil tem pouca presença na vida acadêmica: as mulheres representam menos de um terço dos vestibulandos inscritos e em alguns cursos, como Engenharia Florestal, a proporção cai para 3% de candidatas. Na Odontologia, a secretária da escola informa que, entre os 118 candidatos, "temos 32 lindas jovens". Aquelas que entram na universidade ainda são tratadas no velho estilo. Moças de família que concorrem ao título de rainha ou de mais bela universitária, recebem cantadas de professores e entendem muito bem a declaração do deputado Paulo Poli, em discurso na Assembléia Legislativa: "uma jovem jamais se atreve a entrar sozinha no Gabinete do Reitor".

A vida sexual dos universitários ainda é bem convencional. As moças aguardam o casamento e, enquanto isso, os rapazes freqüentam os antigos casarões da Riachuelo. A prostituição é considerada crime apenas para a prostitutas. Qualquer mulher rondando as chamadas casas de lenocínio, tarde da noite, é levada à Delegacia de Vigilância e Captura e diariamente cerca de 60 mulheres são detidas por fazerem trottoir. Lá, sofrem todo tipo de maus tratos e humilhações e depois são liberadas para continuar a rotina, até nova prisão.

*AQUI MORA O PECADO* — Diário do Paraná, 10/1/1968.

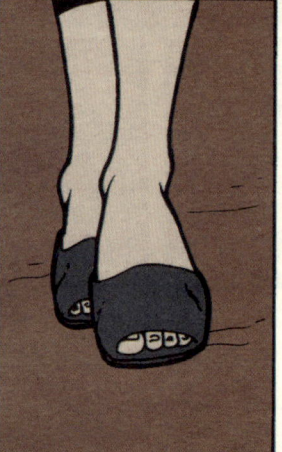

*A RAINHA DOS CALOUROS — PROMOÇÃO - UPE*

— VOCÊ VAI?
— MEIO RIDÍCULO ISSO NÉ?
— SEI LÁ, É DIVERTIDO...
PAQUERAR AS MENINAS...
QUE NEM GADO EM EXPOSIÇÃO.

Jan. 1968 Dez.

## LENOCÍNIO EM CURITIBA INICIA AO SOL NASCENTE

Diário do Paraná. 10/1/1968.

Noturno. Ano 2, nº 15.

"Catecismo". Vendido clandestinamente.

Realidade. Setembro / 1968.

# CURITIBA NASCENTE

O centro da cidade de Curitiba, mesmo durante a hora de maior movimento durante o horário comercial, está tomado por decaídas. Os transeuntes são abordados acintosamente pelas mulheres, que tentam atraí-los para o interior de alguns dos muitos antros de exploração do lenocínio que funcionam abertamente.

Dia a dia o problema se torna mais gritante, pois aumenta o número de decaídas que ocupam as ruas das calçadas, muitas delas vindas de outras cidades, atraídas pela fama que Curitiba já goza como "Capital aberta para o pecado". E muitas delas nem sequer contar 18 anos de idade.

### RECLAMOS

Não poucos são os comerciantes que se sentem prejudicados com o despudorado desfile das mulheres nas proximidades dos seus estabelecimentos comerciais. Isto porque grande parte dos fregueses de seus estabelecimentos, notadamente as mulheres, preferem deixar de efetuar as compras ali e passar ao largo, a fim de não serem confundidas com as profissionais do "trottoir".

Muito embora as diversas queixas e abaixo-assinados encaminhados à Polícia e à Delegacia de Costumes, as autoridades vem se esquivando de atacar a questão. A Secretaria de Saúde Pública também vem primando pela omissão nesse vergonhoso problema.

Diário do Paraná. 10/1/1968.

---

**VOCÊS ACHAM QUE ALGUMA DELAS DÁ PRA ALGUÉM?**

**PRA MIM É QUE NÃO!**

**FICO COM AS MOÇAS DA RIACHUELO.**

**SE PUDESSE COMER SÓ UMA VEZ AQUELA MORENA ALI, MORRERIA FELIZ.**

**MUITO MELHOR UMA PROFISSIONAL, SE VOCÊ FICA AMIGO, NEM COBRA!**

**MAS PASSA GONORRÉIA... VOU ME OFERECER PRA COLOCAR A FAIXA NA RAINHA...**

**E DOU UMA BOLINADINHA NELA...**

Jan. 1968 Dez.

**DARLING I LOVE YOU**

Darling
RHODIANYL
em original jersei - ciré,
leve e macio — soutien, anagua e biquini.

Revista Ele Ela. Julho / 1970.

## A PREFEITURA

Na ocasião, o delegado disse ao secretário haver elaborado um plano para enfrentar o problema, o qual poderá colocar em prática nos próximos dias. Depois dessa reunião, falando ao repórter do DP, disse o delegado Paulo Grande que a própria Prefeitura Municipal vem se omitindo no problema e negando-lhe o apoio necessário para fazer frente aos exploradores do lenocínio de Curitiba.

Disse que a sua delegacia elabora levantamento das atividades clandestinas de hotéis suspeitos e encaminha ofícios à Prefeitura, solicitando a cassação dos alvarás de funcionamento de tais estabelecimentos. Porém, a Prefeitura não efetua a cassação dos alvarás, sem o que a Polícia não pode fechá-los. O delegado apontou os nomes dos estabelecimentos suspeitos cujo fechamento solicitou à Prefeitura e não obteve respostas ao pedido. Entre êsses estabelecimentos estavam Hotel Tunas, Restaurante Pigalle, uiscaria Gogó da Ema. Alguns dêles foram fechados arbitrariamente pela Delegacia de Costumes, mas mandado de segurança impetrado na 1.a Vara da Fazenda Pública concedeu liminar permitindo funcionamento dos estabelecimentos suspeitos.

Diário do Paraná. 10/1/1968.

**São São Paulo**
*Tom Zé -1968*

Salvai-nos por caridade/ Pecadoras invadiram
Todo o centro da cidade/ Armadas de ruge e
batom/ Dando vivas ao bom humor
Num atentado contra o pudor/ A
família protegida/ O palavrão reprimido
Um pregador que condena/ Um festival por
quinzena/ porém com todo defeito
Te carrego no meu peito/ São São Paulo
quanta dor/ São São Paulo meu amor

Revista Sétimo Céu. 1971.

Jan. 1968 Dez.

Um golpe não derruba apenas aqueles que estão no governo. Põe por terra, também, toda a estrutura legal que organiza a sociedade. As regras coletivas podem ser mudadas a qualquer momento. Quando o golpe tem feições militares, é ainda pior porque existe uma hierarquia rígida e ninguém contesta ordens. Assim, se um superior determina à tropa "vão lá e quebrem tudo" os subalternos obedecem. Quando um tenente saca o revólver, os outros soldados entendem que podem atirar. Era apenas uma reunião para programar uma passeata de protesto contra as más condições do Restaurante Calabouço, que atendia os estudantes. O jornal Correio da Manhã do dia seguinte conta a história assim:

Arquivo DOPS. 1968.

"*Estudantes reuniram-se, ontem, no Calabouço, para protestar contra as precárias condições de higiene do seu restaurante. Protesto justo e correto. O Correio da Manhã, nesta mesma página, já condenou a inércia em que o Estado vem-se mantendo diante das reiteradas reivindicações estudantis. Apesar da legitimidade do protesto estudantil, a Polícia Militar decidiu intervir. E o fêz à bala. Há um estudante (18 anos) morto, um outro (20 anos) em estado gravíssimo. Um porteiro do INPS, que passava perto do Calabouço, também tombou morto. Um cidadão que, na Rua General Justo, assistia, da janela de seus escritório, ao selvagem atentado, recebeu um tiro na bôca. Êste o saldo da noite de ontem. Não agiu a Polícia Militar como força pública. Agiu como bando de assassinos. Diante desta evidência cessa tôda discussão sôbre se os estudantes tinham ou não razão - e tinham. E cessam os debates porque fomos colocados ante uma cena de selvageria que só pela sua própria brutalidade se explica.*"

— MATARAM UM ESTUDANTE NO CALABOUÇO!

— COMO ASSIM NO CALABOUÇO?

— É O RESTAURANTE UNIVERSITÁRIO NO RIO...

— MATARAM COMO?

— A POLÍCIA, PÔ!

— A POLÍCIA ENTROU LÁ E MATOU O CARA!

Jan. 1968 Dez.

Arquivo DOPS. 1968.

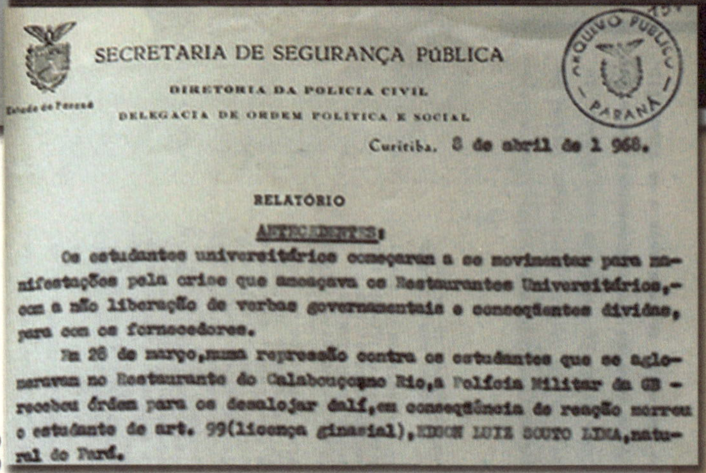

## Revolução de 64, Presente de Grego

"Há exatamente quatro anos, as fôrças mais retrógradas da Nação, sentindo aproximar-se o dia em que os seus privilégios chegariam ao fim, perpetraram o mais hediondo golpe de que se tem notícia nos anais da História Pátria. (...)
E agora, para coroar sua nefasta missão, para comemorar o seu 4º aniversário de deserviços prestados à Nação, a cúpula dirigente resolve desencadear a mais feroz campanha contra os estudantes brasileiros, por repudiarem êstes uma Reforma Universitária lesiva aos interêsses nacionais. E nesta repressão é imolado um jovem de apenas 18 anos – EDSON LUIZ LIMA SOUTO.
Que crime hediondo teria êle cometido? (...)
O assassinato de Edson Luiz não é um fato isolado. Êle faz parte de todo um esquema de repressão ardentemente preparado para intimidar os estudantes brasileiros, para que êstes assistissem sem qualquer resistência a falência de suas Universidade e a transformação em Fundações a soldo dos capitais monopolistas internacionais, cuja sede é Wall Street.
Descansa em paz, porém, Edson Luiz! Nós continuaremos a tua luta!
Curitiba, 31 de março de 1968
CENTRO ACADÊMICO HUGO SIMAS"

— TEMOS QUE FAZER ALGUMA COISA!

— DEPRESSA, JUNTA DINHEIRO COM O PESSOAL!

— PEGA AQUELE ROLO DE PAPEL BRANCO LÁ NO DIRETÓRIO, E RECORTA LETRA POR LETRA, RÁPIDO!

— AONDE VAMOS?
— DEPRESSA, PÔ!

— DEZ METROS DE PANO PRETO...
...DAQUELE FININHO DE FORRO.

Jan. 1968 Dez.

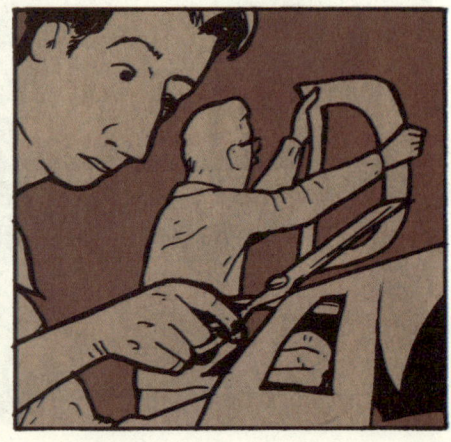

# JORNAL DO BRASIL

Rio de Janeiro — Sexta-feira, 29 de março de 1968

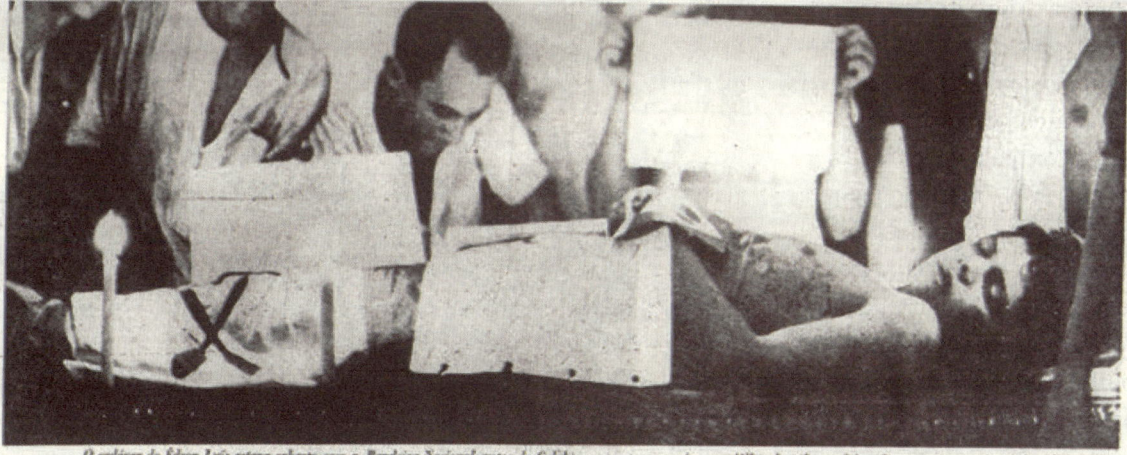

*A POTÊNCIA DE FOGO*

O cadáver de Édson Luís estava coberto com a Bandeira Nacional, outra do Calabouço e cartazes escritos em folhas de caderno, deixando ao seu peito varado a bala

## Assassinato leva estudantes à greve nacional

"Em visita à Assembléia, o General Niemeyer defendeu os policiais. Indagado por que a polícia atirara, respondeu:
- A polícia estava inferiorizada em potência de fogo.
- Potência de fogo? É arma?
- É tudo aquilo que nos agride. Era pedra."

Jornal do Brasil, 29 de março de 1968 sobre declaração do General Osvaldo Niemeyer da Superintendência da Polícia Executiva da Secretário de Segurança

*Calabouço*
Sérgio Ricardo - 1968

Olho aberto ouvido atento/ E a cabeça no lugar/ Cala a boca moço, cala a boca moço/ Do canto da boca escorre/ Metade do meu cantar/ Cala a boca moço, cala a boca moço/ Eis o lixo do meu canto/ Que é permitido escutar/ Cala a boca moço. Fala!/ Olha o vazio nas almas/ Olha um brasileiro de alma vazia.

DITADURA ASSASSINA

AGORA CHEGA, MOCINHA! O DELEGADO QUER CONVERSAR COM VOCÊ!

Jan. 1968 Dez.

A mão pesada e raivosa do policial pressiona os dedos sobre a almofada ensopada de tinta e, depois, sobre o papel branco. Um por um, os dedos deixam ali as impressões únicas e indestrutíveis. Depois, nome, filiação, endereço. Pronto, o 'elemento' está fichado. O motivo da ficha é sempre o mesmo: subversão. Como é uma palavra de sentido muito amplo, a interpretação do que é ou não subversivo fica por conta do policial: leu um livro sobre cubismo, comprou na banca uma revista com a foice e o martelo na capa, passou na passeata, derrubou um muro, carregou bandeira, fez reunião, denunciou, fez perguntas muito diretas, enxugou uma lágrima pelo estudante morto na ponta da bandeira, reclamou do preço do pão? É subversivo! Ficha o 'elemento'!

Nem é preciso ser detido para ser fichado. A rede de informantes abastece o sistema com milhares de linhas de relatório sobre a atividade dos estudantes e essas informações alimentam as fichas. Tudo datilografado, uma por uma.

Fora a imensa quantidade de arquivos para guardar milhares de fichas, a DOPS -Delegacia de Ordem Política e Social é como outra qualquer. Entre as quatro paredes, o poder do policial é absoluto. Desde sempre, vale humilhar e maltratar prostitutas, pobres, negros e homossexuais em todas as delegacias do país. Agora, a lista inclui mais uma categoria: subversivos.

Jan. 1968 Dez.

Nos arquivos da DOPS, arquivos de todo tipo.

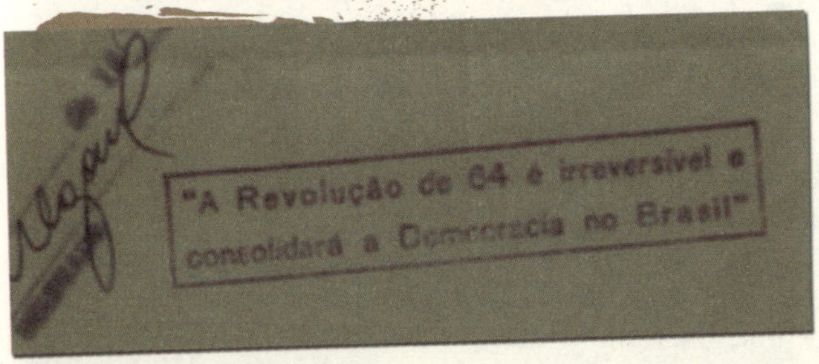

"A Revolução de 64 é irreversível e consolidará a Democracia no Brasil"

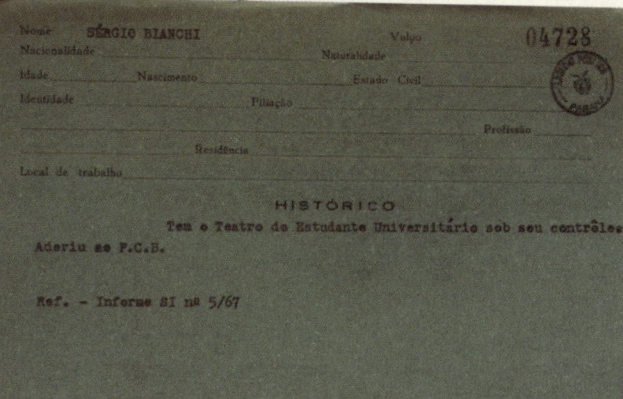

Nome SÉRGIO BIANCHI

HISTÓRICO
Tem o Teatro do Estudante Universitário sob seu contrôle.
Aderiu ao P.C.B.

Ref. – Informe SI nº 5/67

— MARIA GOMES.
— IDADE?
— 17 ANOS.
— É DE MENOR, DOUTOR.

— FICHA E SOLTA.

NHÉC! NHÉC! NHÉC!
NHÉC! NHÉC!

— PEITINHO DURO, HEIN?

Jan. 1968 Dez.

Dossiê DOPS – Relação de Elementos mais Visados
Nº0828 top:100
Período: 1968, 1969
"ESTADO DO PARANÁ
DELEGACIA DE ORDEM POLÍTICA E SOCIAL
OPERAÇÃO PENTE FINO
Relação dos elementos estudantis agitadores mais ativos e órgãos encarrregados da detenção dos mesmos.
A. DELEGACIA DE ORDEM POLÍTICA E SOCIAL DO PARANÁ
1. Raul Leal Brasil – V. Pres. DCE – Fac Medicina
2. Stênio Sales Jacob – Pres. UPE
3. José Carlos Zanetti – V. Pres. UPE
4. José Ferreira Lopes – Fac Medicina
5. Eloi Alfredo Pietá – Fac Filosofia Federal – Res. Mosteiro da Anunciação (Roseira – Piraquara)
6. Juarez Orígenes Teixxeira – Tes UPE Fac Farmácia
7. Carlos Frederico Mares de Souza Fº
8. Pedro Paulo Lalor Imbiriba – Restaurante UPE
9. João Manoel Ferdandes – Colégio Estadual do Paraná"
Deverá apreender, ainda, as viaturas da UPE e do DCE que circularem transportando pessoal ou material de cunho subversivo.
B. 2ª SEÇÃO DA PMEP
1. Palmira Amâncio da Silva – Pres CEU
2. Marly Osna – Colégio Estadual do Paraná
3. Ana Beatriz Fortes
4. Teresa Daysy Urban – Fac. Filosofia Fed Res. R. Brigadeiro Franco, 549.
5. Kensho Yamada – Esc Engenharia

100

(...) Deverá, na ocasião determinar o fechamento de tôdas as saídas de CURITIBA, por terra e por ar.
(...) OBS: A presente Operação só será desencadeada mediante ordem. NOTA: O órgão que prender um elemento cuja detenção está afeta a outro, deverá comunicar imediatamente ao órgão interessado."

ME LARGA, SEU PORCO!

DELEGADO, TEM UM BANDO DE ESTUDANTE CHEGANDO!

PRECISO DE REFORÇO POLICIAL, URGENTE!

Jan. 1968 Dez.

## Me Gustan Los Estudiantes
*Violeta Parra - 1963*

¡Que vivan los estudiantes, jardín de las alegrías!
Son aves que no se asustan de animal ni policía,
y no le asustan las balas ni el ladrar de la jauría.
Caramba y zamba la cosa, ¡que viva la astronomía!

---

**TODOS LÁ PRÁ FORA! QUERO TODOS ESSES MOLEQUES FICHADOS!**

**PRENDERAM UMA GURIA DA FILOSOFIA, TEM UMA CONFUSÃO NA FRENTE DO DOPS!**

**TODOS PARA LÁ!**

**DELEGADO, O SENHOR ENLOUQUECEU? O RIO ESTÁ PEGANDO FOGO E O SENHOR QUER BOTAR MAIS LENHA NA FOGUEIRA? SOLTA TODO MUNDO JÁ!**

Jan. 1968 Dez.

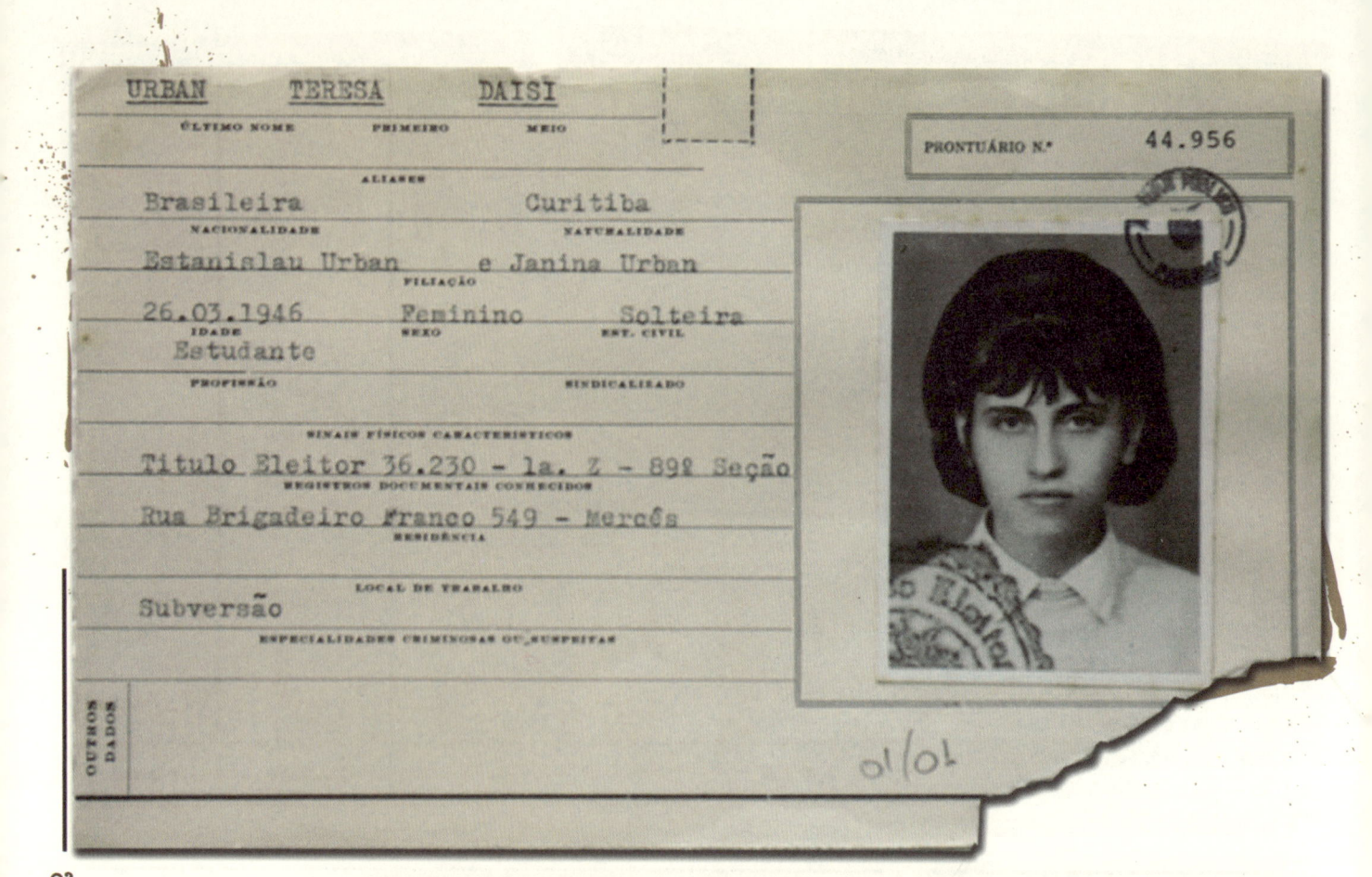

| URBAN | TERESA | DAISI | | PRONTUÁRIO N.° | 44.956 |
|---|---|---|---|---|---|
| ÚLTIMO NOME | PRIMEIRO | MEIO | | | |

ALIASES

| Brasileira | | Curitiba | |
|---|---|---|---|
| NACIONALIDADE | | NATURALIDADE | |
| Estanislau Urban | e Janina Urban | | |
| | FILIAÇÃO | | |
| 26.03.1946 | Feminino | | Solteira |
| IDADE | SEXO | | EST. CIVIL |
| Estudante | | | |
| PROFISSÃO | | SINDICALIZADO | |

SINAIS FÍSICOS CARACTERÍSTICOS

Titulo Eleitor 36.230 - 1a. Z - 89ª Seção
REGISTROS DOCUMENTAIS CONHECIDOS

Rua Brigadeiro Franco 549 - Mercês
RESIDÊNCIA

LOCAL DE TRABALHO

Subversão
ESPECIALIDADES CRIMINOSAS OU SUSPEITAS

OUTROS DADOS

---

**ROBERTO REQUIÃO DE MELLO E SILVA**

## DELEGACIA DE ORDEM POLITICA E SOCIAL
### FICHARIO PROVISORIO INDIVIDUAL

41.208

Nome ROBERTO REQUIÃO DE MELLO E SILVA        Vulgo
Data                                          Prontuario na Delegacia N.
Pai Wallace Tadeu de Mello e Silva    Mãe Lucy Requião de Mello e Silva
Idade 23 anos         Data do Nascimento              Sexo    masc.
Nacionalidade brasileira            Natural de
Estado Civil    solteiro         Profissão   estudante
Local do Trabalho Fac.Dir.Univ.Paraná.    Ordenado
Residencia atual  AV. VICENTE MACHADO, 344
Residencias anteriores
É sindicalisado                  sindicatos e locais que costuma
frequentar
                                VER PASTA DO NOMINADO..........
Nome e residencia dos conhecidos parentes:
Notas Cromaticas:   C.I. RG Nº 258.890 PR

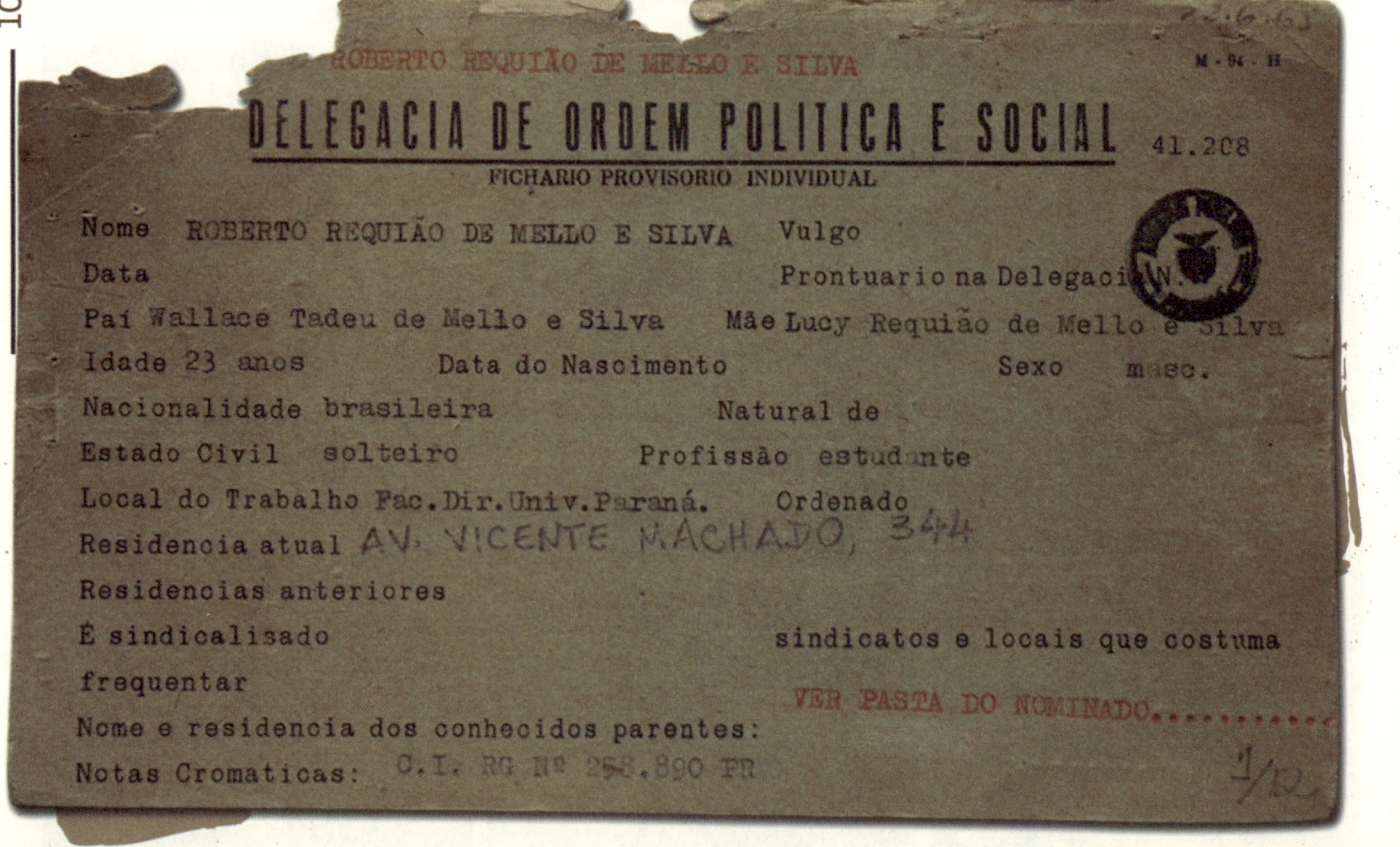

Jan. 1968 Dez.

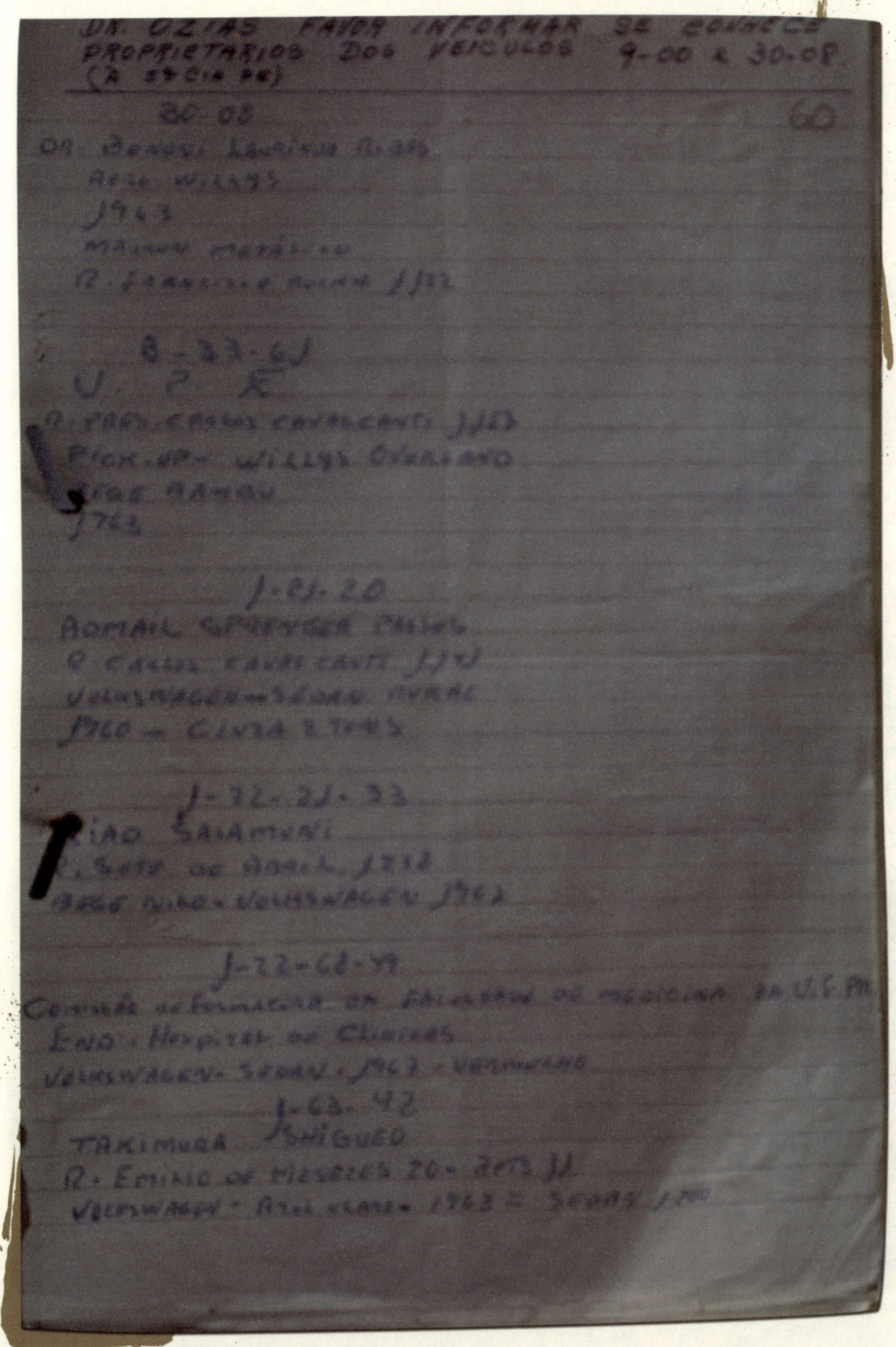

Dr. Ozias favor informar se conhece
proprietarios dos veículos  9-00 a 30-08
(à 5ª Cia PE)

30-05                                                    60
01. Benoni Laurindo Riga
Aero Willys
1963
Marrom metálico
R. Jerônimo Rocha 1/32

B-23-61
U.P.E
D. Fred. Chaves Cavalcanti 1/17
Pick-up Willys Overland
Bege Marrom
1963

J-21-20
Romali Guenther Casses
R. Chaves Cavalcanti 1/17
Volkswagen - Sedan Ivage
1960 - Cinza Escuro

J-22-21-33
João Salomoni
R. Sete de Abril, 1212
Beg. nino - Volkswagen 1962

J-22-68-79
Conselho a Fundadora da Faculdade de Medicina da U.F.PR
End. Hospital de Clínicas
Volkswagen - Sedan - 1967 - Vermelho

J-63-42
Takimura Shigueo
R. Emilio de Menezes 20 - apt. 31
Volkswagen - Azul Claro - 1963 - Sedan 1200

Milhares de documentos da DOPS armazenados no arquivo público. Foto: João Urban

Ser fichado na polícia é uma forma bem antiga de intimidar qualquer pessoa e o registro na DOPS é um estigma que pesa muito na vida dos estudantes. Primeiro, porque são as informações da ficha que determinam quem será preso a cada nova operação da polícia política. Vai preso, anota na ficha, duas anotações, nova prisão e o 'elemento' fica visado... Além disso, o Atestado de Bons Antecedentes, documento concedido pela polícia para comprovar que a pessoa não tem registros criminais, passa a incluir também informações da DOPS. Em qualquer formulário de repartição pública, entre os documentos exigidos, lá está o Atestado de Bons Antecedentes. Para fazer inscrição no vestibular, matrícula na universidade, concurso para emprego público, ser professor, solicitar financiamentos, tirar carteira de motorista e passaporte, exercer a profissão de jornalista ou ser candidato em qualquer cargo eletivo, o atestado é condição prévia. Muitas empresas privadas, que não querem correr o risco de contratar um subversivo, passam a adotar o mesmo procedimento. Como as fichas são preenchidas sem verificação das acusações,

Manifesto Cansaço. Arquivo DOPS.

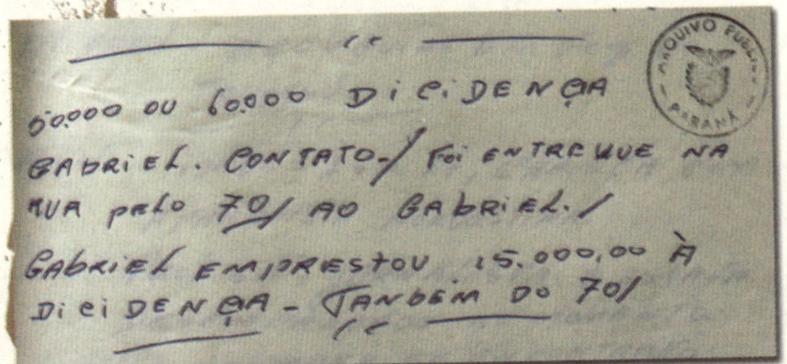

Pecadilhos gramaticais comuns nas anotações da DOPS.

qualquer anotação pode justificar o indeferimento e quem não recebe o atestado não pode trabalhar, dirigir, viajar ou estudar. Assim, a ficha na DOPS se transforma numa forma muito eficiente de controle: o medo não é provocado apenas pela violência no presente, mas também pela perspectiva de enfrentar um futuro de enormes dificuldades.

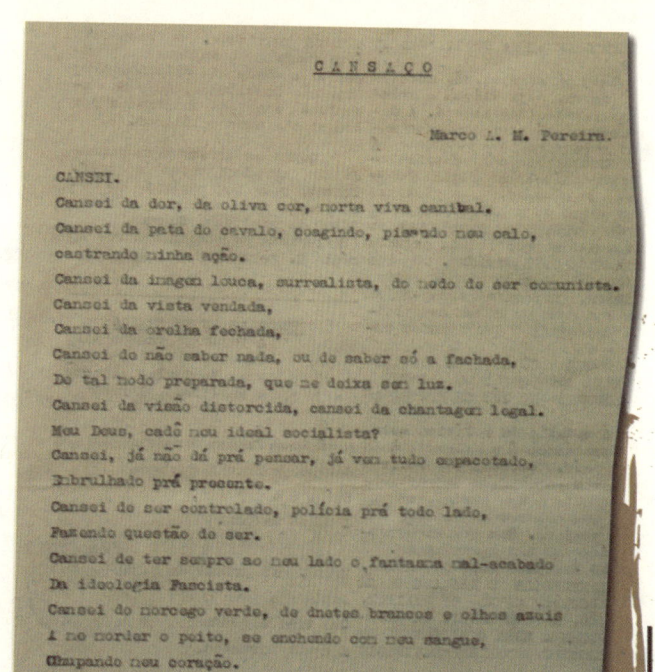

VAI TODO MUNDO PRA JEAN GIL, VAMOS?

NÃO!

ESTÁ DOENDO?

NÃO!

QUER QUE EU VÁ COM VOCÊ ATÉ A SUA CASA?

NÃO!

Jan. 1968 Dez.

Relatório sobre condições materiais da delegacia. Arquivo DOPS.

**Não Chores Mais**
*Bob Marley - 1974/versão Gilberto Gil*

Bem que eu me lembro da gente sentado ali/ na grama do aterro sob o sol/ ob-observando hipócritas /disfarçados rondando ao redor/ amigos presos/ amigos sumindo assim/ pra nunca mais tais recordações/ retratos do mal em si/ melhor é deixar pra trás/ não, não chores mais/ não, não chores mais

Lista de fichados sem fotografia. Arquivo DOPS.

— O QUE ACONTECEU, MENINA?
— NADA, ESTAVA ANDANDO E NÃO VI O POSTE...

— E ISSO AQUI? VOCÊ FOI FICHADA?

— MINHA FILHA FICHADA? QUE VERGONHA!
— NADA NÃO...

— O QUE VOCÊ ANDA FAZENDO, MENINA?

— NÃO SOU EU, PAI. SÃO ELES! MATARAM UM ESTUDANTE NO RIO. ELE TINHA A MINHA IDADE...

— PODIA SER EU...

Jan. 1968 Dez.

Abala que matou Edson Luís atravessou as paredes do Restaurante Calabouço, cruzou as ruas do Rio de Janeiro e arrombou a porta das salas de aula de colégios e universidades do norte ao sul do país. O governo proíbe manifestações, reprime passeatas e prende estudantes, mas nada disso impede que os protestos se multipliquem. Greve geral nas universidades, repressão violenta no Rio causa mais mortes, tropas do Exército ocupam as ruas centrais da cidade, a Universidade de Brasília é cercada pela polícia, morre um pedestre que passava perto da manifestação em Goiânia, os estudantes vão às ruas em Curitiba. Autoridade militar garante que o governo "tem conhecimento inequívoco de um plano comunista, buscando perturbar a ordem" e o Ministério de Educação e Cultura já fala em recesso nas universidades. Nenhuma ameaça tem efeito, milhares de pessoas acompanham o funeral do estudante assassinado e as manifestações de protesto encobrem as comemorações preparadas pelos militares para o quarto aniversário do golpe. A violência ensina e o Brasil entra em abril de 1968 com uma nova cara: jovem e querendo muito mais do que o mundo adulto está disposto a conceder.

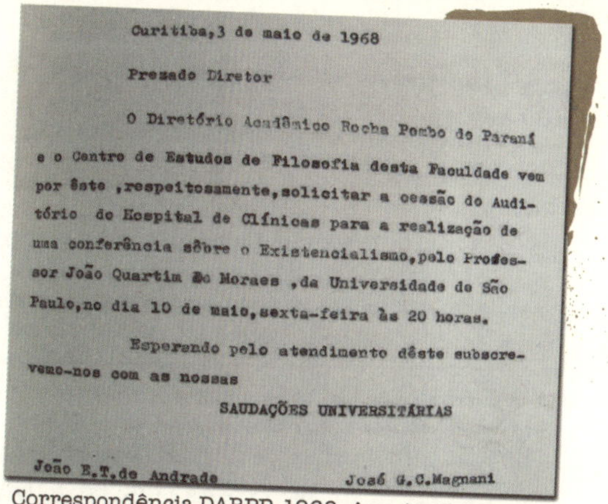

Por outros caminhos e outras razões, um mês depois, estudantes do mundo inteiro - ligados por um fio invisível que atravessa o globo, do México a Alemanha, de Londres a Bogotá, de Varsóvia a Praga, de Roma a Paris - vão às ruas para anunciar que "é proibido proibir". Em cada país, a rebeldia dos jovens se expressa de modo diferente mas, de um modo ou de outro, todos eles têm em comum o velho sonho de uma sociedade mais justa e menos autoritária.

Correspondência DARPP. 1968. Arquivo DCE.

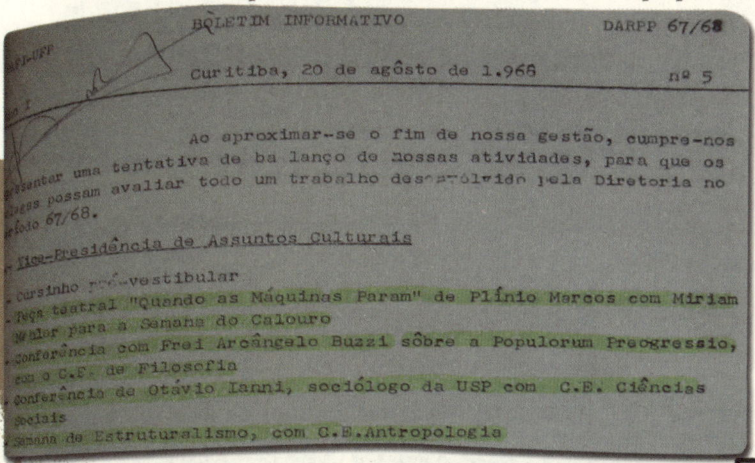

— VIU A CARA DO DELEGADO NO TELEFONE?
— DEI UM EMPURRÃO NUM TIRA!
— ELES ESTAVAM COM MAIS MEDO DO QUE NÓS.

Jan. 1968 Dez.

WE SHALL FIGHT/ WE WILL WIN/ PARIS, LONDON, ROME, BERLIN...
Slogan dos contestadores ingleses, 1968.

"LUIS TRAVASSOS, WLADIMIR PALMEIRAS e CATARINA MELLONI (SP) estão fazendo entendimentos com entidades estudantis dos demais Estados, inclusive Brasília, incentivando-as a enviarem suas solidariedades aos estudantes franceses e alemães, em face dos últimos acontecimentos."
Documento Sigiloso PF 1968 – Arquivo Público – Dossiê DOPS
3/jun/68 2231-241

"As similitudes, entretanto, não devem ocultar as profundas diferenças entre os processos nacionais, pois, apenas como exemplo, enquanto no Brasil expressava-se a revolta contra uma ditadura militar, suas formas de censura e atos arbitrários, em outros países, como a França, as rebeliões atingiam todas as formas de autoridade."
Virgínia Fontes UFF

SOYEZ SOLIDAIRES ET NON SOLITAIRES
(Sejam solidários, e não solitários)
MEME SI DIEU EXISTAIT IL FAUDRAIT LE SUPPRIMER
(Mesmo se Deus existisse, seria preciso suprimi-lo)
A BAS LES JOURNALISTES ET CEUX QUI VEULENT LES MENAGER
(Abaixo os jornalistas e aqueles que querem manejá-los)
LES SYNDICATS SONT DES BORDELS
(Os sindicatos são bordéis)
DEFENSE D'INTERDIRE!
(É proibido proibir).

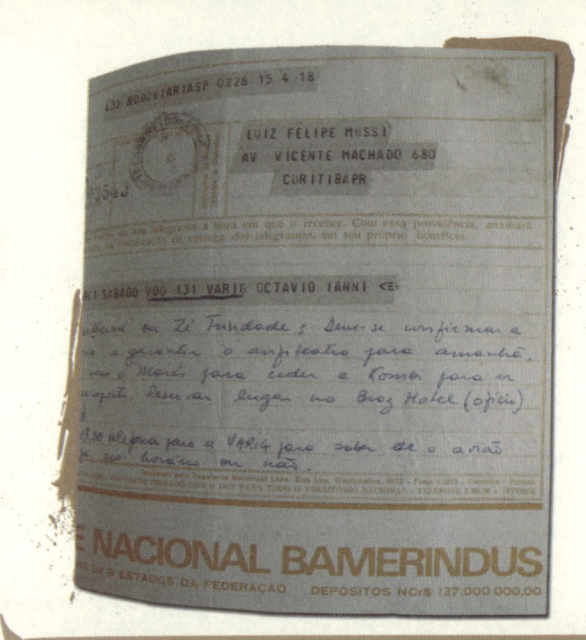

*É Proibido Proibir* Caetano Veloso 1968

A mãe da virgem diz que não/ E o anúncio da televisão/ E estava escrito no portão/ E o maestro ergueu o dedo/ E além da porta/ Há o porteiro, sim...

E eu digo não/ E eu digo não ao não/ Eu digo: É! Proibido proibir/ É proibido proibir/ É proibido proibir É proibido proibir...

Me dê um beijo meu amor/ Eles estão nos esperando Os automóveis ardem em chamas/ Derrubar as prateleiras/ As estantes, as estátuas/ As vidraças, louças/ Livros, sim...

108

— AMANHÃ VAMOS FAZER UMA PASSEATA EM PROTESTO PELA MORTE DO NOSSO COLEGA NO RIO DE JANEIRO.

— VOCÊS CONSEGUIRAM SALVAR A FAIXA?

— RASGOU NO EMPURRA-EMPURRA, MAS PELO MENOS OS TIRAS NÃO LEVARAM! AH! AH! AH! AH!

— CADÊ A GURIA QUE FOI PRESA?

Jan. 1968 Dez.

Pare com isso, menina! Lugar de mulher é na cozinha, nada de inventar moda! Moça de família vai para a escola de Educação Familiar, lá aprende a vestir-se adequadamente, servir a mesa com elegância, orientar a criada na preparação do jantar, dobrar o guardanapo como manda o figurino. Estudar pra quê, se depois casa, tem filhos e segue os passos da mãe? E veja no que dá se meter na universidade, discutir, protestar! Fichada na DOPS e tratada como prostituta! A verdade é que mulher só tem de dois tipos: do lar ou de vida fácil. Nisso, não existe meio termo.
- Não fume, menina! Pra arranjar marido uma jovem deve cuidar de sua aparência e beleza, sempre impecavelmente vestida e maquilada, pele bem cuidada, pés tratados, mãos e unhas bonitas, cabelos de corte elegante e penteado correto, rosto sugestivo, maquilagem perfeita, dentes impecáveis!
- Não pense, menina! Se quer mesmo trabalhar, pode ser secretária particular de algum figurão, mas não esqueça: é preciso ser discreta, eficiente e simpática!
- Ah mãe, não enche! Eu não sou você!

Cigarro: presença constante nas passeatas.

MUITO SOL LÁ FORA?

É, SOL DE ABRIL, VOCÊ SABE.

QUER SENTAR?

## AFINAL A JUVENTUDE É FELIZ?

Ele Ela. Julho / 1970.

---

— O QUE ACONTECEU LÁ NA DELEGACIA?
— NADA. ME DÁ UM CIGARRO...

— VOCÊ FICA ESTRANHA ASSIM.

— E AÍ?

— NÃO QUER FALAR?

— ME TRATARAM COMO UMA PUTA E O PROBLEMA É QUE...
— É QUE?...

Jan. 1968 Dez.

Entrevista com a Rainha dos Estudantes Secundários do Paraná

Miriam Lucia Mazzaferro Toledo – 16 anos
Gosta muito de política estudantil e, no futuro, pretende ser uma "boa e feliz dona de casa"
Esportes preferidos: Vôlei e natação
Matéria Preferida: História geral
Artistas preferidos: Toni Curtis, Doris Day e Jean Paul Belmondo
Autor preferido: Morris West "Sandálias do Pescador" e "Filhas do Silêncio"
Música: yé yé yé

Revista Diálogo UPES, Curitiba maio 1968

**Com que roupa?**
*Noel Rosa - 1930*

Agora vou mudar minha conduta
Eu vou pra luta
Pois eu quero me aprumar
Vou tratar você com força bruta
Pra poder me reabilitar
Pois esta vida não está sopa
E eu pergunto com que roupa?
Com que roupa que eu vou?
Pro samba que você me convidou

— EU NÃO SOU UMA PUTA!
— AH...

— ENTÃO O PROBLEMA É COMO VOCÊ FOI TRATADA E NÃO COMO AS PUTAS SEMPRE SÃO...

— TOSSE! TOSSE! TOSSE!
— ME DÁ ISSO.

— PUTZ! VOCÊ TOMA CAFÉ SEM AÇÚCAR!
— É...

— ...DE DOCE JÁ BASTA A VIDA...

Os Estados Unidos sempre estão no centro das discussões políticas dos estudantes. Para mostrar e comprovar a prepotência imperialista norte-americana, o exemplo favorito é a Guerra do Vietnã com suas armas químicas e bombardeios aéreos contra o pequeno país do Sudoeste Asiático. Lá também está o melhor exemplo da capacidade de um povo de construir sua própria história, comemorada a cada vitória da guerrilha norte-vietnamita contra o maior exército do mundo. A resistência dos jovens norte-americanos contra a guerra, a recusa de alistamento militar, a busca de vida alternativa das comunidades hippies, o uso de drogas são exemplos de contestação do *american way of life* citados a todo momento. Músicas de protesto de Bob Dylan e Joan Baez fazem parte do repertório dos estudantes, que acompanham com interesse as grandes mobilizações do SDS (Students for a Democratic Society) atuante em universidades como Berkeley e Cornell. A luta contra a guerra se mistura com os movimentos pelos direitos civis dos negros norte-americanos, mas aqui, esta questão não está na agenda. Vive-se ainda o mito da democracia racial e ninguém se pergunta porque praticamente não há estudantes negros. Enquanto isso, o curso de História da UFP se notabiliza por intermináveis levantamentos de dados sobre a entrada de escravos pelo porto de Paranaguá no século XIX e as estatísticas mostram que, já naquela época, os negros somavam mais de 15% da população.

Moças em passeata. Arquivo pessoal Teresa Urban.

Jan. 1968 Dez.

Revista Mundo. Setembro / Outubro / 1968.

**SUCESSO NO VIETNÃ** — "Vedetes" americanas logram grande sucesso ao aparecerem semi-despidas... no Vietnã. A foto da garota que se apresenta semi-nua é disputadíssima entre os seiscentos mil norte americanos que combatem no longínquo sudoeste asiático. Vemos, na foto, Paula Parks, de Los Angeles. Tendo aparecido em algumas películas, não despertou tanta atenção até que suas fotografias, mostrando generosamente algumas partes do seu esbelto corpo foram publicadas. Agora, em quase todos os acantonamentos, Paula Parks figura nas paredes e é olhada com atenção e invulgar interêsse.

Revista Mundo. Setembro / Outubro / 1968.

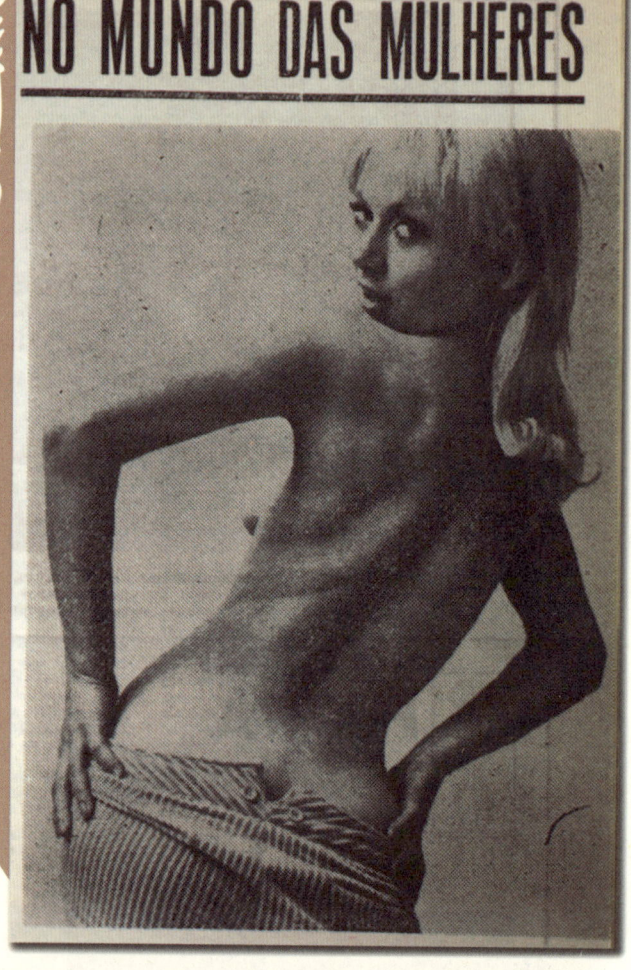

## NO MUNDO DAS MULHERES

pikyto

40 LITROS DE NAPALM!

O CRUZEIRO, 22-6-1968

114

É UM SÍMBOLO DA LUTA DOS ESTUDANTES CONTRA A GUERRA. USAM A CAPA SEM NADA POR BAIXO, NAS MANIFESTAÇÕES. E QUANDO A POLÍCIA CHEGA...

...ELES ABREM O FECHO, TODOS AO MESMO TEMPO.

SÉRIO???

SÉRIO...

É, IMAGINA SÓ, MILHARES DE ESTUDANTES PELADOS...

Jan.  1968  Dez.

— E VOCÊ APOIA TOTALMENTE A LUTA DELES, NÉ?

— CLARO! ESSA É UMA GUERRA SUJA.

— JURA?

— JURO.

— ENTÃO ABRE A CAPA!

TCHAM, TCHAM, TCHAM, TCHAM!

ABAIXO O TIO SAM!!

**I Don't Wanna Go To Vietnam**
John Lee Hooker
1968

Sittin' down here thinkin', I don't wanna go to Vietnam/ I'm sittin' down here thinkin', I don't wanna go to Vietnam/ I have all these troubles at home, I don't wanna go to Vietnam

I read the news every day, I read about Vietnam/ I read the news every day, I read about Vietnam/ I got so much friends in Vietnam, I might not never see them no more

Lord have mercy, don't let me go to Vietnam
Lord have mercy, Lord have mercy, don't let me go to Vietnam
I have my wife and my family, I don't wanna go to Vietnam

**If you miss me at the back of the bus**
C. Neblett

If you miss me
at the back of the bus
You can't find me'n all there
Come on over to the
front of the bus
I'll be right in up there
I'll be right in
up there
I'll be right
in up there
Come on over to
the front of the bus
I'll be right in up there

PODER PARA O POVO PRETO

Realidade. Setembro / 1968.

O Atalho. 1976. Arquivo DOPS.

— JUROU FALSO!

— BORA PRA PASSEATA!

Jan. 1968 Dez.

A ditadura sempre bateu pesado nos trabalhadores. Veio para isso. Sindicatos fechados, dirigentes sindicais presos e lideranças das Ligas Camponesas assassinadas. Mudanças da legislação impedem greves e eliminam a estabilidade no emprego. O governo prepara um cenário dos sonhos para os investidores internacionais: salários baixos, sindicados controlados, poucas garantias para os trabalhadores. A luta contra o "arrocho salarial" - como era chamada a política adotada pelo governo para manter os salários baixos - é quase impossível pois a legislação e a repressão imobilizam a classe operária. A tensão é permanente. Para piorar ainda mais a situação, o 1º de maio - tradicionalmente um dia de luta dos trabalhadores - foi transformado pelo governo numa festa oficial, com apoio dos sindicalistas pelegos. Em 1968, o Movimento Intersindical Anti-arrocho convoca os trabalhadores para um grande protesto durante a festa oficial de 1º de maio na Praça da Sé, em São Paulo. Resultado: o governador biônico – assim chamado porque não era eleito pelo povo e sim nomeado pelo governo - foge do palanque, que é destruído e incendiado. Os trabalhadores enchem as ruas centrais da cidade com suas palavras de ordem contra o arrocho salarial.

Capa da Veja no 1. 11/9/1968.

Mesmo com a proibição, em 1968 ocorrem algumas greves: 16 mil trabalhadores param em Contagem, Minas Gerais, 10 mil em Osasco, São Paulo, e algumas centenas em Maringá, no Paraná. No município do Cabo, em Pernambuco, 10 mil canavieiros cruzam os braços. Muitos dos trabalhadores grevistas são demitidos e o fato é divulgado como exemplo para evitar novas paralisações. A vida sob a ditadura é muito difícil para os trabalhadores e os estudantes sabem disso. Por isso, é comum entrar numa sala de aula e encontrar, escrito no quadro, com letra apressada: "A fome amola a faca" ou, então, "A América Latina vai explodir, quem tiver sapato não sobra".

Jan. 1968 Dez.

## DOPS ainda insiste em processar Gustavo

Ao apresentar-se às autoridades, o operário Gustavo Barbosa – estofador de Móveis Cimo, que no dia 9 passado adquiriu o primeiro número da revista «Veja», em cuja capa vinham estampados uma foice e um martelo – emblemas comunistas – e que foi abordado pelo motorista da DOPS Pedro Meneses, de quem recebeu voz de prisão sob a alegação de que trazia material subversivo – ficou sabendo que, por ter lido «Veja», seria processado (...)

COMO FOI
Tudo aconteceu quando o operário Gustavo, lendo sua revista calmamente, por volta das 24 horas do dia 9 passado, num bar da Avenida República Argentina foi abordado pelo motorista daquela organização de contrôle político e recebeu voz de prisão. Alegava o agente que o operário era «comunista», pois trazia material subversivo nas mãos. O leitor apresentou as suas razões, porém o agente não quis saber de nada. Dirigiu-se a um posto de gasolina perto do bar e, quando estava telefonando para a Central, a fim de comunicar sua grande descoberta e pedir uma viatura para prender o «perigoso subversivo», foi agredido por pessoas desconhecidas, as quais revoltadas com o comportamento do motorista da DOPS, não permitindo que o leitor fôsse prêso. Na briga, o agente perdeu o seu revólver, mas agarrou-se desesperadamente à revista, que era a prova material do crime do operário Gustavo Barbosa. Agora, mesmo considerando que o agente motcrista não sabe dizer quem o agrediu nem quem raptou a sua arma, as autoridades da Delegacia de Ordem Política e Social insistem em acusar o operário que lia «Veja»"

Recorte de Jornal. 1968. Arquivo DOPS.

## Um Paradoxo Vivo

"Dentro das características moldadas pela cultura local, se você é um bom curitibano o seu comportamento, segundo pesquisas sociológicas, é um paradoxo: frio, ao mesmo tempo que irônico conservador e inovador; faz uma guerra por causa de um pente mas procura a paz no campo mais elevado da política; superlota as igrejas, vai às novenas, enquanto colabora para o aumento do número das casas noturnas; não faz visitas; fala pouco, mas quando quer falar vai à "boca maldita". Os usos e costumes da maioria provam isso"

Gazeta do Povo. 26/3/1968.

---

**Quadro 1:** A GENTE ESTÁ FALANDO SOBRE A MANIFESTAÇÃO DOS OPERÁRIOS EM SÃO PAULO. FOI SENSACIONAL, NUNCA TINHA VISTO NADA PARECIDO!

**Quadro 2:** BEM, VOCÊ É MUITO NOVINHA, ANTES DE 64 HOUVE MUITAS, MAIORES DO QUE ESSA...

**Quadro 3:** ALÉM DE NOVINHA, IGNORANTE... / CALMA, MENINA, TEM TEMPO PARA APRENDER...

Jan. 1968 Dez.

**Bom Conselho**
*Chico Buarque - 1972*

Ouça um bom conselho
Que eu lhe dou de graça
Inútil dormir que a dor não passa
Espere sentado
Ou você se cansa
Está provado, quem espera nunca alcança

Corro atrás do tempo
Vim de não sei onde
Devagar é que não se vai longe
Eu semeio o vento
Na minha cidade
Vou pra rua e bebo a tempestade

---

**RELATÓRIO DO MOVIMENTO ANUAL DA DELEGACIA DE ORDEM POLÍTICA E SOCIAL.**

M A I O
Êste mês, foi agitadíssimo. Desde o seu primeiro dia, já se ouviu falar em agitação. Quiçá, fosse o dia 1º, considerado o "DIA DO TRABALHO", e por essa razão, como os funcionários não trabalhassem, resolvessem comemorá-lo. Entretanto, espertalhões usando-o como égide, desvirtuaram-lhe o significado e dêle valeram-se para expôrem suas idéias anarquistas. No Paraná, em diversas cidades foram programadas Manifestações, dentre estas, destacou-se a cidade de Maringá, aonde os vários sindicatos entraram em ação, tendo à frente, entre outros: EDÉSIO FRANCO PASSOS, JAIR FERREIRA e JOSÉ LOPES DOS SANTOS.
Participaram nas greves eclodidas, vários funcionários da Cia. NORPA Industrial, os quais haviam sido prèviamente preparados, entretanto, os dirigentes da citada Firma, deu-lhes o que não pretendiam: suas demissões. Também nesta Capital, houveram movimentos de tal natureza. Os estudantes prepararam Manifestos e juntamente com operários, fizeram distribuições em Bairros e igualmente no Centro da Cidade, a fim de perturbarem a ordem política e social."
Curitiba. 26/12/1968

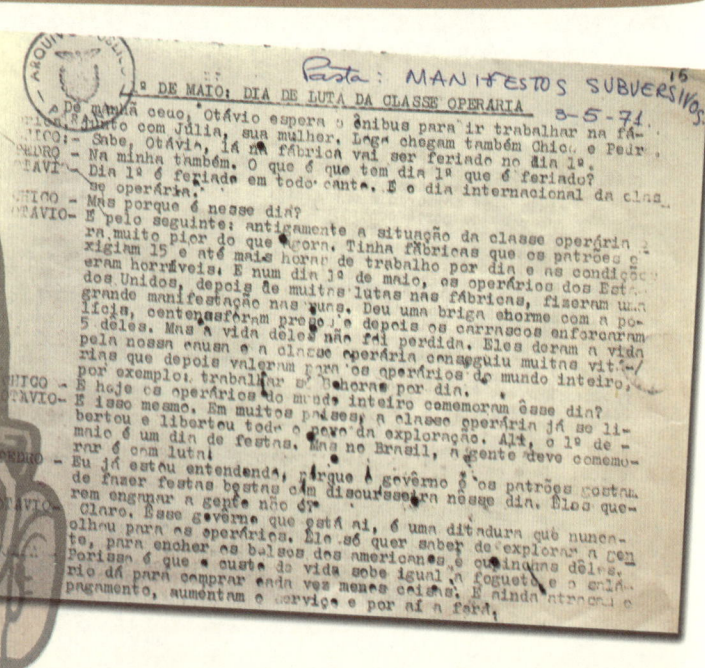

---

O SENHOR DEVERIA SER PRESO POR ESTAR SUBVERTENDO AS IDÉIAS DESSA MENINA!

Jan. 1968 Dez.

Os estudantes têm três bons motivos para protestar contra a implantação do ensino pago nas universidades federais. O primeiro deles é simples e direto: a maioria dos universitários vem do interior – o Paraná tem duas universidades, a federal, pública, e a católica, para quem pode pagar, ambas em Curitiba – e sobrevive com pouquíssimo dinheiro. Os estudantes moram apinhados em repúblicas e mal têm dinheiro para ônibus. Carro próprio é uma raridade. Dependem dos restaurantes universitários - onde a comida é ruim, mas barata – para se alimentar. Ensino pago significa, portanto, abandonar os estudos.

O segundo motivo é mais amplo: a política econômica adotada pelo governo para reduzir a inflação é cortar gastos públicos. O orçamento da educação está cada vez menor e a intenção clara do governo é de reduzi-lo ainda mais, incentivando serviços privados que prometem melhor qualidade.

O terceiro motivo é político. Os estudantes estão convencidos de que a universidade federal deve ser pública, autônoma e livre para poder servir à sociedade que a mantém e encontrar respostas para os problemas do país. No modelo proposto pelos assessores norte-americanos do Acordo MEC-USAID predomina a formação técnica voltada para a demanda das novas empresas que se instalam no país. Por um ou por todos esses motivos, a mobilização estudantil contra o ensino pago é forte e permanente.

> O QUE A GENTE TEMIA, ACONTECEU.

> VAI TER VESTIBULAR PRA ENGENHARIA NOTURNA E VÃO COBRAR ANUIDADE!

> NÃO É POSSÍVEL!
> TEMOS QUE IMPEDIR!
> DEPOIS DA ENGENHARIA, VEM OS OUTROS!
> É O FIM DA UNIVERSIDADE PÚBLICA!

Jan. 1968 Dez.

**"Exame sairá de qualquer maneira, afirma Suplicy"**
Tribuna do Paraná, Curitiba 3 maio 1968

**"Baderna adia o vestibular na engenharia"**
Diário do Paraná, Curitiba 1º de maio 1968

**Reitor justifica o pagamento do ensino**

Flavio Suplicy de Lacerda

"O ensino pago é exigência constitucional. Não estamos fazendo arbitrariedades. Segundo o artigo 168 inciso 11 da constituição sempre que possível o poder público substituirá o regime de gratuidade pelas bolsas de estudo exigindo posterior reembolso no caso do ensino de grau superior: "O ensino oficial ulterior ao primário será gratuito para os que demonstrando efetivo aproveitamento, provem falta ou insuficiência de recursos.""

Gazeta do Povo. 1/5/1968.

**MANIFESTO DOS ESTUDANTES**

Em todo o Brasil, as manifestações estão proibidas, os estudantes estão sendo presos, espancados, baleados, as escolas são invadidas. Também os operários, jornalistas etc. são tratados dessa maneira, quando querem se manifestar.
Os estudantes sofrem essa repressão porque lutam contra a política educacional do Govêrno. O Govêrno quer transformar as Universidades em fundações, para fazer com que elas atendam melhor aos interêsses dos que mandam em nossa sociedade. Com a fundação, as emprêsas particulares vão dominar as escolas e fazer do ensino o que quiserem, para aumentar os seus lucros. E o ensino será pago, de maneira que será mais difícil ainda entrar na Universidade.
Nós não queremos êsse tipo de ensino. Nós queremos estudar para servir à sociedade, não à minoria que exerce o poder. Queremos liberdade de criticar abertamente as instituições atuais e queremos trabalhar pela criação de uma melhor sociedade. Mas êsse nosso desejo vai contra os interêsses dos que lucram com o atual estado de coisas. Por isso êles nos reprimem com a sua polícia, seus fuzis, revólveres, cães, bombas e outros.
Mas nós sabemos o que queremos. E quem sabe o que quer não pode ser calado à fôrça.
POR UMA UNIVERSIDADE LIVRE E GRATUITA
30º CONGRESSO DA UNE – 30 ANOS DE LUTA

NÃO PODEMOS PERMITIR QUE ISSO ACONTEÇA, NOSSA PROPOSTA É IMPEDIR O VESTIBULAR... SEM VESTIBULAR NÃO TEM CURSO PAGO.

TEMOS QUE CHAMAR OS SECUNDARISTAS, ELES SÃO OS MAIORES INTERESSADOS!

NÓS JÁ ESTAMOS DENTRO!

PRECISA SER UMA AÇÃO BEM ORGANIZADA, VAMOS FORMAR GRUPOS E CADA GRUPO FICA RESPONSÁVEL POR UMA PARTE.

A COORDENAÇÃO FICA AQUI.

**Coração De Estudante**
*Milton Nascimento/*
*Wagner Tiso - 1983*

Já podaram seus momentos
Desviaram seu destino
Seu sorriso de menino
Quantas vezes se escondeu

Mas renova-se a esperança
Nova aurora a cada dia
E há que se cuidar do broto
Pra que a vida nos dê flor e fruto

Coração de estudante
E há que se cuidar da vida
E há que se cuidar do mundo
Tomar conta da amizade
Alegria e muito sonho
Espalhados no caminho
Verdes: plantas e sentimento
Folhas, coração, juventude e fé

O Estado do Paraná. 15/5/1968

O reitor Suplicy de Lacerda considerou a ação estudantil uma selvageria.

**O Entêrro da Lei**

Os estudantes carregaram um caixão simbolizando o entêrro da Lei Suplicy e comemoraram os 20 anos da Constituição de 46.

Recorte de Jornal. Arquivo DOPS.

121

EI CARLOS!

VAMOS IMPEDIR O VESTIBULAR DA ENGENHARIA, FIQUEI NA COMISSÃO DE LOGÍSTICA!

LOGÍSTICA!

O QUE É ISSO?

TEMOS QUE PENSAR EM TUDO O QUE PODE ACONTECER E PLANEJAR O QUE FAZER SE A POLÍCIA CHEGAR.

CONHEÇO UMA PESSOA QUE PODE AJUDAR.

Jan. 1968 Dez.

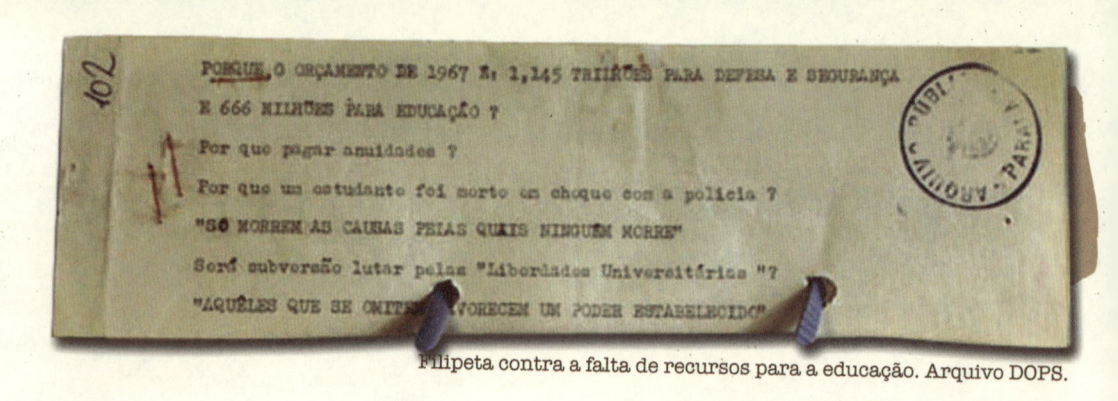

**É** preciso usar a imaginação para combater a política educacional do governo - que os estudantes chamam de PEG – e enfrentar a polícia, cada vez mais presente nas manifestações. A comunicação é dificultada pela falta de recursos e pela pronta ação dos informantes e da Assessoria de Segurança e Informação da universidade, que somem com folhetos, jornais e cartazes feitos com muito esforço. É assim que os estudantes aprendem o significado de palavras como estratégia e logística e começam a preparar seus protestos com mais tempo e cuidado.

A campanha contra o ensino pago começa bem cedo. As entidades estudantis levam informações aos vestibulandos ainda nos colégios. A orientação é simples: ninguém paga taxa de matrícula e todos pedem isenção por falta de recursos. A universidade não dá conta de avaliar os milhares de pedidos e a cobrança, na prática, fica suspensa. No final de abril, quando é anunciado o vestibular para o curso noturno de engenharia, com a cobrança de taxa de anuidade, os estudantes tentam a mesma estratégia, mas os vestibulandos, ansiosos por aproveitar uma segunda chance de entrar na universidade, não aderem ao protesto. Por duas vezes, os estudantes conseguem, com piquetes de protesto, impedir a realização das provas. Os jornais de 1º de maio usam termos pesados ao se referir às manifestações contra o ensino pago: "Baderna adia o vestibular na engenharia". Dois dias depois, nova manchete e uma ameaça: "Exame sairá de qualquer maneira, afirma Suplicy".

O terceiro confronto, todos sabem, vai ser mais pesado. As provas estão marcadas para o Centro Politécnico, um lugar bem diferente da rua XV, onde costumam ocorrer as manifestações. É quase campo aberto. Para enfrentar a polícia, os estudantes juntam coragem e transformam em armas de defesa velhos brinquedos de piá.

*Filipeta contra a falta de recursos para a educação. Arquivo DOPS.*

Jan. 1968 Dez.

"PRA REMATAR: O BOLETIM DCE atacará novamente. Dependendo do tutu, que anda parco, vai sair tôda quinzena, ou, com os cofres menos vazios, tôda semana. A sua colaboração, colega, é a tábua da salvação dêste afogado; é o tiro do Zorro na corda quando o Tonto tá sendo enforcado; é a garantia de que êste recém-nascido chegará à robusta adolescência, criando assim uma tradição de defesa intransigente dos interêsses dos Universitários, ameaçados diàriamente pelas fôrças medievais que controlam a Universidade."
Boletim Informativo DCE, Curitiba 02/1969

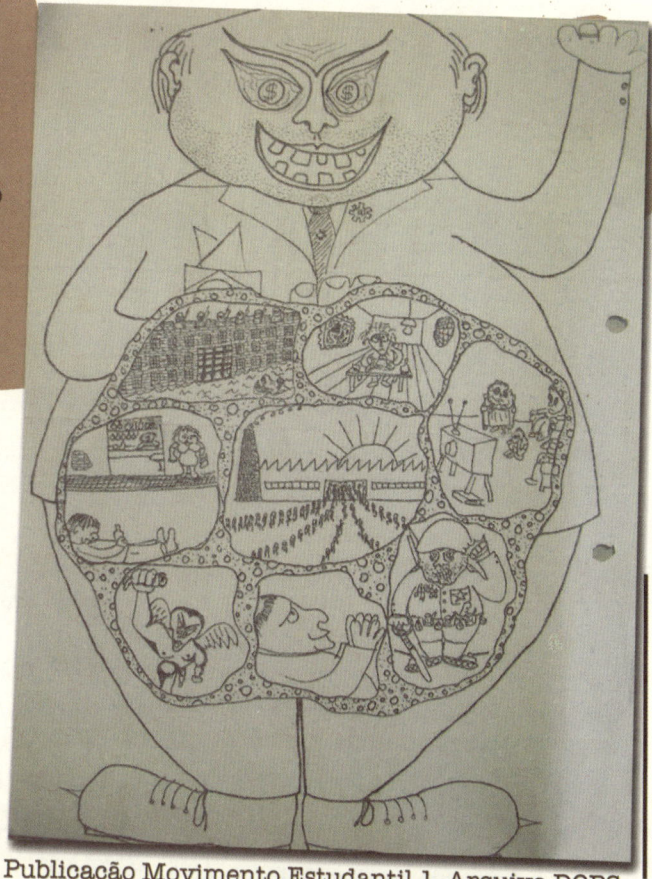

Publicação Movimento Estudantil 1. Arquivo DOPS.

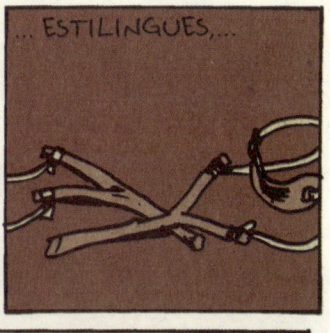

VOCÊS PRECISAM DE ROLHAS,...

...BOLINHAS DE GUDE,...

...FOGUETES,...

...ESTILINGUES,...

ROLHAS, BOLINHAS DE GUDE, FOGUETES, ESTILINGUES...

É, SERVEM PRA ESPANTAR CAVALOS.

CAVALOS?

A POLÍCIA COSTUMA USAR CAVALARIANOS PRA REPRIMIR MOVIMENTOS DE PROTESTO.

AH...

Jan. 1968 Dez.

Aproveitando a aglomeração para ver o eclipse, estudantes realizaram comício-relâmpago.

Recorte de jornal. Arquivo DOPS.

**João e Maria**
*Chico Buarque/ Sivuca -1977*

Agora eu era o herói
E o meu cavalo só falava inglês
A noiva do cowboy
Era você além das outras três
Eu enfrentava os batalhões
Os alemães e seus canhões
Guardava o meu bodoque
E ensaiava o rock para as matinês

CONVOCAÇÃO

A União Paranaense dos Estudantes convoca a classe estudantil em geral para participar, hoje, das seguintes manifestações:
1- Concentração às 14 horas na Assembléia Legislativa do Estado
2- Comício de esclarecimento às 21 horas na Avenida Luiz Xavier (João Pessoa)

A solução para o problema imediato que envolve nossa classe dependerá do empenho de cada um de nós em particular.

Filipeta convoca estudantes. Arquivo DOPS.

— ISSO TUDO SERVE PRA ASSUSTAR OS CAVALOS E DIFICULTAR A AÇÃO DA POLÍCIA.

— E SE A POLÍCIA VIER DE CARRO, TEM ISSO AQUI.

— FURA ATÉ PNEU DE BLINDADO.

— FIZ ALGUNS PRA VOCÊ. TAMBÉM FIZ UNS ESTILINGUES. O RESTO VOCÊS ACHAM FÁCIL PRA COMPRAR.

— ATÉ LOGO, OBRIGADA!

— CAVALARIA, BLINDADO... ...ACHO QUE ELE EXAGEROU.

Jan. 1968 Dez.

**F**riozinho de maio na madrugada de domingo. Mãos nos bolsos da jaqueta, o rapaz verifica de novo se as bolinhas de gude estão lá e o estilingue também, para acalmar o nervosismo. O colega ao lado ajeita a sacola com os rojões e confere a caixa de fósforos. A moça espeta o dedo num prego do "fura-pneu" e reclama. A universidade é federal e o reitor solicita tropas estaduais para garantir a realização das provas. Os estudantes estão lá para impedir que o vestibular aconteça. O impasse está criado. Frente a frente, na rodovia perto da entrada do Centro Politécnico, uns 200 rapazes - poucas moças - e os soldados da PM. "Daqui vocês não passam, se tentarem, o pau quebra", avisa o comandante. Os estudantes não avançaram, mas o pau quebrou assim mesmo. Primeiro foi a cavalaria, confusão e pânico, os sabres dos soldados batendo a torto e à direito, os cavalos pisoteando quem cai. Nem dá nem tempo de pensar em tirar as bolinhas de gude do bolso para atrapalhar os cavalos, o negócio é correr. Quando o rapaz com os rojões consegue finalmente estourar um, o comandante grita: "Atiraram num soldado nosso. Ele está ferido. A coisa vai engrossar agora." E engrossa. A PM recebe reforços e, durante horas, os arredores do Politécnico se transformam num campo de batalha, com sangue, suor e lágrimas. No dia seguinte, os jornais exibem com destaque uma foto das armas dos estudantes, na qual aparece, além de bolinhas de gude, rojões e estilingues, um coquetel molotov intacto. Nas salas de aula e nas cantinas, os estudantes exibem as feridas de guerra - rosto inchado, testa enfaixada, braço na tipóia. Alguém olha a foto e comenta: "bom se tivesse um molotov naquela hora!"

Prêmio Esso de jornalismo 1968.
Foto de Édson Jansen.

NOSSA MANIFESTAÇÃO NÃO É CONTRA VOCÊS...

...É CONTRA A TENTATIVA DO GOVERNO...

...DE IMPLANTAR O ENSINO PAGO.

QUEREMOS UNIVERSIDADE PÚBLICA PARA TODOS!

UNIVERSIDADE PÚBLICA PARA TODOS!

Jan. 1968 Dez.

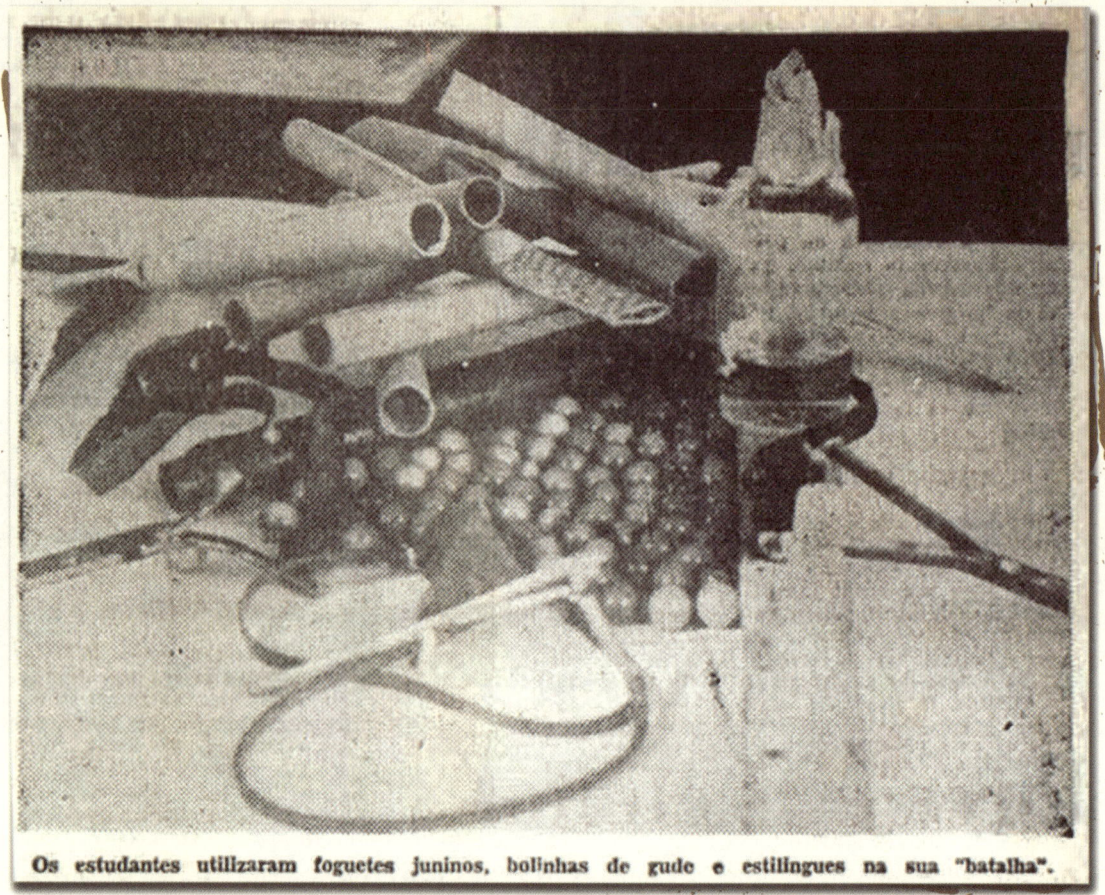

Os estudantes utilizaram foguetes juninos, bolinhas de gude e estilingues na sua "batalha".

Tribuna do Paraná. 13/5/1968.

— ACHO QUE ESSE PESSOAL VAI DESISTIR DE ENTRAR.

— NÃO SEI, NÃO.

— É DIFÍCIL ESTAR NA PELE DELES.

— VOCÊ NÃO ACHA ESTRANHO QUE NÃO TEM...

— POLICIAMENTO...

— ...ALGUM?

Jan. 1968 Dez.

Tribuna do Paraná. 14/5/1968.

O secretário Munhoz de Mello esteve no Centro Politécnico e elogiou a atuação da polícia.

**2.º tempo**

Depois de atirar, o estudante não vê outra saída. Trata de correr, fugindo da investida da polícia. Atacando em grupos isolados os estudantes incomodaram bastante.

O Estado do Paraná. 14/5/1968.

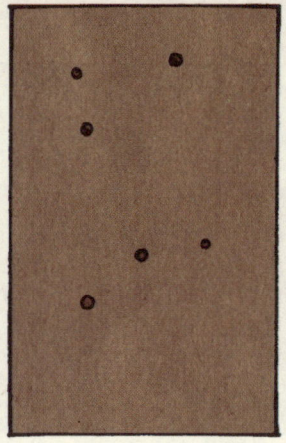

**Eles**
*Caetano Veloso - 1967*

Eis que eles sabem o dia de amanhã
Eles sempre falam num dia de amanhã
Eles têm cuidado com o dia de amanhã
Eles cantam os hinos no dia de amanhã
Eles tomam bonde no dia de amanhã
Eles amam os filhos no dia de amanhã

AS BOLINHAS, RÁPIDO!

127

an.   1968   Dez.

**UM DOMINGO DE GUERRA!**

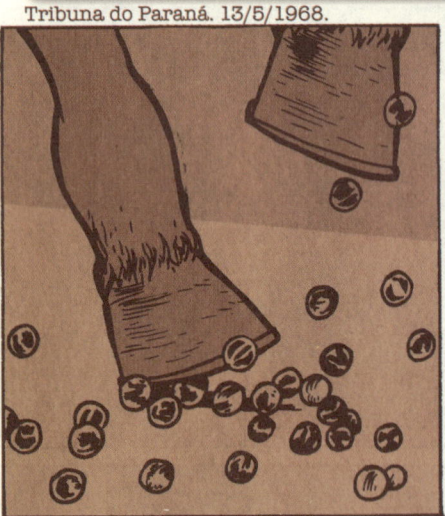

Tribuna do Paraná, 13/5/1968.

128

Jan. 1968 Dez.

Tribuna do Paraná. 13/5/1968.

Jan. 1968 Dez.

130

SOLTEM ELA, SEUS PORCOS!

MARIA!

EPA!

Jan. 1968 Dez.

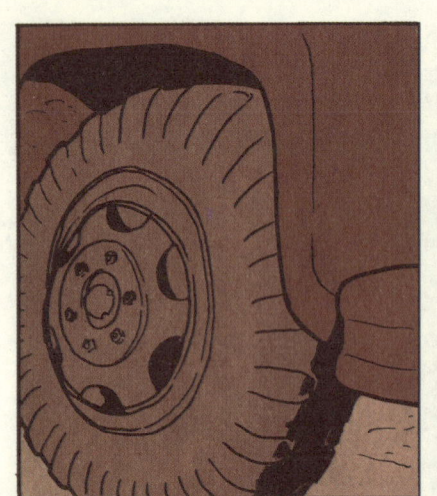

131

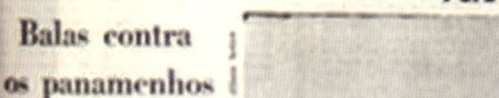

## O pitoresco

No meio da confusão, a pausa para o pitoresco. O cavalariano, e o estudante em pé de igualdade. O primeiro, antes com a vantagem de estar montado, leva detido o segundo, compartilhando a mesma sela. Ao lado, outro estudante detido. Está com menos sorte. Foi a pé.

O Estado do Paraná. 14/5/1968.

RAPAZ...

BEM, TENHO QUE GANHAR A VIDA! ATÉ A VISTA!

ESPERE!

O SENHOR VAI PRO CENTRO? ME DÁ UMA CARONA?

JOÃO PODE SE CONSIDERAR UM DOUTOR EM CURIÓ, BEM-TE-VI, PINTASSILGO E OUTROS, QUANDO CHEGA AO CENTRO ACADÊMICO HUGO SIMAS...

MUITO OBRIGADO, SENHOR!

DE NADA, GAROTO. CUIDE-SE!

A POLÍCIA ESTÁ ESPANCANDO TODO MUNDO NO...

...CENTRO POLITÉCNICO, A GENTE TEM QUE FAZER ALGUMA COISA!

Jan. 1968 Dez.

**É** domingo mas, mesmo assim, a notícia da batalha no Politécnico se espalha rapidamente: 59 detidos, dezenas de feridos. Os estudantes decidem se concentrar nas proximidades do Quartel da Polícia Militar, para exigir a liberação dos presos. O quartel cercado, ruas fechadas e os estudantes não arredam o pé. Embora a repressão tenha sido conduzida pela PM, subordinada ao governo do estado, os estudantes culpam o reitor e não aceitam qualquer diálogo com a reitoria. Aceitam conversar com as autoridades estaduais, mas só depois da liberação dos detidos. Já é noite quando os estudantes começam a deixar o quartel, ao som do Hino Nacional cantado pela multidão que aguarda lá fora. Os dias seguintes são agitados: greve geral na UFP; conversas entre a liderança estudantil e o governador, que se compromete a subvencionar o pagamento das mensalidades durante dois meses e mediar o entendimento com o governo federal. Tropas da PM em prontidão. O clima é tenso e os estudantes, ainda exibindo as marcas da violência policial no Centro Politécnico, preferem apostar numa dupla estratégia; negociam de um lado e preparam, em sigilo, nova manifestação para quarta-feira.

*Retribuindo o apoio*

Quinhentos estudantes lotaram, ontem, as galerias da Assembléia Legislativa, para solidarizar-se com os deputados em suas críticas contra o reitor.

O Estado do Paraná. 16/5/1968.

SOLTA! SOLTA! SOLTA! SOLTA! SOLTA! SOLTA! SOLTA!

Jan. 1968 Dez.

...Um dois três, Costa e Silva no xadrês...

Hi hi hi, prolongado... abaixo Suplicy...

O povo na pindura, abaixo a ditadura...

...Viva o operário...Viva o Camponês...Viva o Povo...

Eia Eia Eia, Costa e Silva na cadeia...

Um minuto de silêncio àqueles que não conseguem entrar na posse da cultura

**Mais pão, menos canhão...**

O povo quer escola, gurila na gaiola ...

Transcrição de gravação de passeata. 1966. Arquivo DOPS.

Tribuna do Paraná. 13/5/1968.

### Pesadelo
*Paulo César Pinheiro/ Maurício Tapajós - 1972*

Quando o muro separa uma ponte une/ Se a vingança encara o remorso pune/ Você vem me agarra, alguém vem me solta/ Você vai na marra, ela um dia volta/ E se a força é tua ela um dia é nossa/ Olha o muro, olha a ponte, olhe o dia de ontem chegando/ Que medo você tem de nós, olha aí

ESTOU AVISANDO. DAQUI PRA FRENTE...

ABAIXO O ENSINO PAGO!
UNIVERSIDADE PARA TODOS
ABAIXO DITADURA
VIVA O ENSINO PÚBLICO!

...A PM NÃO CONVERSA MAIS! QUALQUER MANIFESTAÇÃO VAI SER DISSOLVIDA A PAU!

Jan. 1968 Dez.

O assunto mais importante dos jornais de Curitiba de quarta-feira, 14 de maio, ainda é a batalha de domingo no Centro Politécnico. Entre fotos da pancadaria, uma nota informa: "Governo encontra solução para a crise estudantil na engenharia". Diz a notícia que, num encontro realizado à noite do dia 13, entre lideranças universitárias e o governador, "ficou deliberado que o governo do estado subvencionará o pagamento das mensalidades dos estudantes de engenharia durante 2 meses". Mais ainda, que "hoje será mantido novo encontro entre o Chefe do Executivo paranaense e a classe estudantil, para a homologação do acordo ontem celebrado." E a Polícia Militar continua de prontidão, até que acabe o vestibular.

O que nem os jornais nem a polícia sabem é que, saindo da reunião com o governador, os estudantes foram para o Diretório Acadêmico Nilo Cairo e, depois de horas de discussão, rejeitaram a proposta. Querem derrubar de vez o ensino pago e um acordo provisório não interessa. O que fazer então? A decisão é difícil porque todos sabem que a barra vai pesar. Se forem ao Politécnico as consequências poderão ser mais graves do que as da batalha de domingo.

É noite, a tensão pesa sobre as 25 pessoas, cuidadosamente selecionadas, que estão na sala. A proposta vem do presidente do DCE: "vamos ocupar a Reitoria enquanto a polícia nos espera no Politécnico."

O planejamento da ocupação é perfeito. Grupos pequenos, com atribuições bem definidas, que apenas o líder do grupo conhece. Quando termina a reunião, já está amanhecendo e o grupo vai para a praça Santos Andrade, onde uma pequena multidão aguarda os ônibus para ir ao Politécnico. É só nesse momento que a nova estratégia é divulgada e os grupos avançam em direção à Reitoria.

Em poucos minutos, formam barricadas com paralelepípedos arrancados da rua, bloqueiam os acessos com carros oficiais, retiram os funcionários dos prédios e se preparam, de novo com estilingues, foguetes e bolinhas de gude, para resistir à polícia que já está se deslocando do Politécnico.

Os estudantes têm a situação sob total controle. A cada minuto chegam mais e mais alunos de todos os cursos para "tomar" a reitoria. Quando a polícia chega e cerca o local, as lideranças já estão em contato com o governador. As tropas mantêm distância, não avançam, e, para complicar ainda mais o cenário, uma multidão se aglomera em torno do cerco policial. Impasse estabelecido: 3.000 estudantes atrás das barricadas, cercados por milhares de policiais que, por sua vez, estão rodeados por uma grande massa de estudantes e populares. Se a polícia ultrapassar as barricadas, o grupo que está fora certamente avançará. É verdade que a polícia está armada e isso lhe dá uma grande vantagem, mas todos sabem que um confronto como esse poderá ter resultados catastróficos. Por isso, abrem-se negociações e o governo determina a retirada das tropas.

...MAIS DE 50 PRESOS...

...UNS 100 FERIDOS

A POLÍCIA CHEGOU PRA MATAR...

...A GENTE TEM QUE VOLTAR LÁ...

...A MOÇA PISOTEADA CONTINUA NO HOSPITAL...

ESSE VESTIBULAR NÃO PODE SAIR!

VAMOS VOLTAR LÁ NA QUARTA-FEIRA.

MAS DESTA VEZ EM MILHARES. PRECISAMOS CONVOCAR TODO MUNDO.

OITO HORAS NA PRAÇA SANTOS ANDRADE. A UPE CONSEGUE OS ÔNIBUS...

Jan. 1968 Dez.

A ordem de não causar danos aos bens públicos foi rigorosamente cumprida, mas não dá para sair da Reitoria sem um troféu! Impossível resistir e o busto do reitor Flávio Sulicy de Lacerda, puxado por cordas e pedras, vai ao chão.
No dia 20 de maio, o Conselho Universitário, por unanimidade mas com voto de abstenção do senhor reitor, revoga a resolução que determina a cobrança de anuidade e autoriza o reitor a devolver "as importâncias pagas àquele título".

Tribuna do Paraná. 15/5/1968.

VAMOS CHEGAR TODOS JUNTOS AO POLITÉCNICO!

QUARTA, OITO, NA SANTOS ANDRADE! VAMBORA! PRAS FACULDADES E PRO ESTADUAL!

Jan.  1968  Dez.

Tribuna do Paraná. 15/5/1968.

NOSSA RESPONSABILIDADE É GRANDE, PESSOAL. PODE DAR MORTE AMANHÃ NO POLI...

...TEMOS QUE PENSAR MUITO BEM.

ANTES DE COMEÇAR, VAMOS DEFINIR O SEGUINTE. NINGUÉM SAI DAQUI DEPOIS QUE A REUNIÃO COMEÇAR. NÃO PODEMOS CORRER O RISCO DE REVELAR NOSSA ESTRATÉGIA.

SE ALGUÉM QUISER SAIR, SAIA JÁ!

O GOVERNO VAI JOGAR MAIS DE QUATRO MIL SOLDADOS NO POLI.

NÃO TEMOS COMO CHEGAR LÁ. VAMOS SAIR DA SANTOS ANDRADE PARA A REITORIA...

Jan. 1968 Dez.

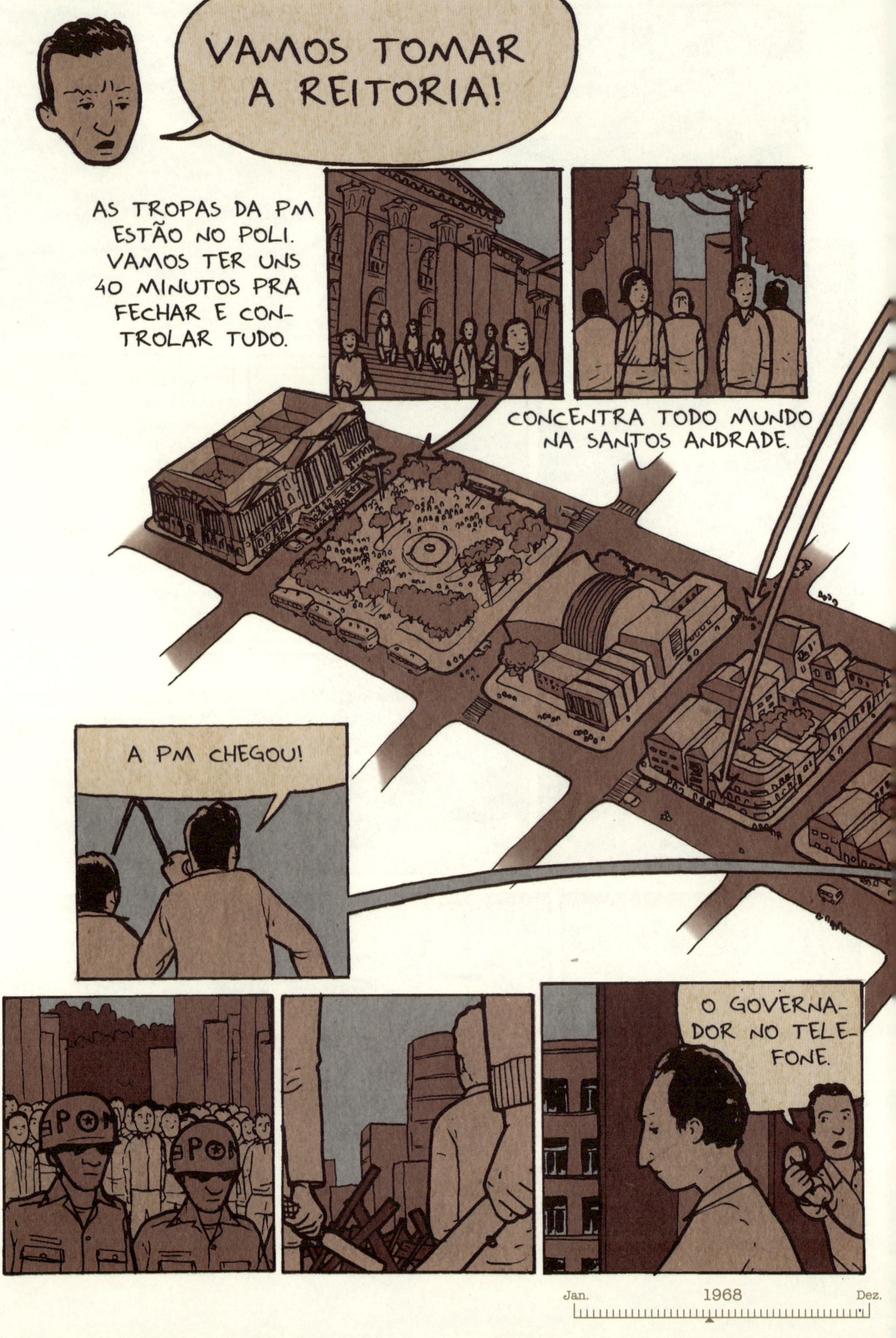
VAMOS TOMAR A REITORIA!
AS TROPAS DA PM ESTÃO NO POLI. VAMOS TER UNS 40 MINUTOS PRA FECHAR E CONTROLAR TUDO.
CONCENTRA TODO MUNDO NA SANTOS ANDRADE.
A PM CHEGOU!
O GOVERNADOR NO TELEFONE.
Jan.
1968
Dez.

SOBE UM GRUPO PELA XV E OUTRO PELA AMINTAS DE BARROS.

OS GRUPOS QUE CHEGAREM ANTES, FECHAM AS RUAS.

NINGUÉM TOCA EM NADA NOS PRÉDIOS. SÓ CARROS OFICIAIS E PARALELEPÍPEDOS PRAS BARRICADAS.

FECHA TODAS AS ENTRADAS DO PRÉDIO E VIRA OS CARROS PRA FECHAR A RUA!

TIRA ANTES A GASOLINA E PASSA PRO PESSOAL QUE ESTÁ FAZENDO OS MOLOTOV!

FALA BAIXO, PÔ!

GOVERNADOR, A SITUAÇÃO É A SEGUINTE...

Jan. 1968 Dez.

Tribuna do Paraná. 15/5/1968.

**A Praça é do Povo**
*Sergio Ricardo / Glauber Rocha - 1967*

A praça é do povo/ Como o céu é do condor
Já dizia o poeta/ Dos escravos lutador
Outro poeta dizia/ Que até o mar se levanta
Quando na praça em festa/ É o povo quem canta
até o mar se levanta/ até o mar se levanta
Quando na praça em festa/ É o povo quem canta

Tribuna do Paraná. 15/5/1968.

— ESTÃO INDO EMBORA!

— POLÍCIA TAMBÉM É POVO! ABAIXO A DITADURA! VIVA A UNIVERSIDADE PÚBL...

— VENCEMOS! VENCEMOS!

— E ESSE MONTE DE ROJÃO?
ROJÕES DE S. JOÃO
— ORA!...

— VENCEMOS!

SUPLICY

Jan. 1968 Dez.

Nos poucos e acanhados espaços destinados a exposições, não há novidades. O barulho produzido pela Pop Art ainda não chega aqui, Andy Warhol é um ilustre desconhecido e os freqüentadores habituais de vernissages torcem o nariz para as novas tendências. Apegados aos padrões estéticos convencionais – e também ao privilégio de fazer parte do seleto grupo de 'consumidores' de arte – esse grupo olha com desconfiança as iniciativas de popularização promovida por artistas brasileiros que apresentam seus trabalhos a céu aberto. É bem verdade que fazem concessões, principalmente quando se trata de garantir outros privilégios e assim, vez por outra faz muito sucesso por aqui um artista sem talento no pincel, mas com muitas estrelas no uniforme.

A indústria cultural nascente, porém, não consulta a tradição para invadir o mercado com as cores dos delírios alucinados das experiências com drogas, as extravagâncias do mundo hippie ou os cartazes coloridos fabricados em série, adquiridos pelos consumidores que não se importam em ter um quadro 'repetido' na parede da sala, onde as fotografias também começam a ter espaço, escapando dos velhos álbuns de família.

Saindo da mesmice ou do vanguardismo que vem de fora, os cartunistas aproveitam como ninguém o cotidiano do país. Para eles - observadores de olhar aguçado -, a ditadura é um prato cheio que transformam em charges apimentadas.

"Monalisa&Moneyleague" de Lênio Braga, em Marginália, de Marisa Alvarez Lima

## Hippies dão flores no dia 21

"Se você daqui a alguns dias ver vários cabeludos, barbudos e sujos, cantando e jogando rosas e margaridas enquanto passa pela rua XV, não estranhe: são os "Danger" – conjunto musical autenticamente "hippie" norte-americano que está fazendo uma excursão pela América Latina."

Gazeta do Povo. 13/3/1968

## Ganhamos a batalha mas não a guerra

"A derrubada das anuidades foi uma vitória dos estudantes do paraná contra a política educacional do govêrno (...)
Ganhamos a batalha mas não a guerra, a reforma universitária que a usaid está preparando, a transformação da universidade em fundação orientada pelos detentores do capital monopolista, o aguçamento da seleção econômica na universidade não morreram. No dia mais propício tudo isso vai voltar, às claras ou sorrateiramente. Estejamos preparados, cada vez mais conscientes e organizados: nos grupos de trabalho, estudando, e levando avante nossas reivindicações, atentes pra as investidas da política educacional do govêrno. Na defesa das entidades estudantis, hoje a união paranaense dos estudantes, ameaçada de ser extinta e perder seu patrimônio porque representa um perigo para as atuais diretrizes do govêrno na educação.
A vitória contra o ensino pago foi nossa. Não esperemos novas investidas. Passemos à ação para uma universidade a serviço da maioria do povo. Ganhamos a batalha mas não a guerra"

Panfleto. 1968 – Arquivo Público.

**SER HIPPIE ESTÁ NA MODA**

*A influência dos hippies no mundo ocidental atingiu as idéias e os hábitos. Não poderia deixar de influenciar a moda e aqui damos uma amostra. À esquerda, vestido de algodão cru com rendão na cintura. A outra, túnica em organdi verde, calça terminando abaixo do joelho. Em cima, túnica em tapeçaria estampada, com franjas de barbante (um palmo) na barra.*

Ele Ela. Julho / 1970.

---

MEU PAI DIZ QUE O GENERAL VENDE TODOS OS QUADROS QUE PINTA, E POR MUITO DINHEIRO.

OS POLÍTICOS COMPRAM COM MEDO DA CASSAÇÃO E OS RICOS, PARA FICAR BEM COM O GOVERNO.

VAMOS ENTRAR!

SÓ ENTRA COM CONVITE.

MAS QUEREMOS VER A EXPOSIÇÃO.

SÓ COM CONVITE!

Jan. 1968 Dez.

**"Beatnicks" querem diálogo**
Cinco jovens uruguaios – quatro rapazes e uma moça – viajando na base de carona, sem dinheiro, vestindo roupas cheias de cores e fazendo refeições em restaurantes estudantis encontram-se em Curitiba numa tentativa de conhecer a América e manter contato com o povo para uma perfeita comunicação. "

Gazeta do Povo. 22/2/1968.

**Exposições em Curitiba**

**PABLO PICASSO/Toca**
Mostra de 15 infogravuras do artista espanhol radicado na França

**JAIR MENDES/Biblioteca Pública**
Artista paranaense, com trinta desenhos e pinturas figurativas"

Veja. 14/10/1968.

*Menina, amanhã de manhã*
Tom Zé-Perna - 1972

Menina, amanhã de manhã
quando a gente acordar
quero te dizer que a
felicidade vai desabar sobre
os homens, vai desabar
sobre os homens, vai
desabar sobre os homens

Menina, olhe pra frente
menina, tome cuidado
não queira dormir no ponto
segure o jogo
atenção (de manhã)

Menina a felicidade
é cheia de graça
é cheia de lata
é cheia de praça
é cheia de traça

Menina, a felicidade
é cheia de pano,
é cheia de pena
é cheia de sino

é cheia de sono.
Menina, a felicidade
é cheia de ano
é cheia de Eno
é cheia de hino
é cheia de ONU

Menina, a felicidade
é cheia de an
é cheia de en
é cheia de in
é cheia de on

Menina, a felicidade
é cheia de a
é cheia de e
é cheia de i
é cheia de o

---

**Painel 1:** MOÇO, AQUI É UMA UNIVERSIDADE...

**Painel 2:** ...PÚBLIC...

**Painel 3:** (sem diálogo)

**Painel 4:** VAMBORA! / QUE FOI? VOCÊ ESTÁ TREMENDO!

**Painel 5:** NADA, TÔ COM FRIO! NEM QUERIA MESMO VER AQUELA MERDA!

**Painel 6:** ESSA DAÍ GOSTA DE APANHAR... OU NÃO TEM MEDO.

**Painel 7:** E É AÍ QUE RESIDE O PERIGO...

1968

Depois da política, o assunto que mais apaixona os estudantes é a música, mais especificamente os festivais de música popular brasileira - a MPB - promovidos pelas emissoras de TV. Desde 1965, esses festivais mobilizam a opinião pública jovem no estilo de um campeonato de futebol. Começam com um número grande de candidatos e, a cada etapa, parte deles é eliminada por voto de júri especial formado por músicos renomados. As apresentações são realizadas em grandes teatros de São Paulo e Rio e, finalmente, chega a grande final. Torcidas organizadas de todo o país viajam para apoiar ao vivo sua música preferida e a participação do público é um espetáculo à parte.

Os músicos finalistas formam um time de primeira linha, com jovens compositores e intérpretes que ocupam lugar de destaque na MPB, como Caetano Veloso, Chico Buarque, Gilberto Gil, Tom Zé, Edu Lobo e o MPB 4. Algumas estrelas tiveram vida curta, como Elis Regina e Nara Leão, e outros simplesmente saíram de cena, como Geraldo Vandré.

Os festivais fogem ao controle do governo e dos próprios organizadores, as músicas protestam contra a ditadura, em linguagem quase cifrada, mas bem compreendida pelo público.

É de Vandré a música que se torna um hino dos estudantes pelo Brasil afora. O compacto (vinil com apenas uma faixa de cada lado) 'Pra não dizer que não falei de flores' - 2º lugar no Festival Internacional da Canção da TV Globo - bate a alegre Banda de Chico Buarque e todas as músicas de Roberto Carlos. O sucesso de vendas deve muito à proibição da música pelos militares.

A competição entre a MPB e a música da Jovem Guarda de Erasmo Carlos e Roberto Carlos é acirrada. Em São Paulo, houve até uma passeata "pela MPB e contra as guitarras elétricas", colocando as duas correntes frente a frente. Para a turma da MPB, a guitarra simbolizava a presença do imperialismo norte-americano. O grupo da Jovem Guarda que, de fato, é fortemente influenciado pelo 'iê-iê-iê', contesta: "Trata-se de um movimento otimista, não há lugar para derrotados. Observe que os cabeludos são rapazes alegres. Não falamos jamais, nas nossas canções, de tristeza, de dor-de-cotovelo, de desespero, de fome, de seca, de guerra..."

Jan. 1968 Dez.

"Sou preguiçosa, não estudo música e estou desligada da política"

**BETÂNIA BACANA**

Ele Ela. Julho. 1970.

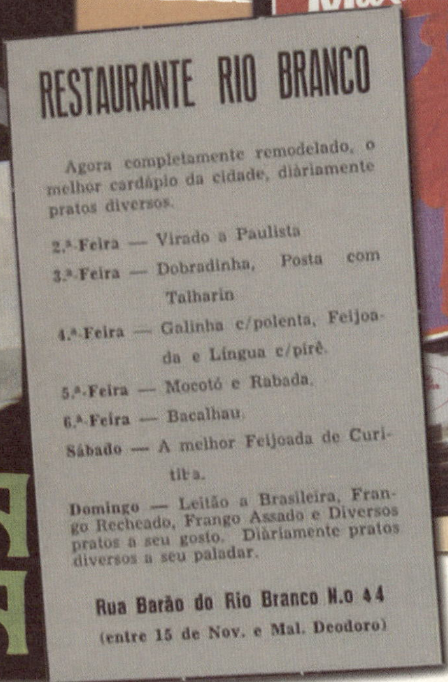

**RESTAURANTE RIO BRANCO**

Agora completamente remodelado, o melhor cardápio da cidade, diariamente pratos diversos.

2.ª Feira — Virado a Paulista
3.ª Feira — Dobradinha, Posta com Talharin
4.ª Feira — Galinha c/polenta, Feijoada e Língua c/pirê
5.ª Feira — Mocotó e Rabada.
6.ª Feira — Bacalhau.
Sábado — A melhor Feijoada de Curitiba.
Domingo — Leitão a Brasileira, Frango Recheado, Frango Assado e Diversos pratos a seu gosto. Diariamente pratos diversos a seu paladar.

Rua Barão do Rio Branco N.o 44
(entre 15 de Nov. e Mal. Deodoro)

O Mundo. Curitiba. 1968.

**Máximo da Bossa**

Antonio Carlos Jobim
Vinicius de Moraes
Sylvia Telles
Roberto Menescal
Baden Powell
Nara Leão
Edu Lobo
Quarteto em Cy
MPB-4
E também
Que é Bossa Nova?

Seleções do Reader's Digest. Abril. 1968

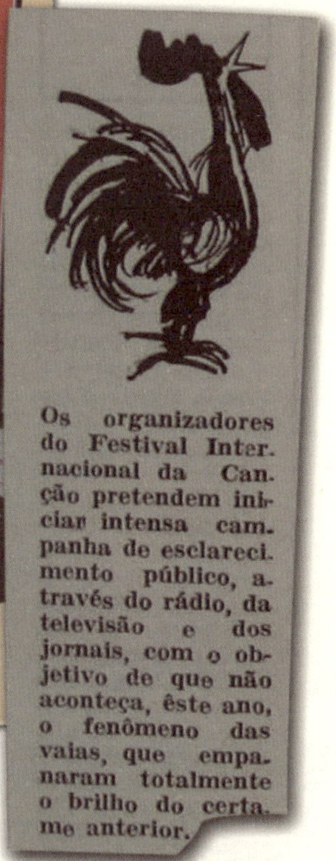

Os organizadores do Festival Internacional da Canção pretendem iniciar intensa campanha de esclarecimento público, através do rádio, da televisão e dos jornais, com o objetivo de que não aconteça, êste ano, o fenômeno das vaias, que empanaram totalmente o brilho do certame anterior.

Revista TV Programas. Setembro 1968

---

...QUEM SABE FAZ NA HORA NÃO ESPERA ACONTECER!

O LÁPIS É QUE DEVIA IR PRO FESTIVAL.

CANTA AQUELA QUE VOCÊ FEZ ONTEM!

ONDE ELA MORA A LUA NASCE MAIS LINDA...

PREFIRO É PROIBIDO PROIBIR.

...A NOITE TEM MAIS ESTRELA...

AQUILO NEM É MÚSICA, BOM MESMO É O CHICO BUARQUE, TOM JOBIM...

BOM FOI O SÉRGIO RICARDO NO ANO PASSADO!

É, DEVIAM TER QUEBRADO O VIOLÃO NA CABEÇA DELE.

MAS O GIL E CAETANO MERECIAM GANHAR...

Jan. 1968 Dez.

*Diário do Paraná. 11/1/1968*

### IV FESTIVAL DE MÚSICA POPULAR BRASILEIRA
*Novembro e Dezembro/1968*

**1º Lugar** (Júri Especial) e **5º lugar** (Júri Popular): *São, São Paulo Meu Amor (Tom Zé)* - Intérprete: *Tom Zé*
**1º Lugar** (Júri Popular): *Benvinda (Chico Buarque)* - Intérprete: *Chico Buarque*
**2º Lugar** (Júri Especial) e **2º Lugar** (Júri Popular): *Memórias de Marta Saré (Edu Lobo e Gianfrancesco Guarnieri)* - Intérpretes: *Edu Lobo e Marília Medalha*
**3º Lugar** (Júri Especial): *Divino Maravilhoso (Caetano Veloso e Gilberto Gil)* - Intérprete: *Gal Costa*
**4º Lugar** (Júri Especial): *Dois Mil e Um (Rita Lee e Tom Zé)* - Intérprete: *Os Mutantes*

### III FESTIVAL INTERNACIONAL DA CANÇÃO
*Setembro/1968*

**1º Lugar**: *Sabiá (Chico Buarque e Tom Jobim)* - Intérpretes: *Cynara e Cybele*
**2º Lugar**: *Prá Não Dizer Que Não Falei de Flores (Geraldo Vandré)* - Intérprete: *Geraldo Vandré*
**3º Lugar**: *Andança (Danilo Caymmi, Edmundo Souto e Paulinho Tapajós)* - Intérpretes: *Beth Carvalho e Golden Boys*

**Dops resolve liberar disco de Vandré aqui**

Desde que foi posto à venda, a musica de Vandré teve uma vendagem de mais ou menos 900 compactos em cada uma das lojas de discos de Curitiba. Em uma delas, situada na Rua XV de Novembro, foram vendidos cêrca de mil discos, enquanto sua filial na Galeria Tijucas esgotou a remessa de compactos e vai pedir mais. Para o vendedor desta loja, a música de Vandré "não tem nada de mais, nem é subversiva"; "é apenas uma música bonita". E continua: - Esse negócio de proibir a vendagem de "Caminhando" na Guanabara, só vai funcionar como publicidade para a música. Depois se acham que ela de fato é ofensiva ao Exército não deveriam ter permitido que entrasse no Festival. Subversiva, ofensiva, participante ou apenas festiva, como querem alguns, a verdade é que «flôres» de Vandré está estourando em matéria de vendagem em Curitiba, batendo de longe "A Banda" de Chico Buarque, e as músicas de Roberto Carlos, que eram recordes de vendagem até hoje. Mesmo a «Disparada» do próprio Vandré, que vendeu excepcionalmente bem, não conseguiu o sucesso que vem obtendo "Caminhando", a qual na opinião da maioria, além de ser uma música realmente bonita está recebendo grande publicidade com a ameaça de proibição de sua venda".

O Estado do Paraná. 15/10/1968.

146

— ATENÇÃO, PRECISA TER OLHOS FIRMES PRA ESTE SOL...

— ...PARA ESTA ESCURIDÃO. ATENÇÃO. TUDO É PERIGOSO TUDO É DIVINO MARAVILHOSO...
— ...É PRECISO ESTAR ATENTO E FORTE...

— ...NÃO TEMOS TEMPO DE TEMER A MORTE...

— ...VEM VAMOS EMBORA QUE ESPERAR NÃO É SABER...

— ...QUEM SABE FAZ A HORA, NÃO ESPERA ACONTECER...

— ESTOU FICANDO CHEIA DESSES CARAS!

Jan. 1968 Dez.

Curitibano vai pouco à praia porque a viagem pela Graciosa é demorada e a nova rodovia ainda está em obras. Os balneários só ficam agitados mesmo durante o carnaval, quando cerca de 30 mil pessoas invadem a praia para escapar do triste carnaval de Curitiba.

Na praia, as moças vestem maiôs bem comportados e as mais ousadas encomendam um duas peças com Zefi, do Circo Queirolo, muito hábil na confecção de roupas para trapezistas e equilibristas. Só as butiques do Rio têm à venda maiô duas peças, mas são escandalosamente sumários, pouco apropriados para as moças daqui. Biquíni, nem pensar, os modelos de Paco Rabanne são indecentes, deveriam ser proibidos. Fora disso, o lazer se resume ao futebol – torcer mais do que jogar – e à vida nos clubes. A prática de esportes na universidade é reduzida, não há espaços adequados. Às vezes, os estudantes engolem em seco e solicitam ao Círculo Militar a cessão de espaço para um jogo.

Há quem goste de praticar montanhismo na Serra do Mar, mas a atividade está ficando perigosa porque os militares acreditam que se trata, na verdade, de um camuflado treinamento de guerrilha e olham com muita desconfiança para quem se atreve a escalar o Marumbi ou se aventurar pelas trilhas do Pico Paraná.

Reportagem. Janeiro 1968. BPP

---

— VERANICO DE MAIO, A GENTE PODIA IR PRA PRAIA NO FINAL DE SEMANA...
— PRAIA É CHATO.

— O MAR VAI E VEM, VAI E VEM... MONTANHA É QUE É BOM...

— A VIDA COMEÇOU NO MAR, LÁ A GENTE VÊ QUE É UM NADA...
— HUMMM, TÁ FILOSOFANDO!

— ALÉM DISSO, QUERO ESTREAR MEU DUAS PEÇAS.
— SEU O QUÊ?

— MEU MAIÔ DUAS PEÇAS!
— FECHADO! MAS VAMOS PRA A SERRA NO OUTRO DOMINGO.

**Biquíni de Bolinha Amarelinha**
*Pockriss e Vance/versão Hervé Cordovil - 1960*

Ana Maria entrou na cabine
E foi vestir um biquíni legal
Mas era tão pequenino o biquíni
Que Ana Maria está sentindo-se mal
Ai, ai, ai, mas ficou sensacional

Era um biquíni de bolinha amarelinha tão pequenininho
Mal cabia na Ana Maria
Biquíni de bolinha amarelinha tão pequenininho
Que na palma da mão se escondia

Ana Maria olhou-se no espelho
E viu-se quase despida afinal
Ficou com o rosto todinho vermelho
E escondeu o maiô no dedal

---

**Pelé e Afonsinho defendem o profissional (a maioria) que não ganha o suficiente para garantir sua velhice**

# JOGADOR TAMBÉM É GENTE

Foi em São Paulo. Afonsinho, um rapaz barbudo, cabeludo, de idéias revolucionárias, e Pelé, um homem inteligente, profundo conhecedor do futebol, já em fim de carreira, discutiram vários problemas da vida de um jogador profissional. Não foi fácil chegarem a uma conclusão sôbre o que precisa ser feito para melhorar as condições da classe, mas o ponto de partida emerge do diálogo: unir os jogadores de futebol em tôrno de seu sindicato (e de uma Federação Nacional) e, principalmente, conseguir do govêrno federal a regulamentação da profissão. Afonsinho e Pelé querem que o jogador comum, que não ganha os salários do craque, deixe de ser um marginal

Placar. Dezembro / 1971

---

— RASGOU O MAIÔ, MARIA?

— NADA DISSO! AS MULHERES CANSARAM DE ESCONDER SEU CORPO...

— NO ANO 2000, VAMOS ANDAR NUAS E FELIZES!

— REVISTA! TODO MUNDO ABRE A MOCHILA!

— EI MOÇA, ABRE A MOCHILA!

Jan. 1968 Dez.

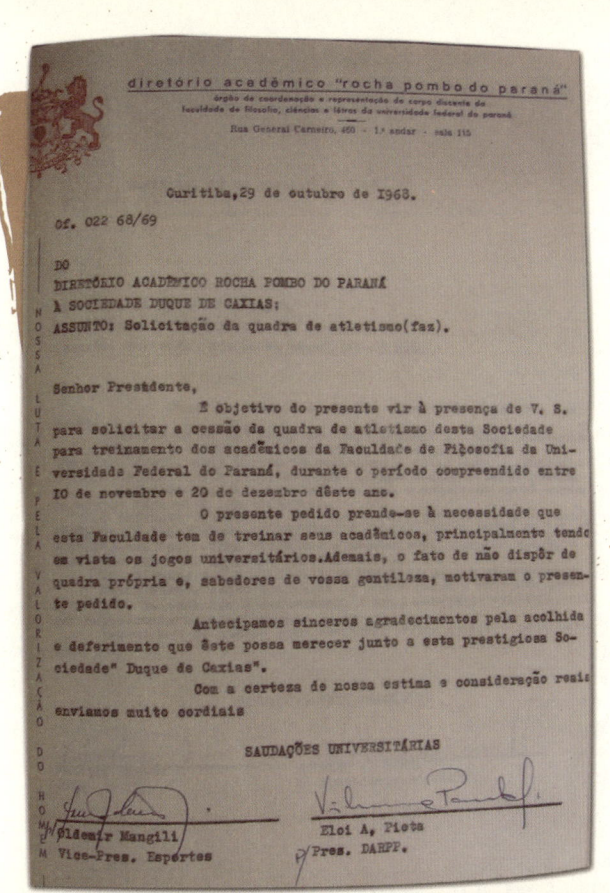

Documento DARPP. Outubro / 1968. Arquivo DCE

Propaganda da revista O Cruzeiro. Anos 60. Memória Viva.

149

— POR QUÊ?
— ORDENS SUPERIORES.
— QUERO VER!
— VER O QUÊ?
— AS ORDENS SUPERIORES.
— ESSAS SÃO AS ORDENS SUPERIORES!
— TÔ CHEIA DESSES CARAS!

Jan. 1968 Dez.

## V. sabe quantas calorias tem uma colher de açúcar?

Muita gente pensa que o açúcar produz calorias em excesso... e engorda. Para essas pessoas, uma surprêsa: em cada colher de café de açúcar existem sòmente 18 calorias. Isto não representa muito em relação às 2.500/3.500 calorias que um homem necessita diàriamente, não é verdade?

Então, se o açúcar tem sòmente 18 calorias em cada colher de café, por que é considerado um alimento tão energético?

Porque tem absorção imediata e transforma-se ràpidamente em calorias. Quer dizer, repõe prontamente as energias que você desgasta no corre-corre da vida de hoje. Por isso, salvo recomendação do médico, o açúcar é insubstituível.

Açúcar é mais alegria!
Açúcar é mais energia!

Colaboração da Cooperativa Central dos Produtores

Seleções do Reader's Digest. Maio / 1968

Ohró te Kuá!

«Confessamos: ainda existem donas-de-casa que vão demorar algum tempo para usar a Cêra Poliflor»

Realidade. Setembro / 1968

---

diretório acadêmico "rocha pombo do paraná"
órgão de coordenação e representação do corpo discente da faculdade de filosofia, ciências e letras da universidade federal do paraná
Rua General Carneiro, 460 - 1.º andar - sala 115

Curitiba, 29 de outubro de 1968

Of. 023 68/69
DO DIRETÓRIO ACADÊMICO ROCHA POMBO DO PARANÁ
AO CÍRCULO MILITAR DO PARANÁ
ASSUNTO: Solicita cessão da quadra de voley ball.

Senhor Presidente,

Através dêste, vimos à presença de V.S. para solicitar o obséquio da cessão da quadra de voleibol do Círculo Militar do Paraná para treinamento da FaFi Federal, no período compreendido entre 1o de novembro a 20 de dezembro dêste ano.

Sabe V. S. que esta Faculdade não dispõe de cancha própria para treinamento de seus atletas e que além da necessidade habitual da prática de esportes, ainda tem compromissos no âmbito ativo universitário. O conhecimento da gentileza de V. S. motivou o presente.

Confiantes da boa acolhida do presente, valemo-nos da oportunidade para manifestar nossa estima e consideração, enviando cordiais

SAUDAÇÕES UNIVERSITÁRIAS

Mangili
Pres. Esportes

Eloi A. Pieta
p/ Pres. DARPP.

---

**ABAIXO A DITADURA!**

Jan. 1968 Dez.

"No escurinho do cinema, chupando drops de aniz" - como lembra Rita Lee com saudade, tempos depois - um outro mundo é possível. As grandes salas de cinema, a tela enorme, o facho de luz iluminando a poeira, o leão da Metro rugindo, o lanterninha flagrando um beijo fora da tela. No final, esperar até os últimos créditos e, se o filme for bom, ficar para a segunda sessão, para ver de novo aquela cena impressionante que vai render horas de conversa na esquina ou na pizzaria. A qualidade dos filmes exibidos nos dez cinemas da cidade está piorando, como se uma mão invisível colocasse sempre no final da fila aqueles que podem desagradar as autoridades, pois as distribuidoras também querem ficar bem com o regime. E tem tanta coisa para ver, as entrevistas publicadas nos jornais aumentam a vontade de ver Doutor Strangelove e Odisséia no Espaço de Stanley Kubrick ou as estripolias de Fellini em La Dolce Vita. Com a cidade servindo de cenário para Lance Maior, de Sílvio Back, o cinema está em alta. Acompanhar as filmagens, ver Regina Duarte e Reginaldo Faria em ação, ouvir o diretor dizer "corta!" ou descobrir um erro de continuidade é quase tão divertido quanto ir ao cinema. Os debates depois de uma sessão do Cine Clube se prolongam até a madrugada. Cada cena é relembrada, cada frase é repetida, cada sombra é interpretada. Depois, é voltar para casa pisando nas calçadas da rua XV como se estivesse em Roma com Marcelo Mastroianni e Anita Ekberg, no espaço sideral com Barbarella, ou no sertão nordestino com o imbatível Corisco de Glauber Rocha.

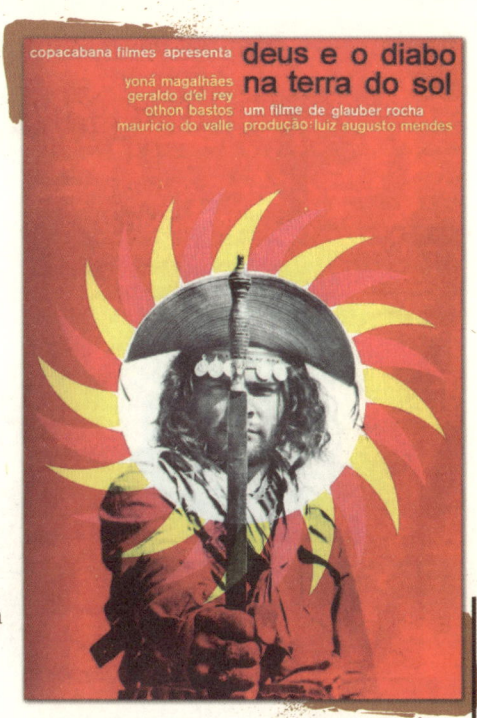

SÓ TEM DROGA PASSANDO NOS CINEMAS E TEM TANTO FILME BOM PARA VER...

TEM UM CINEMA MEIO FECHADO NO SANTA MARIA...

A GENTE PODIA USAR PARA PASSAR FILME BOM...

O DIRETÓRIO PODIA PROMOVER UM FESTIVAL...

É, BOA IDÉIA, PODIA FAZER UNS DEBATES DEPOIS DO FILME.

Jan. 1968 Dez.

## SEXTA-FEIRA NO CINEMA

### Programação:

**Alphaville** de Jean-Luc Godard
**2001 - Uma Odisséia no Espaço** de Stankey Kubrick
**Doutor Fantástico** de Stanley Kubrick
**Deus e o diabo na terra do sol** de Glauber Rocha
**Terra em transe** de Glauber Rocha
**Vidas Secas** de Nelson Pereira dos Santos
**La Dolce Vita** de Federico Fellini
**Blowup** de Michelangelo Antonioni
**Rocco e Seus Irmãos** de Luchino Visconti

Promoção:
D. A. da Filosofia-Cine Clube Santa Maria

Todas as sextas, às 21 horas
Entrada Franca

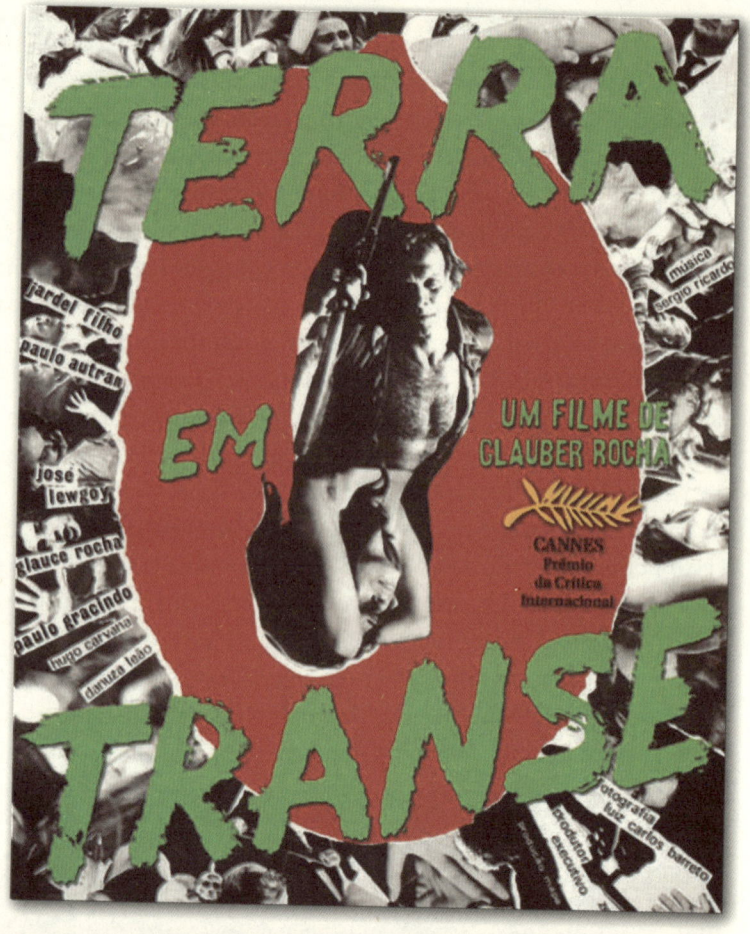

— VIU QUEM TÁ AI? QUE SUCESSO!

— MARCELLO!

Jan. 1968 Dez.

Gazeta do Povo. Maio 1968.

**Deus e o Diabo Na Terra do Sol**
*Glauber Rocha /*
*Sérgio Ricardo - 1964*

- Se entrega, Corisco
- Eu não me entrego, não
Eu não sou passarinho/ Pra viver lá na prisão
- Se entrega, Corisco
- Eu não me entrego, não/ Não me entrego ao tenente/ Não me entrego ao capitão
Eu me entrego só na morte
De parabelo na mão

...VAMOS ENCERRAR AS ATIVIDADES DO CINE CLUBE A PEDIDO DA 5ª REGIÃO MILITAR.

VOCÊS ABUSARAM NOS FILMES E NOS DEBATES,

SIFU! NÃO TEM MAIS CINECLUBE.

Jan. 1968 Dez.

O homem está chegando na Lua, a IBM lança o chip e a Arpanet é o embrião da Internet. Começam as transmissões de TV em cores. Um avião norte-americano B-52 cai na Groelândia com quatro bombas nucleares e a França explode a primeira bomba de hidrogênio no Oceano Pacífico e comemora o sucesso do primeiro transplante de coração. A Sony lança um mini-rádio do tamanho de uma carteira de cigarros. O mundo é uma explosão de novidades tecnológicas.
Por aqui, telefone fixo ainda é uma raridade e a telinha branca e preta da TV, uma dúvida. Com-pu-ta-dor é trocadilho de moleque ou traquitana de ficção científica. Calculadora é um equipamento de mesa. Máquina de escrever elétrica é caríssima. Os aparelhos de rádio são grandes e os de som ainda maiores, pois o LP de vinil é bem grande. Fogão à lenha ainda é muito comum, microondas é palavra misteriosa e o máximo da velocidade em comunicação é o telex.
Fora os programas importados – que chegam em latas de filme – quase tudo na TV ainda é ao vivo, não tem VT, e as garotas-propaganda às vezes ficam em situação embaraçosa porque o sofá-cama não abre ou o eletro-doméstico não liga na hora do anúncio. Aos poucos, a popularidade dos programas de auditório das emissoras de rádio vai caindo e a TV se torna membro indispensável das famílias de classe média. Na universidade, os cursos da área tecnológica estão entre os mais concorridos. Pesquisa pouca e muita reprodução de modelos importados: assim são preparados os estudantes para o mercado de trabalho.

Realidade. Setembro 1968

Jan. 1968 Dez.

Burroughs desvenda os labirintos do processamento.

Burroughs *simplifica*

Realidade. Setembro 1968.

Revista Quatro Rodas. Março 1967.

**CINTO DE SEGURANÇA** — Em várias reportagens e estatísticas ficou provada a necessidade do uso de cintos de segurança. E você? Já pensou na segurança dos seus? Protej idealizou e construiu cintos para a sua segurança, com fivela de dupla ação instantânea e fita de nylon de alta resistência. Vários modelos de fino acabamento à sua escolha.
PROTEJ — Fábrica: Rua Catão, 134 — Tel. 62-1862 — S.P.

Se aparelho eletro-doméstico fôsse coisa de usar e jogar fora...

...não faríamos tanta questão em lhe aconselhar ARNO.

Realidade. Sambro 1968.

**Anúncio de emprego**

PRECISA-SE

Auxiliar de Escritório
Jovem quite com o
serviço militar
Bom datilógrafo
Curso ginasial e
Firme em cálculo.

E TV... VOCÊ JÁ VIU QUE DROGA É A TV? OLHE SÓ!

16:00 - Moda Feminina.
16:30 - Super Mouse.
17:30 - Papai Sabe tudo.
18:00 - Rin Tin Tin.
20:10 - Essa Gente Inocente
22:05 - Futebol.

TIRANDO O FUTEBOL, TUDO ENLATADO AMERICANO. MEU PAI QUER COMPRAR UMA TV...

EU DISSE PRA ELE QUE É BOBAGEM...

MELHOR FICAR COM OS DISCOS E LIVROS E CINEMA E TEATRO...

E MÚSICA NO LELECO, E POESIA NA UPE!!!

HUMM, MAS EU BEM QUE GOSTO DE VER FUTEBOL NA TV, É MELHOR DO QUE OUVIR PELO RÁDIO...

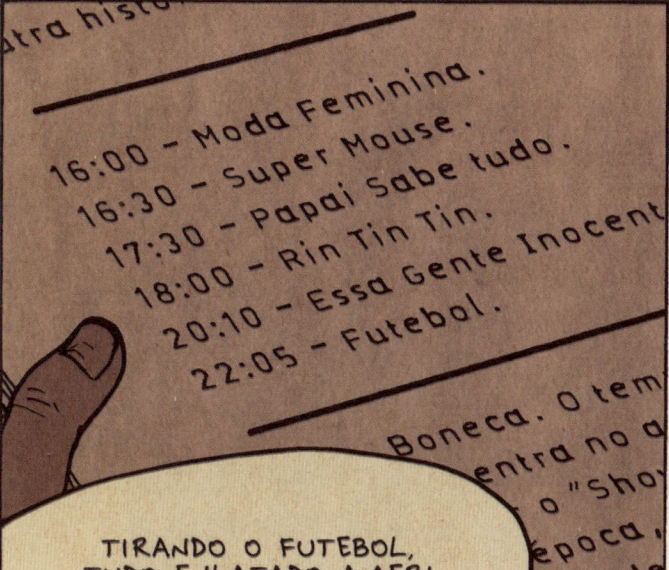

Jan. 1968 Dez.

CHACRINHA, O PAI DE TODOS, COMANDA O SURREALISMO BRASILEIRO.

Marginália Arte e Cultura. Marisa Alvaez Lima.

O Cruzeiro. 15/6/1968.

Gazeta do Povo. Maio 1968.

Placar. Dezembro 1971.

Quatro Rodas. Março 1967.

**2001**
*Rita Lee/Tom Zé - 1968*

Astronauta libertado
Minha vida me ultrapassa
Em qualquer rota que
eu faça, dei um grito
no escuro, sou parceiro
do futuro, na reluzente galáxia
...
Nos braços de dois mil anos,
eu nasci sem ter idade, sou casado,
sou solteiro, sou baiano e estrangeiro,
meu sangue é de gasolina, correndo
não tenho mágoa, meu peito é de sal
de fruta, fervendo no copo d'água

**Depois de se instalar confortàvelmente na Lua, o homem irá a Marte, daqui a 17 anos, esperando achar formas surpreendentes de vida**

Revista Fatos e Fotos. 19/12/1968.

— É um modêlo especial para assistir a desfiles...

TV Programas. 17/4/1968.

É...

PELO JEITO PRA COPA DE 70 VAI TER MUITA GENTE ESPREMENDO O DINHEIRINHO MENSAL PRA COMPRAR UMA TV...

SABE O QUE EU ACHO? A TV AINDA VAI SER O NOSSO HAL!

Jan. 1968 Dez.

# C.C.C. Até simpatia - não NÃO

O curitibano já está acostumado com aquela grande estrutura cinzenta de concreto que - promete cada governador que assume - um dia vai ser o mais moderno teatro da América Latina. Promessa que está completando 16 anos, e nada. Enquanto o pequeno auditório - o Guairinha - faz o papel de principal, o grande auditório espera as verbas prometidas para ser concluído. Mesmo assim, há um bom movimento teatral na cidade. Bom, mas conservador. As peças, que quase sempre contam com apoio oficial, são escolhidas com cuidado para não ofender ninguém. Afinal, como diz o delegado regional da Polícia Federal no Paraná, Coronel Waldemar Bianco, "há coisas que servem para a Guanabara e São Paulo, mas não servem para o Paraná. Temos que fazer a censura sob o ponto de vista paranaense."

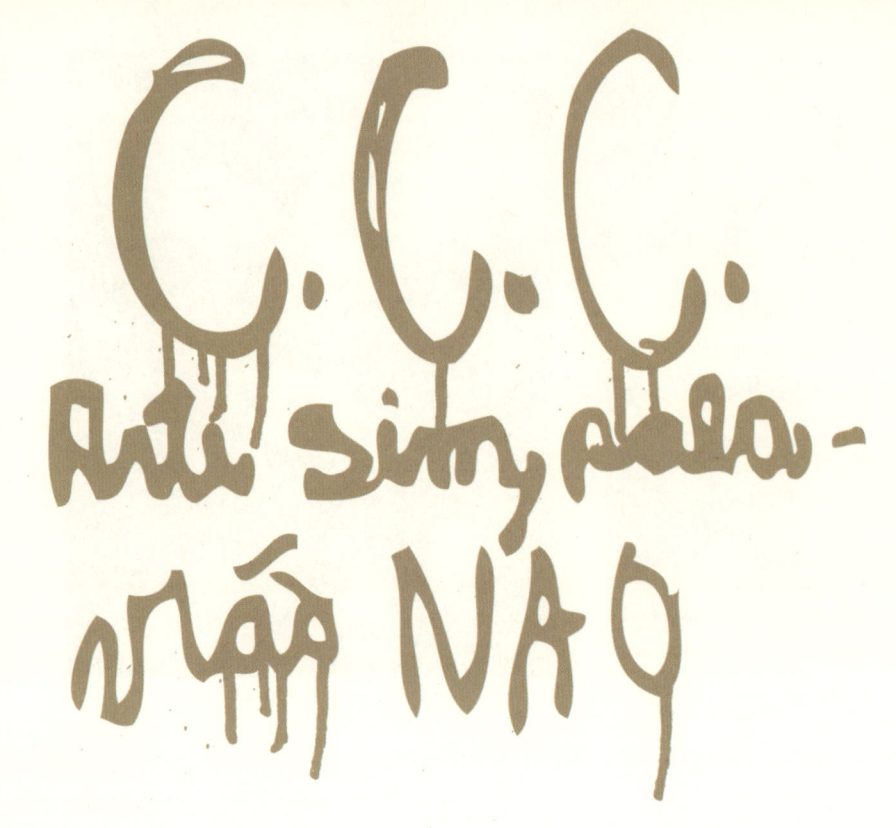

Os artistas não concordam e antes do início da irreverente "Festival de Besteiras que Assola o País" - peça do jornalista Sérgio Porto, também conhecida por "De Brecht a Stanislaw Ponte Preta" - lançam um pesado manifesto contra a censura federal. Apesar do impacto do protesto, as coisas por aqui são bem calmas. O mesmo não pode se dizer do que acontece Brasil afora. Em São Paulo, a atriz Norma Bengell é sequestrada e seus companheiros de elenco espancados. Membros encapuzados do CCC (Comando de Caça aos Comunistas) interrompem a apresentação da peça *Roda Viva*, com música de Chico Buarque e direção de José Celso Martinez Corrêa, no Teatro Ruth Escobar, também em São Paulo. Destróem cenários e equipamentos, batem nos atores com cassetetes e soco inglês.

— FECHARAM O CINE CLUBE, NÃO ACREDITO!
— QUEM TINHA RAZÃO ERA BRECHT.
— É HORRÍVEL VIVER NUM PAÍS SEM SENSO DE HUMOR,
— ...PIOR DO QUE ISSO, SÓ VIVER NUM PAÍS ONDE É NECESSÁRIO TER SENSO DE HUMOR!

Em 1967, o TEU (Teatro do Estudante Universitário) apresentou "Pluft, o Fantasminha Camarada" no Colégio Estadual do Paraná; pequenas peças de Brecht aos calouros da UFPR e em pequenas cidades do interior do Paraná e Santa Catarina; lançaram manifesto de protesto contra a censura da DOPS que barrou a peça "Noite de Arte e Poesia." (trechos de vários autores); apresentou-se no Teatro de Bolso na Praça Rui Barbosa e recebeu novos integrantes no grupo.

Dossiê Teatro do Estudante Universitário. Arquivo DOPS.

Jan. 1968 Dez.

=DELEGACIA DE ORDEM POLÍTICA E SOCIAL=

-continuação- Certidão.-

que êsse trabalho orçou em cêrca de cr$ 30.000; que conhece os componentes dêsse grupo teatral, alguns de nome, tais como: ROSINHA, ARI, IONE, WALQUIRIA, DINORÁ, PALMIRA, FÁBIO CAMPANA, MUSSI, MARÉS (que participou da Noite de Poesias); que não pode precisar bem a diretoria atual, mas sabe que o ARI (Para-raio), e Paulo, pertencem à Diretoria; que a verba do "TEU" é fornecida pelo D.C.E.; que conhece VITORIO SOROTIUK, que participou de alguns ensaios da peça "Fui eu que mordi a cobra", que lhe parece ser da autoria de IRAN DE OLIVEIRA, mas não tem certeza; conhece por ouvir falar ANTONIO ARAUJO CHAVES; que conhece ARISTIDES OLIVEIRA VINHOLES, pelo fato da Livraria ser da responsabilidade dêste,

Depoimento. Arquivo DOPS.

**Samba do Crioulo Doido**
*Stanislaw Ponte Preta*
*(Sérgio Porto) - 1968*

Foi em Diamantina/ Onde nasceu JK
Que a Princesa Leopoldina/ Arresolveu se casá
Mas Chica da Silva/ Tinha outros pretendentes
E obrigou a princesa/ A se casar com Tiradentes

Joaquim José/ Que também é
Da Silva Xavier/ Queria ser dono do mundo
E se elegeu Pedro II/ Das estradas de Minas
Seguiu pra São Paulo/ E falou com Anchieta
O vigário dos índios/ Aliou-se a Dom Pedro
E acabou com a falseta

Da união deles dois/ Ficou resolvida a questão
E foi proclamada a escravidão

Assim se conta essa história
Que é dos dois a maior glória
Da. Leopoldina virou trem
E D. Pedro é uma estação também

Nós, artistas do grupo Mini-Teatro da Guanabara, demais artistas e intelectuais do Estado do Paraná, povo em geral de Curitiba, vimos repudiar, por êsse documento, as atitudes arbitrárias da Censura Federal nas pessoas de seus dirigentes medievais, Juvêncio Façanha e Souza Leão Netto, que, pelos seus últimos atos oficiais, bem demonstram as suas formações anti-democráticas e culturais. Vimos a público externar a nossa solidariedade aos artistas teatrais da Guanabara e de São Paulo que permanecendo em greve desde o domingo último, lutam pela elevação artística e cultural do teatro brasileiro.

Gazeta do Povo. Curitiba. 14/2/1968

É ISSO, NÃO TEM CINEMA, VAMOS FAZER TEATRO. PODEMOS ENSAIAR NUMA DAS SALAS DO GUAIRÃO, ESTÁ TUDO VAZIO E TENHO UM AMIGO LÁ.

TEATRO DO ESTUDANTE UNIVERSITÁRIO
**TEU**
SELEÇÃO DE ATORES
PARTICIPE!
Inscrição no Diretório

Desde o golpe de 64, os militares estão de olho nas manifestações culturais. Uma safra de jovens artistas, oriundos do CPC (Centro Popular de Cultura) da UNE, continua produzindo teatro, cinema e música com forte conteúdo político. O CPC começou em 61, da junção de intelectuais com estudantes, com o compromisso de contribuir para a transformação da sociedade. Com forte influência da esquerda e do nacionalismo do período anterior ao golpe, artistas e estudantes espalharam pelo país novos grupos de teatro no projeto UNE-Volante e estimulam um intenso debate sobre o papel transformador da arte. Os espetáculos são apresentados em portas de fábricas, favelas, sindicatos, escolas e associações de bairros, fazendo sucesso por onde passam. O CPC reúne poetas, dramaturgos, escritores, atores, compositores e cineastas como Oduvaldo Vianna Filho, Gianfrancesco Guarnieri, Leon Hirszman, Augusto Boal, Paulo Pontes, João das Neves, Chico de Assis e Carlos Lyra. Publica livretos como os Cadernos do Povo e Violão de Rua, apresentando trabalhos de Moacir Félix, Geir Campos e Ferreira Gullar. Peças como *A mais valia vai acabar, seu Edgar, Versão Brasileira, Eles não usam Black-Tie, A Vez da Recusa, Miséria ao Alcance de Todos, Auto dos 99% e Auto do Cassetete*, percorrem o país. A energia acumulada nesses anos intensos não desaparece com o golpe. Ao contrário, serve como base para o surgimento de novos artistas comprometidos com as mudanças sociais.

"A censura é uma vergonha para a Nação"
Cláudio Correia e Castro, coordenador do Teatro de Comédia do Paraná 14/02/68

TENHO AQUI UMA PEÇA CURTA DO BRECHT...

ACHO QUE PODEMOS COMEÇAR POR AQUI.

CACHORRO DE ELEFANTE, O QUE É ISSO?

Jan. 1968 Dez.

"Se o Brasil quer ser um país civilizado e democrático é preciso que a censura não intervenha para dizer o que os homens devem pensar, assistir, fazer ou criar. A censura não tem competência para dizer como o povo deve ler ou escrever", afirmou, na tarde de ontem, o crítico de arte Eduardo Rocha Virmond sobre a proposição do Ministro da Justiça em criar um conselho nacional de censura integrado por jornalistas, artistas e pessoas de "alto gabarito".

Gazeta do Povo. 10/1/1968.

**Manifesto dos artistas do Paraná**

SETEMBRO DE 1965, vésperas de eleições. O candidato PAULO CRUZ PIMENTEL, perante a classe teatral do Paraná, promete manter em seu govêrno um clima de liberdade no trabalho artístico, coisa já rara na vida brasileira.
SETEMBRO DE 1968, mil dias depois. O Govêrno do Paraná forja um laudo técnico, mentindo sôbre as condições de funcionamento do Teatro Guaíra, para sufocar a mesma liberdade prometida.
(...)

LUTA
Motivados por êsses atos de fôrça do Govêrno e da Censura, nós, atôres, escritores, artistas plásticos e universitários do Paraná, partimos unidos para desmascarar e lutar em público, convictos de que contamos com a honradez do paranaense.
GREVE
Com essa determinação apelamos a todos os colegas a fim de que se preparem para a deflagração de uma greve destinada a paralisar tôda a atividade artística do Paraná.
(...)

Manifesto contra proibição da peça Navalha na Carne, de Plínio Marcos. Arquivo DOPS

---

BOLETIM ESPECIAL FEVEREIRO DE 1976

**O ATALHO**

ÓRGÃO OFICIAL DA APLP

A UNIÃO É O CAMINHO MAIS CURTO

Na primeira noite
eles se aproximam
e colhem uma flor
de nosso jardim.
E não dizemos nada.
Na segunda noite,
já não se escondem:
pisam as flores,
matam nosso cão,
e não dizemos nada.
Até que um dia
o mais frágil deles
entra sozinho em nossa casa,
rouba-nos a lua e,
conhecendo nosso medo,
arranca-nos a voz da garganta.
E porque não dissemos nada,
já não podemos dizer nada.

---

***Pesadelo***
*Paulo César Pinheiro/ Maurício Tapajós - 1972*

Você corta um verso, eu escrevo outro/ Você me prende vivo, eu escapo morto
De repente olha eu de novo/ Perturbando a paz, exigindo troco
Vamos por aí eu e meu cachorro/ Olha um verso, olha o outro
Olha o velho, olha o moço chegando/ Que medo você tem de nós, olha aí

---

ORA, UM CACHORRO DE UM ELEFANTE!

BEM, UM ELEFANTE PODE TER UM CACHORRO, O CONTRASTE ENTRE OS DOIS SIGNIFICA...

COMO ASSIM?

É FIGURADO, O PODER E O POVO!

VAMOS LER PRA VER NO QUE DÁ!

Jan. 1968 Dez.

Da grande agitação cultural promovida pelo CPC e pela UNE-Volante, para a geração de 68 sobram muitas histórias, algumas lembranças e a boa vontade de artistas que não recusam apoio ao movimento estudantil. São aliados que percebem a importância política da mobilização dos universitários para que possam continuar subindo ao palco, apesar da ditadura. Em 1965, quando o TUCA (Teatro da Universidade Católica de São Paulo) é inaugurado, com *Morte e Vida Severina* de João Cabral de Melo Neto e música de Chico Buarque, abre-se um novo cenário para o teatro universitário. O belo trabalho do TUCA percorre o Brasil, vira disco de sucesso, é premiado no exterior e incentiva novos grupos no país. Outros espetáculos, como *Liberdade Liberdade*, Arena conta Zumbi e o show Opinião incentivam o gosto dos estudantes pelo teatro, como forma adicional de protesto. Além disso, muitos dos universitários haviam participado, enquanto secundaristas, do grupo de teatro do Colégio Estadual do Paraná, de onde traziam experiência de interpretação e boa bagagem cultural. Esse é o clima que inspira a criação do TEU (Teatro do Estudante Universitário), acompanhado passo a passo pela polícia política durante sua curta existência.

"Aos sete anos de idade, ela pisou no palco pela primeira vez na vida cantando 'Quem Quiser Vatapá', numa festa do Grupo Xavier da Silva, e durante quarenta anos fez do palco a sua profissão numa carreira de sucesso no teatro paranaense. Curitibana de nascimento, Odelair Rodrigues da Silva, ou "Dila", tomou gosto pela representação nos tempos do Colégio Estadual do Paraná, onde conheceu Ary Fontoura, Sinval Martins e Renê Dotti que foram seus companheiros de teatro naquela época.

(...) Hoje, frente a uma vasta coleção de troféus, medalhas e prêmios de melhor atriz, Odelair ainda fala com emoção sobre o dia em que recebeu seu primeiro prêmio como profissional. Foi em 1956, quando desempregada, mesmo sendo formada em contabilidade, resolveu voltar a trabalhar como doméstica para sobreviver. À noite fazia teatro representando também uma doméstica na peça 'A Moda Através dos Tempos', sob direção de João Glória, no Guairinha. 'Eu fazia o papel da empregada que vestia a roupa da patroa para sair. Usava estola e jóias verdadeiras, repletas de brilhantes, emprestadas por uma senhora da sociedade. Todas as noites durante a apresentação, eu tinha que atravessar a platéia fingindo ir até o carro que me aguardava do lado de fora do teatro. Uma vez lá fora, corria mais por medo do que por necessidade, até chegar a porta dos fundos do Guairinha e retornar ao palco. Meu maior pânico era que alguém tentasse roubar as jóias nesse trajeto', lembra a atriz."

História de Odelair, em 300 anos de Memória Oficial e Real. 1994

VEM CÁ,

VOCÊ TEM CERTEZA DE QUE NÃO FIZEMOS NENHUMA BOBAGEM, SEI LÁ, UM ERRO DE TRADUÇÃO... NADA!...

...ELE ESTÁ GOSTANDO!

Jan. 1968 Dez.

**liberdade, liberdade**
Flávio Rangel e Millôr Fernandes

"SOU APENAS UM HOMEM DE TEATRO. SEMPRE FUI E SEMPRE SEREI UM HOMEM DE TEATRO. QUEM É CAPAZ DE DEDICAR TODA A SUA VIDA À HUMANIDADE E À PAIXÃO EXISTENTES NESTES METROS DE TABLADO, ESSE É UM HOMEM DE TEATRO."

Texto de abertura de Liberdade, Liberdade, de Millôr Fernandes / Flávio Rangel. 1965

CHEGA DE CENSU

OU ACABOU A PICHAÇ, OU NÃO PÔ TERMI POR MOTIV QUE SÃO DO DOMÍN PÚBLI

Toda Mafalda. Quino.

NÃO SEI NÃO, A CARA DELE ESTÁ ENGRAÇADA... JÁ VOLTO.

CARLOS!

MENINA...

"EL CACHORRO DE ELEFANTE", TRADUZIDO PARA PORTUGUÊS CLARO É "FILHOTE DE ELEFANTE".

PUTZ! MIFU! SIFU! CRAW!!!!

EU SOU O CACHORRO DO ELEFANTE!

Jan. 1968 Dez.

A lista de assuntos discutidos pelo movimento estudantil aumenta a cada dia. É que uma coisa puxa a outra. O governo quer acabar com o ensino gratuito para reduzir as despesas com educação, seguindo a orientação do Banco Mundial que, por sua vez, acompanha os interesses de seu sócio maior que são os EUA que, por sua vez influenciam diretamente na educação brasileira através do acordo MEC-USAID. A política monetarista afeta outros setores vitais, como saúde e habitação, e os trabalhadores, que já sofrem com o arrocho salarial - também recomendado pelo Banco Mundial - sobrevivem em condições precárias e têm cada vez menores oportunidades de chegar à universidade que acaba se transformando, ainda que pública, numa formadora das elites. As manifestações, os protestos, o teatro, a música, os livros – tudo o que contesta, enfim – atrapalham esse arranjo e levam à repressão, à censura e a formação de grupos como o CCC. Não é suficiente, portanto, resistir ao ensino pago ou protestar contra o MEC-USAID para derrubar a ditadura. Quando se trata de buscar saídas, não há unanimidade entre os estudantes. Diferentes correntes políticas apontam diferentes caminhos. Uns defendem uma universidade com mais vagas, outros querem uma universidade mais crítica. Uns querem uma luta internacional, outros acham que a solução é local. Uns consideram os operários como a vanguarda política, outros defendem a revolução que vem do campo. Uns são mais agressivos, outros defendem a conciliação. As divergências são marcantes e as discussões, inflamadas, mas na hora de ir para a rua estão todos unidos contra o a ditadura.

Passeata. Arquivo DOPS.

— PÔ, O TEATRO ENCHEU, FOI UM SUCESSO!
— QUE DIFERENÇA FAZ? SOMOS UNS IGNORANTES.

— DEIXAR PASSAR UMA BOBAGEM DESSAS!

— CACHORRO DE ELEFANTE! A GENTE NÃO SABE NADA! NADA!

— TEM UMA REUNIÃO NA UPE PARA DISCUTIR O CONGRESSO, VAMOS LÁ APRENDER ALGUMA COISA...

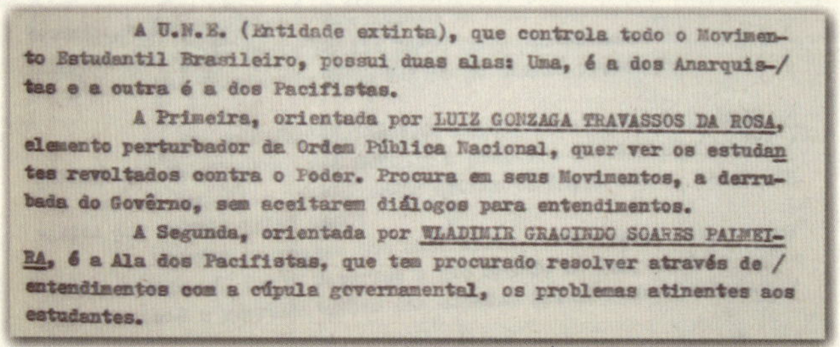

A U.N.E. (Entidade extinta), que controla todo o Movimento Estudantil Brasileiro, possui duas alas: Uma, é a dos Anarquistas e a outra é a dos Pacifistas.
A Primeira, orientada por LUIZ GONZAGA TRAVASSOS DA ROSA, elemento perturbador da Ordem Pública Nacional, quer ver os estudantes revoltados contra o Poder. Procura em seus Movimentos, a derrubada do Govêrno, sem aceitarem diálogos para entendimentos.
A Segunda, orientada por WLADIMIR GRACINDO SOARES PALMEIRA, é a Ala dos Pacifistas, que tem procurado resolver através de entendimentos com a cúpula governamental, os problemas atinentes aos estudantes.

Informe da DOPS. 1968.

Jan. 1968 Dez.

# LIBERTAÇÃO

ANO 1 - Nº 1 - 1º DE MAIO DE 1968 - NCR$0,10 -

A LUTA DOS TRABALHADORES E AS PASSEATAS DE ABRIL

Jornal Clandestino.

"SUBVERSÃO NA IGREJA
RELATÓRIO ESPECIAL
(..)
4. QUESTÕES FUNDAMENTAIS
Considerando que IPM visa sòmente apurar fatos e considerando as causas principais dêsse movimento – a infiltração de idéias comunistas e a interpretação dos documentos conciliadores – formulamos as seguintes questões:

Qual é, em têrmos claros, a Doutrina Social da Igreja? É contra o capitalismo sob tôdas as formas? É socialista? É socializante? Qual é o verdadeiro significado do têrmo "socialização"?
Pode o presbítero tomar posições ideológicas no exercício do sacerdócio, quando pretende ser pastor de tôda a comunidade? Considerando que o sistema econômico capitalista está estabelecido na Constituição, pode o Govêrno admitir a pregação e mobilização pro-socialismo nas Igrejas, nas escolas e universidades?"

Dossiê Subversão na Igreja Católica. Arquivo DOPS

"O convento dos Beneditinos e o das Mercês, vem sendo ponto de reunião para deliberações estudantis".
Documento Confidencial do SNI. 25/4/1968.

"Que em 1968 o interrogado foi presidente do Centro Estudantil Nilo Cairo em Apucarana. Como presidente entrou várias vezes em atrito com o Diretor do Colégio; que encetou luta contra a taxa de matrícula, participou do Movimento Estudantil Livre que se propunha a fazer oposição à UPES. Que há muito tempo mantinha relações de amizade com FRANCISCO DIAS VERMELHO, GERALDO MAGELLA SOARES VERMELHO, JOSÉ EDÉSIO BRIANEZZI, ANTONIO DOS TRÊS REIS DE OLIVEIRA."

Ato de Declaração à DOPS. 1975.

"ASSUNTO: A nova tática revolucionária das manifestações de rua
(...)
Depois da crise de maio-junho de 1968, os dirigentes dos principais movimentos revolucionários constataram, uns e outros, o fracasso da manifestação de massa como meio de ação insurrecional e a vantagem de cansar as fôrças encarregadas da manutenção da ordem, por meio do emprêgo de grupos pequenos dispersos. Os líderes da linha chinesa falaram, desde julho de 1968, sôbre a necessidade de atuação "de comandos", de cêrca de trinta pessoas, treinados com combate de rua. Mas os verdadeiros "inventores" dos princípios desta GUERRILHA URBANA são os trotskistas." (...)

Presidência da República, Serviço Nacional de Informações. Arquivo DOPS.

Jan. 1968 Dez.

"PROPOSIÇÃO DE LUTA POR UMA UNIVERSIDADE CRÍTICA PARA O D.C.E. FEDERAL.
(...) Os princípios da luta pela UNIVERSIDADE CRÍTICA deverão ser:
1 – Autonomia universitária, compreendida como:
 (...)
2 – Democratização do ensino, significando que as formas de acesso propiciem a entrada de maior número possível de pessoas. Defendemos então: (...)."

Panfleto da corrente do movimento estudantil que defendia a universidade crítica. Arquivo DOPS

"MEL – Movimento Estudantil Livre – surge como resultado da morte de Edson Luis Lima Santos, como "dissidência" da UPES, abrigado pela UPE, que não deveria se imiscuir em assuntos que dizem respeito aos secundaristas. Não são legítimos representantes dos secundaristas."

Revista da União Paranaense de estudantes secundários. Maio 1968.

"A briga mesmo foi quando um grupo apresentou o temário para o 30º Congresso de UNE. Queriam discutir problemas internacionais. Vietnam, Estados Unidos, outros negócios. Mas nós, isto é, o Wladimir Palmeira e a maioria, quer um congresso cujo temário seja a problemática nacional. Resolver nossos problemas aqui e não se preocupar com os outros. Uns quiseram assim, outros não e a briga saiu mesmo".

Diário do Paraná. Junho/1968.

PARA DERRUBAR
O ARROCHO
É PRECISO DESTRUIR
A DITADURA E
EXPULSAR
O IMPERIALISMO

Jornal Clandestino. Arquivo DOPS.

- UNIVERSIDADE GRATUITA PARA TODOS.
- ENSINO DE QUALIDADE.
- REFORMA AGRÁRIA.
- APOIO ÀS GUERRAS DE LIBERTAÇÃO NACIONAL.
- CONTRA A EXPLORAÇÃO DO SUB-SOLO POR ESTRANGEIROS.
- ABAIXO O NEOCOLONIALISMO.
- PÔ, NÃO SEI DO QUE ESTÃO FALANDO.
- PERSEGUIÇÃO AOS INTELECTUAIS.
- LIBERDADE PARA OS SINDICATOS DE TRABALHADORES.
- DENUNCIAR A INFILTRAÇÃO IMPERIALISTA NA IMPRENSA, NO ENSINO E NAS FORÇAS ARMADAS.
- UNIVERSIDADE CRÍTICA.
- PRECISO É ESTUDAR.

Jan. 1968 Dez.

A censura é um braço poderoso da ditadura. Corta palavras, apaga frases, elimina estrofes, condena livros, mata idéias. Feito Jack o Estripador, o censor usa o lápis vermelho como navalha afiada que retalha o pensamento em partes desconexas e não identificadas. O que sobra, muitas vezes, não guarda qualquer semelhança com o autor e a obra. A censura tira da pessoa o direito de decidir o que quer criar. Estabelece limites para o que a sociedade pode saber e aprender.

A censura é atemporal, estende-se pela história sem nenhum limite. Pode proibir Édipo Rei, de Sófocles, escrita por volta de 427 a.C. ou um pôster que reproduz a estátua de David, obra prima de Michelangelo, talhado em mármore em 1501. Ou colocar na lista de livros proibidos autores como Karl Marx e Friedrich Engels, produzidos no século XIX. Não poupa romancistas das antigas, como Machado de Assis e Eça de Queirós, nem contemporâneos como Jorge Amado. Persegue poetas como Carlos Drummond de Andrade. Nem mesmo a encíclica Mater et Magistra, do Papa João XXIII escapa da tesoura do censor.

A censura, dizem os militares, é necessária para garantir a segurança nacional e a ordem moral. Portanto, só existem dois critérios para censurar qualquer obra artística, técnica ou científica: ou é subversiva, contra o regime; ou pornográfica, contra a família e os costumes.

A partir de critérios tão vagos, fica nas mãos da polícia política o poder de decidir o que toda a sociedade vai ler, ouvir, assistir, apreciar, aplaudir ou criticar.

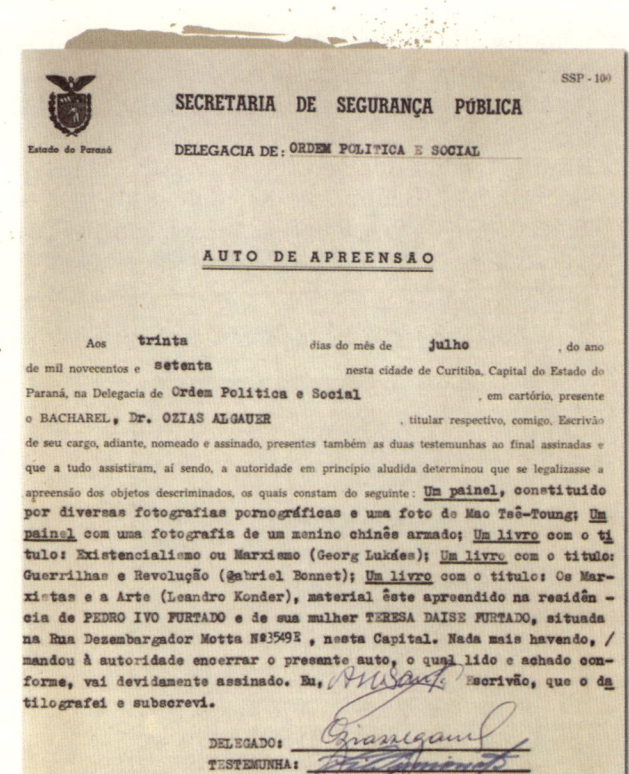

Auto de Apreensão. Arquivo DOPS.

— VAI LER TUDO ISSO?

— FOI O QUE ACHEI NA BIBLIOTECA, MAS NÃO TEM NADA ATUAL.

— NADA DO QUE EU PRECISO SABER AGORA!

— VOU PRA AULA, VOCÊ NÃO VAI?

— DEPOIS.

Jan. 1968 Dez.

"Mais de 500 livros censurados de 1964 até 1985. A grande maioria eram livros que, segundo Armando Falcão, atentariam aos bons costumes da família brasileira. Essas obras atingiam uma gama variada, como Barrela, peça teatral de Plínio Marcos, O cobrador, do próprio Rubem Fonseca, chegado aos "comunistas", O mundo do socialismo, do professor Caio Prado Jr., Citações do Presidente Mao Tse-Tung e Nossa luta em Sierra Maestra, de Che Guevara, entre muitos outros."

Alessandro Castro sobre "Nos bastidores da Censura: sexualidade, literatura e repressão pós-64", do professor e escritor Deonísio da Silva

"Fruto de três meses de investigação e de mais de 1200 entrevistas, o especial de Realidade sobre a mulher brasileira teve parte de sua edição apreendida sob a alegação de atentar contra a moral. E ainda nem havia AI-5."

A revista no Brasil. São Paulo, 2000

**Roda Viva**
*Chico Buarque - 1967*

Tem dias que a gente se sente
Como quem partiu ou morreu
A gente estancou de repente
Ou foi o mundo então
que cresceu...
A gente quer ter voz ativa
No nosso destino mandar
Mas eis que chega
a roda viva
E carrega o
destino prá lá ...
Roda mundo, roda gigante
Roda moinho, roda pião
O tempo rodou num instante
Nas voltas do
meu coração...

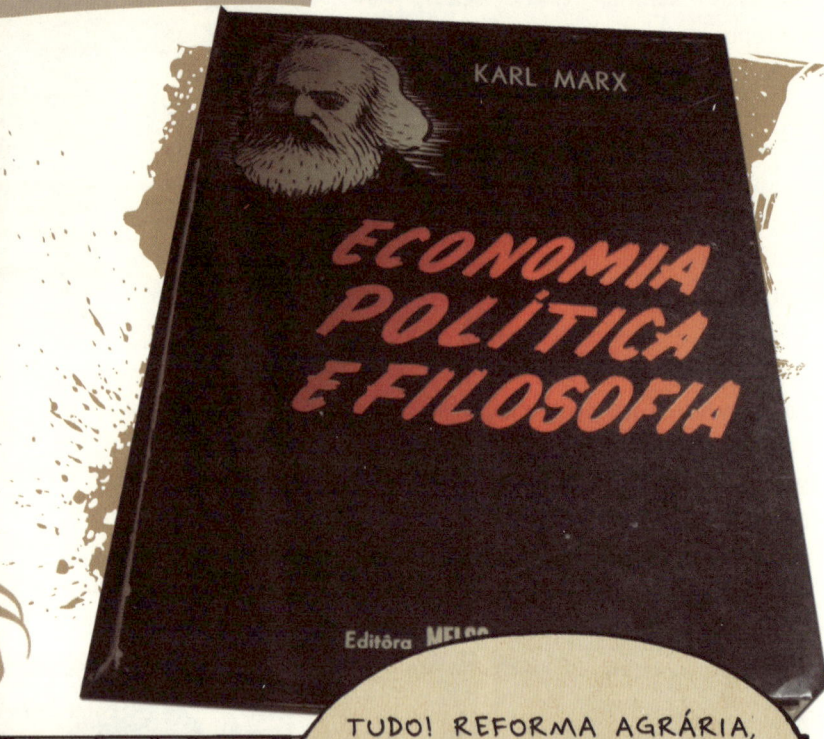

KARL MARX

ECONOMIA POLÍTICA E FILOSOFIA

Editôra MELSO

— O QUE VOCÊ PRECISA SABER AGORA?

— TUDO! REFORMA AGRÁRIA, SINDICATO, IMPERIALISMO, PETRÓLEO, REVOLUÇÃO, SOCIALISMO, UNIVERSIDADE CRÍTICA.

— SHHHH!

— O QUE É? ESSAS PALAVRAS NÃO ESTÃO NO DICIONÁRIO?

— VOCÊ NÃO VAI ACHAR ESSAS COISAS NA BIBLIOTECA.

— POSSO CONSEGUIR ALGUNS LIVROS PRA VOCÊ, MAS NÃO AQUI NEM AGORA. VAMOS MARCAR UM PONTO E EU ENTREGO O MATERIAL.

— PONTO?

Jan. 1968 Dez.

lenin
esquerdismo, doença infantil do comunismo
VIETNÃ
FLOR DE LÓTUS EM MAR DE FOGO
Thich Nhat Hanh
MEMÓRIAS
GREGÓRIO BEZERRA
segunda parte 1946—1969
CIVILIZAÇÃO BRASILEIRA
CARLOS MARX-FEDERICO ENGELS
LA IDEOLOGIA ALEMANA
EDICIONES PUEBLOS UNIDOS
MONTEVIDEO
1968
WILFRED G. BURCHETT
a guerrilha vista por dentro
VIETNAM
GRÁFICA RECORD EDITORA

A PIOR DITADURA, É AQUELA QUE NÃO PARECE SER UMA DITADURA...
TUDO O QUE VOCÊ QUER SABER ESTÁ EM LIVROS PROIBIDOS, CLANDESTINOS.
EU NÃO SEI O QUE É PONTO...
UM LUGAR DE ENCONTRO QUE SÓ EU VOCÊ SABEMOS. NINGUÉM MAIS.
TÁ BEM.

É praticamente impossível saber o que pode ser apreendido numa batida da polícia política. Um nome suspeito - O Vermelho e o Negro, História do Cubismo, A Cidade e as Serras, livros que nada tem a ver com subversão - e passa a fazer parte de uma lista enorme de apreensões equivocadas. O policial é induzido a erro pelo título: vermelho lembra comunistas, Cubismo lembra Cuba e serra pode ser uma referência a Sierra Maestra, refúgio dos guerrilheiros cubanos.

Outros livros são apreendidos porque são clássicos marxistas, publicados no mundo inteiro. Outros, ainda, porque criticam o regime. E muitos, porque são considerados pornográficos, do ponto de vista de quem apreende o livro. A fúria moralista e anticomunista é tamanha que, conta o jornalista Alexandre Ayub Stephanou em seu livro "Censura no Regime Militar e Militarização das Artes", o próprio Ministro da Educação Flávio Suplicy de Lacerda "organizou pessoalmente o expurgo de bibliotecas, queimou livros de Eça de Queiroz, Sartre, Graciliano Ramos, Guerra Junqueiro, Jorge Amado, Paulo Freire, Darcy Ribeiro".

Muitas vezes, os livros nem chegam ao público. Só da Editora Civilização Brasileira são apreendidos mais de trinta títulos. Edições inteiras que simplesmente desaparecem. Assim sendo, recomenda-se muito cuidado com os livros proibidos: colocar uma falsa capa, ler às escondidas, guardar em lugar muito seguro. Pensando bem, quem vai querer correr o risco de ler tais livros?

170

Jan. 1968 Dez.

**Opinião**
*Zé Keti - 1965*

Podem me prender/ Podem me bater/ Podem, até deixar-me sem comer/ Que eu não mudo de opinião/ Daqui do morro/ Eu não saio, não/ Se não tem água/ Eu furo um poço/ Se não tem carne/ Eu compro um osso/ E ponho na sopa/ E deixa andar

Ele Ela. Julho 1970.

— O QUE É ISSO, MENINA?
— LIVROS, PAI, PRECISO ESTUDAR MUITO.

O MUNDO DO SOCIALISMO E A REVOLUÇÃO BRASILEIRA de CAIO PRADO jr
manifesto comunista
movimento operário
marx
reforma agrária

Jan. 1968 Dez.

A caixa grande e quadrada já está embrulhada e escondida sob o balcão da farmácia. A garota murmura: "me dá um modess" e sai com aquela caixa que anuncia ao mundo que ela está menstruada. Vergonha de ser mulher, submissão, saia quatro dedos abaixo do joelho, anágua, combinação, muita "roupa de baixo" para esconder o corpo. É só passar no vestibular e esse acanhado universo feminino fica para trás. Em seu lugar, liberdade do corpo, direito ao prazer, busca da igualdade. Um salto às vezes perigoso. Uma imprudência pode levar à gravidez indesejada, aborto caríssimo praticado em clínicas clandestinas (mas bem conhecidas), com alto risco de infecção, muita humilhação e hostilidade. A pílula ainda é vista com reservas. A música de Odair José "Uma vida só", mais conhecida pelo refrão "pare de tomar a pílula", é proibida pela censura e, no recurso apresentado pela gravadora Phonogram, o autor alega que "parece-me perfeitamente enquadrada na moral vigente, inclusive a cristão (sic), a aspiração à prole como realização final do matrimônio". O argumento convence e a música é liberada. De drogas, fala-se muito sobre o que acontece nas universidades americanas, onde a marijuana é bem popular e as experiências com ácidos ganham destaque na imprensa. Homossexualismo é palavra pouco usada, mas o baile dos travestis no Operário, apesar de proibido, reúne milhares de pessoas: "gente do 'soçaite', crioulos e bailarinas", no carnaval mais quente da cidade.

Enquanto isso, os rapazes trazem gonorréia e sífilis dos prostíbulos para dentro da universidade. As doenças sexualmente transmissíveis das moças de vida fácil tornam difícil a vida das garotas da classe média, pois a camisinha ainda é vista como uma esquisitice.

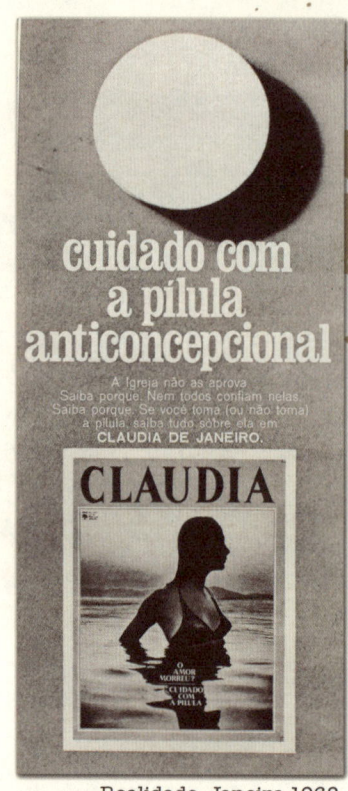

Realidade. Janeiro 1968.

SABE AQUELE CARA DA ENGENHARIA QUE ME PAQUERA? DEI PRA ELE ONTEM!

COMO FOI?

UMA CONFUSÃO, NO SOFÁ DAQUELA SALINHA DO DCE.

MAS ALI PASSA GENTE O TEMPO TODO!

É, MAS ESTAVA TUDO ESCURO, E ONDE VOCÊ QUERIA QUE FOSSE?...

NA MINHA CASA? COM MAMÃE DO LADO?

VOCÊ TOMOU CUIDADO?

FOI DE REPENTE,

NÃO DEU TEMPO PRA PENSAR

Jan. 1968 Dez.

"Em jul ho de 68, eu estive em São Paulo para umas reuniões estudantis, e fui até a Faculdade de Filosofia da USP, então na hoje gloriosa rua Maria Antonia, de tantas lembranças. O prédio estava tomado pelos alunos, fervilhando de gente nos salões, salas e corredores, estava todo pichado de frases exaltando a revolução e o socialismo e malhando a ditadura. Cada sala de aula estava cheia de gente, e havia alguém fazendo uma palestra, dando um curso, discutindo uma proposta. No último andar, nuns nichos mais escuros, casais se abraçavam e transavam na maior. Para alguém saído do "atraso" bem comportado de Curitiba, foi um choque, positivo, libertador.

No auditório, fosse dali ou da Faculdade de Economia que ficava perto, alguma assembléia estudantil. Foi numa dessas que eu ouvi alguém gritar, pela primeira vez, 'Viva o Socialismo!' e engoli em seco achando que as forças do mal iam cair sobre a gente ali mesmo. Foi um verdadeiro batismo!"

Depoimento de Celso Paciornik, na época diretor de assuntos culturais do DCE. 2008

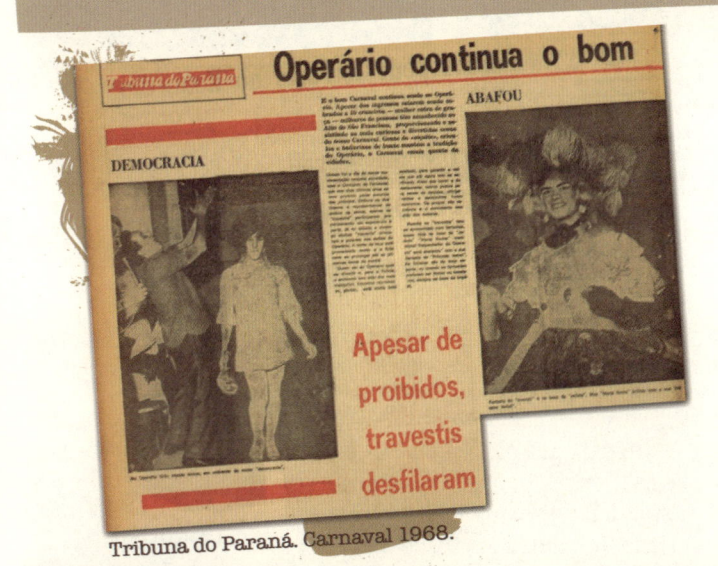

Tribuna do Paraná. Carnaval 1968.

**Operário continua o bom**
DEMOCRACIA — ABAFOU
Apesar de proibidos, travestis desfilaram

**1880**
| DOM | SEG | TER | QUA | QUI | SEX | SAB |
|---|---|---|---|---|---|---|
| 1 | 2 | 3 | 4 | 5 | 6 | 7 |
| 8 | 9 | 10 | 11 | 12 | 13 | 14 |
| 15 | 16 | 17 | 18 | 19 | 20 | 21 |
| 22/29 | 23/30 | 24 | 25 | 26 | 27 | 28 |

Se você ainda não usa Modess, assinale aqui os seus dias de desconfôrto, insegurança, intranqüilidade.

Modess — Johnson & Johnson

Realidade. Janeiro 1968.

---

DUAS SEMANAS DEPOIS...

— TÔ FU, AS REGRAS NÃO VIERAM...

— PUTZ! E AGORA?

— TENHO O ENDEREÇO DE UM MÉDICO, MAS PRECISO ARRANJAR O DINHEIRO...

Jan. 1968 Dez.

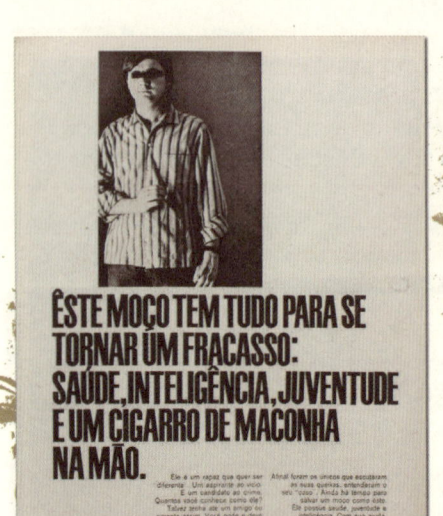

Realidade. Setembro 1968.

**ÊSTE MOÇO TEM TUDO PARA SE TORNAR UM FRACASSO: SAÚDE, INTELIGÊNCIA, JUVENTUDE E UM CIGARRO DE MACONHA NA MÃO.**

Quatro Rodas. Março 1967.

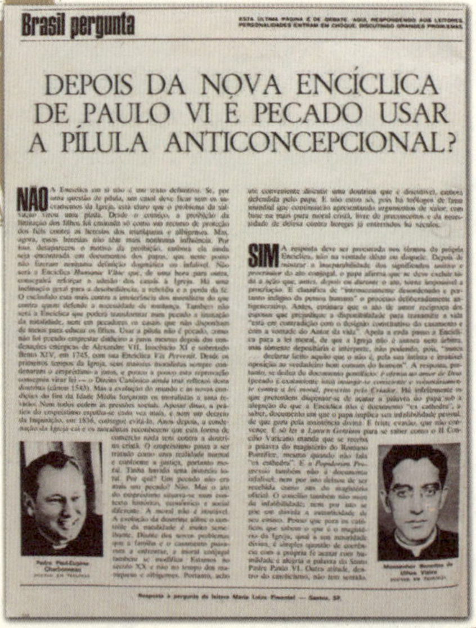

**Brasil pergunta**
**DEPOIS DA NOVA ENCÍCLICA DE PAULO VI É PECADO USAR A PÍLULA ANTICONCEPCIONAL?**

# REALIDADE

Edição Especial
**A MULHER BRASILEIRA, HOJE**

Capa da edição censurada. Janeiro 1967.

Foram apreendidas armas, munições e equipamentos militares. Barracas com medicamentos e enorme quantidade de pílulas ANTICONCEPCIONAIS estão em poder das autoridades. Dentre as moças presas várias tinham fugido de INTERNATOS e COLÉGIO DE FREIRAS.

Manifesto dos Autênticos Universitários do Paraná. Arquivo DOPS.

**Um Milhão de Abortos Anuais**

Diário do Paraná. 1968.

## Cinema
O filme de hoje: sexo

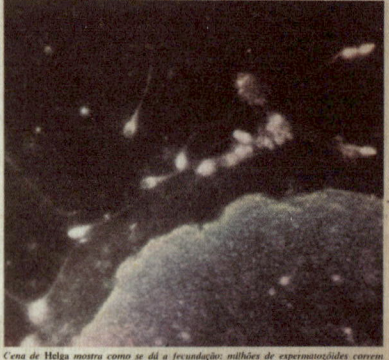

Realidade. Setembro 1968.

*Uma vida só*
Odair José / Ana Maria - 1973
...
Você diz que me adora/ Que tudo nessa vida sou eu
Então eu quero ver você/ Esperando um filho meu
Então eu quero ver você/ Esperando um filho meu
Pare de tomar a pílula/ Pare de tomar a pílula
Pare de tomar a pílula /Porque!
Ela não deixa/ Nosso filho nascer

---

TRÊS DIAS DEPOIS...

TENHO DUAS NOTÍCIAS, UMA BOA E OUTRA RUIM.

AS REGRAS VIERAM!

É,...

MAS PEGUEI CHATO!

Jan. 1968 Dez.

**V**er, julgar e agir. O velho método usado pela JUC e disseminado no movimento estudantil ensina a olhar e pensar. Apontar o certo e o errado é fácil. Difícil, mesmo, é agir. As perguntas que enchem a cabeça do estudante não têm respostas simples. Muitos realmente se incomodam com o fato de fazer parte do seletíssimo grupo de 0,2% da população que chega ao ensino superior. Enorme responsabilidade que obriga a encontrar soluções para o país. Imenso país que mal conhecem mas, se ficar no Paraná, o problema já é muito grande. Que lugar é esse em que a maioria dos trabalhadores é volante, vive de um lugar para outro, colhendo café, cana ou feijão, roçando lavouras? O prato frio que comem entre as leiras lhes dá o nome – bóias frias. Amontoados como gado em caminhões descobertos, percorrem o estado no período da safra e cultivam a fome enquanto aguardam a próxima colheita. Nem Paulo Freire nem Lenin parecem ajudar os estudantes a se aproximarem desse povo errante, sem domicílio nem identidade.

O MCD – Movimento contra a Ditadura - é uma proposta política da Ação Popular, um dos grupos de esquerda mais presente na vida dos universitários. A sigla acaba se popularizando entre os estudantes, ao mesmo tempo em que confunde a polícia política, que imagina um movimento organizado quando, na verdade, se trata de uma estratégia de agitação e propaganda, à qual aderem várias correntes e muitos estudantes independentes. Sob o guarda-chuva do MCD cabem denúncias dos estudantes, reivindicações dos trabalhadores, críticas dos intelectuais, protestos em geral e, sempre, a luta incansável contra o imperialismo norte-americano.

*Diário do Paraná. 3/9/1966. Arquivo DOPS.*

— PENA QUE LIVRO SEJA TÃO CARO, TEM UMAS COISAS QUE QUERIA LER.
— QUE TANTO VOCÊ QUER SABER?
— SÓ PENSA EM LER!
— QUERO DESCOBRIR UM JEITO DE TIRAR OS MILICOS DO GOVERNO.
— LER DEMAIS FAZ MAL...
— TÔ FALANDO SÉRIO, A GENTE PRECISA JUNTAR O POVO, OS TRABALHADORES.
— O QUE OS TRABALHADORES TÊM A VER COM ISSO?

Jan. 1968 Dez.

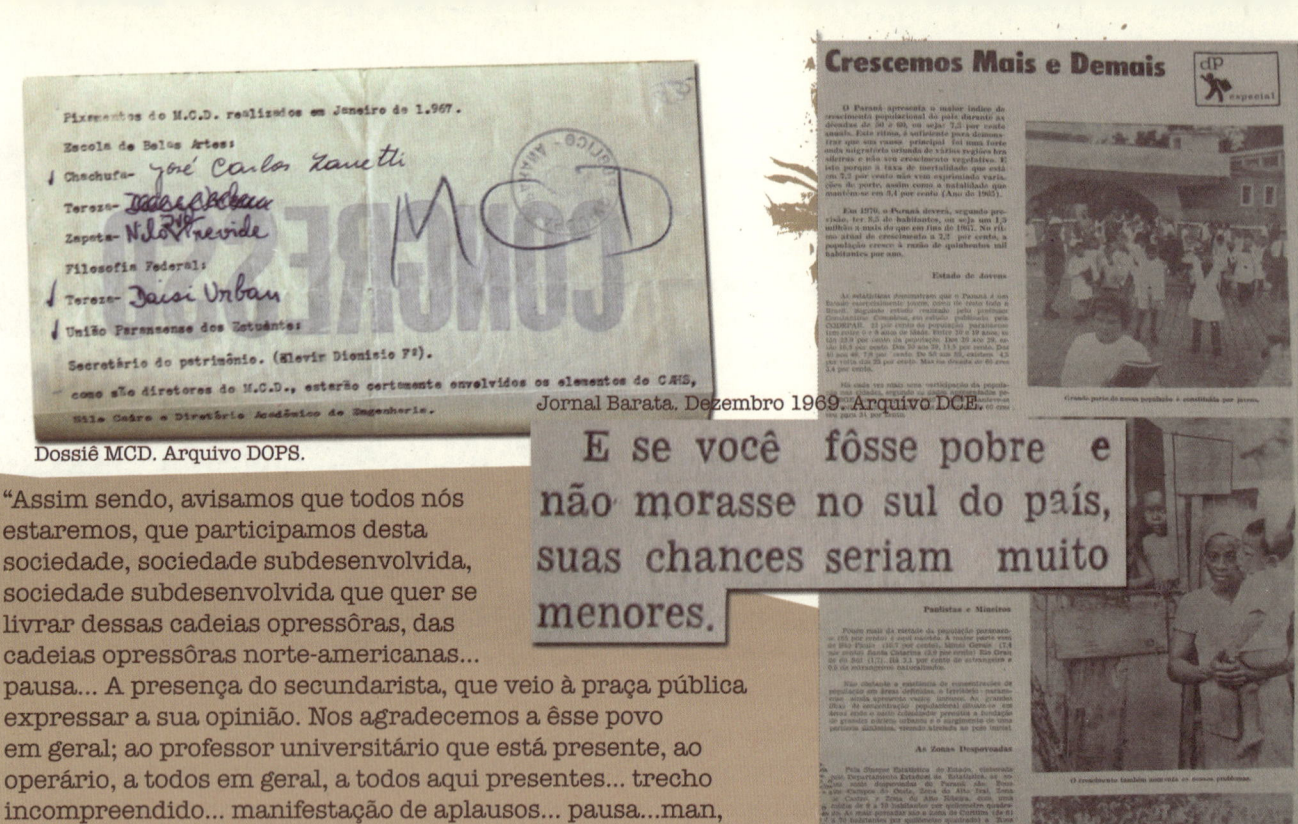

Dossiê MCD. Arquivo DOPS.

Jornal Barata. Dezembro 1969. Arquivo DCE.

E se você fôsse pobre e não morasse no sul do país, suas chances seriam muito menores.

"Assim sendo, avisamos que todos nós estaremos, que participamos desta sociedade, sociedade subdesenvolvida, sociedade subdesenvolvida que quer se livrar dessas cadeias opressôras, das cadeias opressôras norte-americanas... pausa... A presença do secundarista, que veio à praça pública expressar a sua opinião. Nos agradecemos a êsse povo em geral; ao professor universitário que está presente, ao operário, a todos em geral, a todos aqui presentes... trecho incompreendido... manifestação de aplausos... pausa...man, digo, mais do que nunca precisamos a oportunidade de expressarmos a nossa opinião... apal... digo, aplausos... pausa. Viva a liberdade! Viva! uma porção de vivas. Viva a nossa dignidade de brasileiro! Viva!"

Transcrição de gravação de passeata. Arquivo DOPS

Diário do Paraná. 1968.

176

— VOCÊ NEM IMAGINA...

— PODEMOS FORMAR UM GRUPO DE ALFABETIZAÇÃO DE ADULTOS...

— ...COMO OS DO PAULO FREIRE!

— NÃO DÁ, DEMORA MUITO.

— SE O REGIME NÃO MUDAR LOGO VAI AUMENTAR TANTO A MISÉRIA, O DESEMPREGO E A FOME QUE DEPOIS NÃO TEM MAIS CONSERTO...

— E A UNIVERSIDADE VAI ESTAR TÃO QUADRADA QUE NEM VAI PODER AJUDAR.

— TÁ, TÁ, E O QUE FAZER, ENTÃO?

Jan. 1968 Dez.

Dossiê MCD. Arquivo DOPS.                                                      Jornal Barata. Dezembro 1969. Arquivo DCE.

Vestibulando, não se deixa absorver totalmente pelo vestibular que irá en[frentar]. Um vestibular não é tudo, é apenas um trecho de uma realidade maior. Se você não lograr [ser apro]provado, não se amofine COM ISSO. Sua ira deve voltar-se contra a falta de mais Faculda[des que] lhe asseguraria o ingresso que você merece porque o curso secundário o julgou com capac[idade]. Sua ira deve voltar-se contra o Govêrno que dá prioridade aos programas de armamento e [auxílio] às agressões à nações fracas (Rep. Dominicana, Angola) em detrimento da educação naciona[l. Con]sulte o Orçamento Federal e veja a diferença de tratamento entre os Ministérios Militares e o da Educação! Sua ira deve voltar-se, por conseguinte, contra às fontes determinadoras dêste seu problema, dessa sua aflição e angústia.

Por isso, colega vestibulando, e por uma centena de outras coisas que não denunciaremos aqui para não nos alongarmos muito, é que conclamamos a todos vocês, os que tiverem a felicidade de ser classificado e os que não forem, a se unir a nós numa vasta frente popular, coesa e consciente, na luta contra a Ditadura hipócrita e anti-nacional.

Viva o M. C. D. (Movimento Contra a Ditadura)

CURITIBA, 9 de fevereiro de 1967

## VOCÊ ESTÁ ENTRANDO NA ESCOLA

Tudo vai parecer normal
quando você entra na Faculdade:
o ambiente é o mesmo
que você conhece.
Mas tome cuidado
com as coisas simples:
lembre que só 1% da população
completa o curso secundário,
que 50% é analfabeta,
e veja que esta é

**UMA ESTRANHA UNIVERSIDADE.**

**Ensaboa**
Cartola - Monsueto

Sabão!/ Um pedacinho assim
Olha a água!/ Um pinguinho assim/ O tanque!
Um tanquinho assim
A roupa!/ Um tantão assim...

Ensaboa mulata
Ensaboa!/ Ensaboa!
Tô ensaboando...
...
Trabalho!/ Um tantão assim
Cansaço!/ É bastante sim
A roupa!/ Um tantão assim
Dinheiro!/ Um tiquinho assim...

— LENIN JÁ FEZ ESSA PERGUNTA.
— CHEGA DE DISCURSO!
— COMO VOCÊ VAI ESPALHAR ESSA IDÉIA?
— PODIA SER UM MOVIMENTO...
— AH! UM MOVIMENTO CONTRA A DITADURA
— ISSO! UM MOVIMENTO CONTRA A DITADURA! M.C.D.
— MCD! VAMOS PICHAR A CIDADE INTEIRA!

Jan. 1968 Dez.

Na universidade, o número de estudantes que vêm de fora é muito grande e quem tem família aqui acaba transformando a casa em 'aparelho' - como são chamados os locais para reuniões mais fechadas ou clandestinas, onde também são guardados materiais e livros. A versão para a família é de que as reuniões são de estudo e os materiais fazem parte das aulas. É bem comum usar a casa para produzir material, como cartazes feitos em serigrafia que deixam o ambiente recendendo a tinta ou documentos impressos em mimeógrafo - equipamento barulhento que produz cópias a tinta, a partir de uma matriz perfurada. Em dias de passeata, a movimentação nos 'aparelhos' domésticos é grande e de lá saem cartazes, panfletos e faixas caseiras que espalham pelas ruas o protesto estudantil. Todos os grupos têm um "departamento" de agitação e propaganda - o agit-prop, encarregado de bolar novas formas de divulgar as mensagens do movimento. Com dinheiro curto e a polícia política nos calcanhares, os estudantes têm que usar a imaginação. Etiquetas com cola são muito práticas para mensagens curtas e todos têm sempre no bolso um tanto delas, com um "abaixo a ditadura" ou "viva o MCD!" escrito à mão. No ônibus, no cinema, no teatro ou em qualquer lugar de grande circulação de pessoas, é só tirar uma etiqueta, colocar na palma da mão, lamber discretamente e colar. Pronto, lá está mais um protesto fixado! Deixar seu recado em muros e paredes é um velho recurso, sempre utilizado. O spray é uma maravilha, mas o preço é proibitivo: o negócio é encontrar soluções caseiras.

**Eles foram presos pichando a cidade**
Tribuna do Paraná. 24/8/1968

— UM AMIGO MEU ME PASSOU A RECEITA DE UM BASTÃO PRA PICHAR.

— SUPER SIMPLES DE FAZER E DE GUARDAR. NÃO SUJA A MÃO.

— DERRETE, COLOCA NUM TUBO E ESPERA ESFRIAR.

— ELE DISSE QUE DÁ PRA GUARDAR NUM TUBO DE DESODORANTE VAZIO. NINGUÉM DESCONFIA.

— VAMOS FAZER UMA EXPERIÊNCIA LÁ EM CASA, HOJE À NOITE.

— LEGAL!

Jan. 1968 Dez.

"Disseram que estão integrados no movimento estudantil, no setor de propaganda - pichamentos e distribuição de panfletos, ignorando de quem partiu a ordem e a frase que estavam pintando com tinta caríssima, fato que despertou curiosidade entre os policiais, porque os Diretórios "estão sempre reclamando verbas de alimentação e outras.""

Tribuna do Paraná. 24/8/1968

**Pata Pata**
*Miriam Makeba - 1960*

Saguguka sathi beka
Nantsi, pata pat
Saguguka sathi beka
Yiyo, pata pata

Yi yo mama yiyo mama
Nantsi, pata pata
Yi yo mama yiyo mama
Yiyo, pata pata

Pata Pata is the name of a dance
We did down way
Everybody starts to move
As soon as Pata Pata begins to play

Every Friday and Saturday night
Its Pata Pata time
The music keeps going on and on
'Till the morning sun begins to shine

**RONEO 865**
O MELHOR DUPLICADOR DO MUNDO

3 modelos à sua escolha.
linha completa de acessórios.
assistência técnica permanente.

Smolka
CASA ELOY
MODESTO SMOLKA & CIA. LTDA.
MÁQUINAS E EQUIPAMENTOS DE ESCRITÓRIO
LOJA 1 - RUA SALDANHA MARINHO, 1220 — LOJA 2 - RUA XV DE NOVEMBRO, 24
FONES: 4-4457 E 4-3588

TV Programas. 2/9/1968

179

— O QUE É ISSO, MENINA?

— O QUE VOCÊ FAZ ACORDADA A ESTA HORA?

Jan. 1968 Dez.

"Meus pais, Germano e Fany, foram um capítulo à parte dessa história toda. Durante minha militância estudantil ela e meu pai viviam dizendo que a gente ficava 'dando murro em ponta de faca', que a ditadura era forte e nossa ação inócua. Mesmo assim, nossa casa abrigou muitas reuniões estudantis, e sempre havia uma mesa aberta para algum companheiro de lutas partilhar o almoço ou a janta. E foram muitos. Certa vez, vários 'dirigentes' estudantis de posições divergentes estavam discutindo na sala de visitas de minha casa, eu entre eles, e eu estava isolado contra a posição dos outros. Era um bate-boca exaltado e visceral como a gente costumava fazer na empolgação da causa (das várias 'causas' segundo a ótica de cada tendência política). Depois que eles foram embora, minha mãe veio falar comigo revoltada por eu chamar um monte de gente para ficar gritando contra mim na minha própria casa. Eram mesmo um espanto, aqueles tempos."

Depoimento de Celso Paciornik. 2008.

---

TÔ FAZENDO UMA VELA ESPECIAL, PARA CUMPRIR UMA PROMESSA, PAI.

PROMESSA, VOCÊ?

NEM VAI MAIS À MISSA...

BEM, ESSA É DIFERENTE, É PARA SANTO ANTÔNIO.

SANTO ANTÔNIO? VOCÊ NÃO PRECISA FAZER PROMESSA PARA CASAR.

PRECISO, PAI, PRECISO.

Jan. 1968 Dez.

MINISTÉRIO DA JUSTIÇA E NEGÓCIOS INTERIORES
D.F.S.P. - POLICIA FEDERAL DE SEGURANÇA

## INFORMAÇÃO

COMO RESULTADO DE DILIGÊNCIAS EFETUADAS PELA POLICIA DE SEGURANÇA, FORAM APREENDIDOS NUMEROSOS BASTÕES, TIPO LAPIS, DESTINADOS À PRODUÇÃO DE INSCRIÇÕES DE CARATER SUBVERSIVO.

CONFORME MOSTRA A FOTOGRAFIA SUPRA, TAIS BASTÕES ESTÃO SENDO CAMUFLADOS NO INTERIOR DE ESTOJOS PLASTICOS DE DESODORANTES, PODENDO, ASSIM, SER FACIL E SUBREPTICIAMENTE TRANSPORTADOS E UTILIZADOS.

DE OUTRO PASSO, A ANALISE DO MATERIAL EM TELA, REVELOU, QUE É ÊLE DE FABRICAÇÃO CASEIRA, OBTIDO A PARTIR DE CERA PARA ASSOALHOS, INCOLOR, À QUAL E ANEXADO, POR FUSÃO, CARVÃO FINAMENTE PULVERIZADO. TAMBÉM, ASSINALADOS, BASTÕES OBTIDOS A PARTIR DE GRAXA PARA SAPATOS, CASTANHO-ESCURA, ENDORECIDA COM A MESMA CERA (CERA DE CARNAÚBA).

A POLICIA FEDERAL DE SEGURANÇA ALERTA, ASSIM, OS DEMAIS ORGÃOS CONGÊNERES, PARA ESTA NOVA MODALIDADE DE MATERIAL SUBVERSIVO.

BRASILIA, DF, FEVEREIRO DE
1.967

Receita de Bastão. Arquivo DOPS.

Há um novo tipo de atitude no ar, no movimento estudantil. Tudo deve ser discutido livremente antes de aprovar, votado com base no resultado do debate e, se não houver acordo, é possível formar facções ou tendências sem que isso signifique uma ruptura, porque o objetivo comum é o mesmo. É preciso juntar forças para tirar a pedra da ditadura do meio do caminho: se cada grupo empurrar para um lado, a pedra não sai do lugar. Por isso, a tese vencedora deve ser acatada por todos. A inspiração vem do conceito de centralismo democrático defendido pelos leninistas e tem sido seguida até a exaustão. As teses são defendidas com muita paixão, os argumentos, aperfeiçoados, para chegar, finalmente, numa proposta que todos abracem. A preparação do 30º Congresso da UNE segue à risca esse modelo. As duas tendências, geralmente identificadas por seus líderes, Luiz Travassos e Vladimir Palmeira, circulam suas idéias pelas universidades do país. Uns querem o movimento estudantil comprometido com as lutas do povo e a busca de um novo tipo de governo; outros defendem o envolvimento dos estudantes apenas na democratização do regime. O objetivo principal é o mesmo: unificar as lutas estudantis.

O debate esquenta, as bases são ouvidas, as entidades se agrupam em torno de uma ou outra proposta e, para a polícia política, a UNE está dividida. Para os estudantes, é só a fase preparatória de um congresso de novo tipo, que promete ser muito agitado.

Convocação do DARPP. Acervo DCE.

Informe da RFFSA. Arquivo DOPS.

— O QUE A GENTE VAI ESCREVER?

— MCD.

— 1400 EM ALGARISMOS ROMANOS? É UM CÓDIGO?

— MCD: MOVIMENTO CONTRA A DITADURA, PÔ.

— E QUEM VAI SABER O QUE QUER DIZER E O QUE A GENTE QUER?

— ...

— CADA UM FAZ UMA PROPOSTA E VOTAMOS.

Jan. 1968 Dez.

Art. 13º - O temário do encontro, para a discussão, consideradas as lutas concretas do ME, particularmente no Paraná, consta dos seguintes itens:
1º - A UNIVERSIDADE BRASILEIRA E A SOCIEDADE (AS DIVERSAS DITADURAS)
A Universidade Arcaica
A reforma que o Govêrno propõe
O que nós propomos
2º - POLÍTICA ESTUDANTIL DO GOVÊRNO
A repressão institucionalizada (Com. Meira Matos, prisões de estudantes, Dec. 228 etc.).
A repressão velada (Proj. Rondon, Integração, Mudes etc.).
3º - A ORGANIZAÇÃO DO MOVIMENTO ESTUDANTIL
A organização pela base; As entidades estudantis
O que tem sido a U.N.E.; Uma nova organização para a U.N.E.
4º AS FORMAS DE LUTA DOS ESTUDANTES
As lutas legais (diálogos - entidades legais etc)
Formas de pressão na Universidade (boicote, greve, tomada de faculdades etc.); A propaganda externa (comícios, passeatas, panfletagem etc.); A luta contra a repressão
5º O PAPEL DO MOVIMENTO ESTUDANTIL NA SOCIEDADE
As concepções atuais (integração na luta de todo o povo - integração na luta dos trabalhadores e outras)
As posições divergentes e seu confronto

Estrutura e Encaminhamento do
XXX Congresso da UNE.
Arquivo DOPS. 1968

### Congresso de Estudantes na mira das autoridades

(...) Desde que seja realizado em recinto fechado, sem manifestações externas, o congresso não será interrompido nem haverá repressão aos estudantes, uma vez que a Constituição assegura o direito de reunião (...)
As passeatas e comícios estão proibidos pelo ministro da Justiça, em todo território nacional, traduzindo a preocupação de que «os movimentos estudantis sejam utilizados para fins subversivos, por elementos interessados em promover a desordem e derrubar o regime».

Tribuna do Paraná. Setembro 1968

### Mas que nada
*Jorge Ben Jor - 1963*

Mas que nada/ Sai da minha frente
Eu quero passar/ Pois o samba está animado
O que eu quero é sambar/ Esse samba
Que é misto de maracatu/ É samba
de preto velho/ Samba de preto tu
Mas que nada/ Um samba como este tão legal
Você não vai querer/ Que eu chegue no final

— ABAIXO A INFILTRAÇÃO CAPITALISTA NA IMPRENSA NO ENSINO
— A RAZÃO E O DIREITO VENCEM AINDA QUE DES...
— ...OMOS O FUTURO ...NAÇÃO. RESPEITE-NOS!
— O BRASILEIRO SÓ TEM LIBERDADE DE MORRER DE FOME.
— ...ICANOS NO ...NÃ, GORILAS NO BRASIL!
— PÔ, TÃO LOUCOS? TEM QUE SER CURTO, SENÃO A POLICIA CHEGA E CRAW!

— HUMM! VOTO NULO!
— É CURTO, MAS NEM É TEMPO DE ELEIÇÃO!
— ABAIXO A DITADURA!
— É ISSO, APROVADO!
— EU SÓ ESTAVA RECLAMANDO DO MEU JEITO!

Jan. 1968 Dez.

**A**ntes de escrever, o ser humano lia o mundo, como dizia Paulo Freire, e costumava desenhar na pedra seu aprendizado. Depois, muito depois, vieram as letras e o papel, e o hábito continuou. Sempre foi um jeito de tornar pública uma idéia ou opinião. Até o nome é antigo, vem do século XVIII e está associado ao uso do piche ou do breu para rabiscar um muro, parede ou fachada. A pichação faz parte de qualquer proposta do movimento estudantil para reclamar, denunciar ou anunciar.

Nos últimos tempos, a polícia política está atenta e, de vez em quando, prende um pichador. O delegado faz questão de apresentar o meliante para a imprensa e "dar-lhe uma lição" obrigando-o a lavar a parede ou o muro e arcar com o custo da pintura, tudo registrado pelas câmaras e exibido no horário nobre. Para não pagar o mico, os estudantes buscam modos mais rápidos de pichar as palavras de ordem e estabelecem regras de segurança. A idéia do bastão de cera parece ótima, não deixa vestígio e é fácil de esconder, mas o resultado não é muito bom. O spray continua sendo o sonho de consumo dos estudantes. É, a necessidade é mesmo a mãe da invenção. Para não ser apanhado em flagrante, é preciso criar novos métodos. Para a panfletagem, por exemplo, nada melhor que ir para o alto de um edifício, umedecer os papéis com álcool ou colocar gelo sobre eles, quando o sol está bem forte: quando o papel seca, voa. É o lançamento retardado que, quando o vento ajuda, funciona muito bem.

Muros pichados. Arquivo DOPS.

Normas de segurança para Panfletagem. Arquivo DOPS.

— ESSE TÁ BOM, ME DÁ O BASTÃO.

— O BASTÃO NÃO SAI!

— ESTÁ MUITO FRACO! PASSE MAIS UMA VEZ EM CADA LETRA!

— DEMORA MUITO!

— A RÁDIO PATRULHA VEM VINDO!

— DROGA!

Jan. 1968 Dez.

NORMAS: GRUPOS DE DOIS.

O primeiro deverá fazer levantamento do local com uma hora de antecedência e esquematizar o melhor possível o seguinte:

a) localização do prédio na rua.
b) entradas, saídas (se possível, mais de uma), local de lançamento, possíveis fontes de risco, precauções a tomar.

EVITAR: bancos, por possuirem policiamento interno p/

II - PANFLETAGEM:
Lançamentos dos Prédios:

1) Lançameto imediato : deve ser feito de grandes lojas prédios centrais, viadutos, utilizando-se as janelas, vitrôs ou terraços dêsses locais, que deverão apresentar rápida possibilidade de evasão. De cada local escolhido préviamente, os panflétos deverão ser em número de 500.

2) Lançamento retardado : deve ser feito de edifícios/ centrais, onde seja impossível o lançamento de janelas ou vitrôs. Nesse caso , o lançamento é feito de terraços externos molhando-se com alcool, mas sem ensopar, os blocos de 500 .. panfletos, que devem ser deixados na direção do vento, em tal posição, que caiam no local pré-determinado.

Normas de segurança para Panfletagem. Arquivo DOPS.

**Parei na Contramão**
*Roberto Carlos - 1963*

Vinha voando no meu carro/ Quando vi pela frente/ Na beira da calçada um broto displicente/ Joguei pisca-pisca pra esquerda e entrei/
A velocidade que eu vinha, não sei
Pisei no freio obedecendo ao coração e parei/
Parei na contramão

---

ME BEIJA, VAI!

PÔ, POR QUE VOCÊ FEZ ISSO??

FUNCIONOU, OS HOMENS NEM PERCEBERAM.

Jan. 1968 Dez.

CONFIDENCIAL 1991/2
PRESIDÊNCIA DA REPÚBLICA
SERVIÇO NACIONAL DE INFORMAÇÕES

ENCAMINHAMENTO N.º 336 /SNI/ ACT / 69
( - /ST 16 / 63 )

EXEMPLAR Nº 03

DATA : 26 de setembro de 1 969
ASSUNTO : "Normas de Segurança para Panfletagem, Colação e Pixação".
REFERÊNCIA : Encaminhamento nº 784/969/SNI/AC, de 12/SET/69.
DISTRIBUIÇÃO : SNI/NAPL - DPF/PR-SC - DOPS/PR.

Esta Agência encaminha o seguinte:

- Cópia do panfleto acima citado, encontrado na CRUSP. / / / / / / / / / /

* * * * *
* *
*

"A Revolução de 64 é irreversível e consolidará a Democracia no Brasil"

— 186 —

> VOCÊ NUNCA FOI BEIJADA, NÉ?

> IDIOTA!

Jan. 1968 Dez.

**P**ensando bem, há poucas mudanças reais no mundo acadêmico. A repressão e a vigilância permanente nas ruas, nas cantinas e nas salas de aula consomem toda a energia dos estudantes e quase não há tempo para pensar em outras questões. Por exemplo, a idéia de que a liberdade sexual traz junto a igualdade vale na teoria mas, na prática, nem sempre. O modelo que moças e rapazes herdaram de seus pais e avós é muito forte e ainda domina. Por isso, mesmo no movimento estudantil, o espaço permitido às mulheres é restrito. São tratadas como força auxiliar: revisam e datilografam manifestos, rodam a manivela do mimeógrafo, preparam materiais. A ação, porém, fica por conta dos rapazes. No debate político, as mulheres têm pouco espaço e nenhuma delas participa da direção das entidades estudantis. Ou seja, continuam "cuidando da casa e das crianças" enquanto os homens decidem os assuntos sérios.

Mesmo nas relações pessoais, o modelo se repete. Sexo antes do casamento não é mais tabu, porém muitos rapazes preferem casar com boas moças virgens. Liberdade sexual nem sempre significa prazer e às vezes vira obrigação. Gravidez é problema da mulher. Criar um novo modelo é difícil. É preciso tempo e paciência, mas há tanta coisa mais urgente para fazer... Para as moças, o jeito é conquistar pequenos direitos: levar bandeiras e cartazes, distribuir manifestos, pichar um muro. Se der azar e for presa, é bom estar preparada porque a primeira coisa que vai ouvir do policial é: "ficha essa putinha!"

Rara presença feminina em passeatas. Arquivo pessoal de Vitório Sorotiuk.

MERDA.

ABAIXO A DITADURA

NEM DÁ PRA LER.

VAMOS VOLTAR HOJE E ACABAR ISSO.

A RÁDIO PATRULHA!

Jan. 1968 Dez.

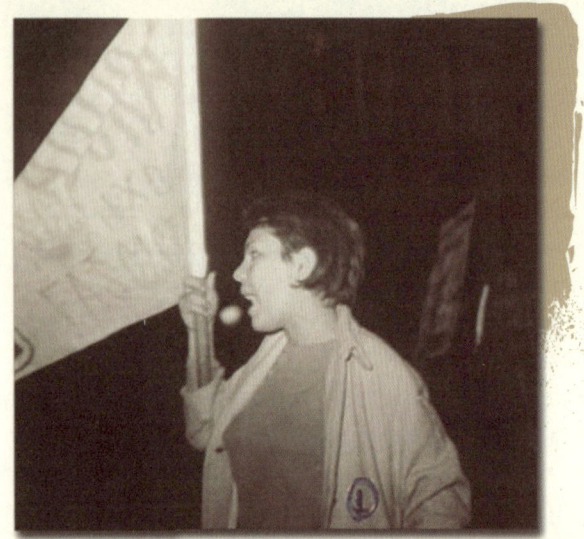

Garota na passeata. Arquivo DOPS.

"A notícia da visita do Presidente Costa e Silva a Curitiba, naquele 1º de maio de 1969, gerou nervosa excitação no meio estudantil da cidade. A repressão da ditadura militar havia entrado em sua fase mais dura, mas alguma forma de protesto fazia-se necessária. Após horas de conversa e muitos maços de cigarro chegou-se a um consenso: seria lançado um "Manifesto ao Trabalhador". Sua produção, dada a experiência do grupo, foi rápida. O texto, uma colagem de chavões em voga. A datilografia do stencil ficaria a cargo das meninas da CEUC."

O tanque de guerra. José La Pastina

188

**ela escreve mais de 30 letras no tempo que você leva para dizer "IBM 72". e é a única que trabalha com vários tipos de letras e alfabetos.**

O Cruzeiro. 15/6/1968.

— RAPIDO!

— DOCUMENTOS!

— ELA É DE MENOR VOU TER QUE LEVAR PRA DELEGACIA

— SEU GUARDA, POR FAVOR, MEU PAI ME MATA!

Jan. 1968 Dez.

Reunião no CAHS. Arquivo Pessoal Vitório Sorotiuk.

**Deixa isso pra lá**
*Alberto Paz / Edson Menezes - 1964*

Deixa que digam/ Que pensem/ Que falem
Deixa isso pra lá/ Vem pra cá/ O que que tem/ Eu não estou fazendo nada/ Você também/ Faz mal bater um papo/ Assim gostoso com alguém ?/ Vai, vai, por mim Balanço de amor, é assim/ Mãozinhas com mãozinhas pra lá/ Beijinhos com beijinhos pra cá/ Vem balançar/ Amor é balanceiro meu bem/ Só vai no meu balanço que tem/ Carinho pra dar

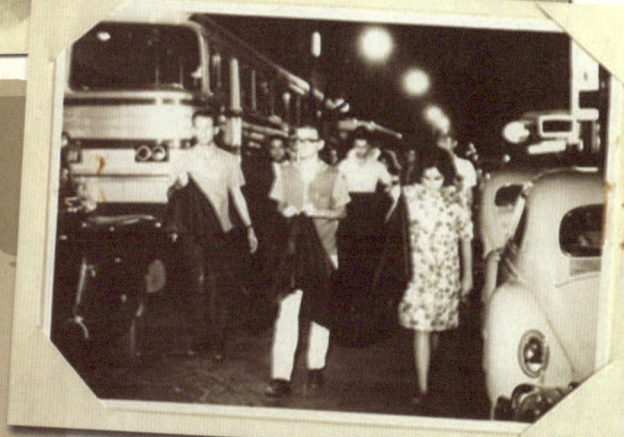

Fim de passeata. Arquivo DOPS.

189

AH, É DE FAMÍLIA? PENSEI QUE ERA PUTA.

VÃO PRA CASA, E PAREM COM ESSA SEM-VERGONHICE!

SIM, SENHOR!

E AÍ? GOSTOU DO BEIJO?

VAMBORA!

jan. 1968 Dez.

É, a imprensa não ajuda mesmo. Pichador é terrorista e estudante é baderneiro. Cada palavra escrita ou falada é escolhida a dedo, cada imagem cuidadosamente selecionada para mostrar o movimento estudantil como uma fonte de desordem e uma ameaça permanente. Imagina só: os estudantes cercados pela polícia de baioneta na mão e a legenda da foto é "Cabeças baixas, ares de perseguição. Poses para impressionar". Ou então, numa passeata pacífica, se não há o que dizer, a chamada da foto é "a violência escrita". Para a polícia, só elogios. Como explicar para a família que as coisas não são bem assim? O pai, leitor fiel da Gazeta do Povo ou do O Estado do Paraná, vai acreditar no filho que já foi até fichado ou na informação estampada na primeira página?

"Língua não tem osso e papel não tem espinha, pai, a imprensa diz o que quer."

"Quem diz o que quer são vocês e, aí, ouvem o que não querem, filho."

"Precisa confiar em mim, pai."

"Confiança não se dá nem se empresta, conquista-se."

"Pai, não dá pra ficar quieto!"

"A palavra é prata, o silêncio é ouro, filho."

"Pai, nós temos pressa, a situação fica pior a cada dia!"

"A pressa é inimiga da perfeição, filho."

"Ah! Pai, devagar é que não se vai longe!"

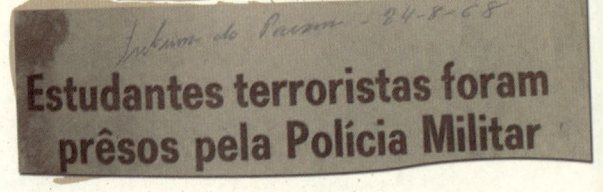

**Estudantes terroristas foram prêsos pela Polícia Militar**

FEIÇÕES DE VÍTIMAS

Cabeças baixas, ares de perseguição. Poses para impressionar.

Diário do Paraná. 18/12/1968.

---

PRECISA MELHORAR O BASTÃO.

PRECISA TER MAIS COR E SOLTAR MAIS FÁCIL A TINTA.

OUTRA VELA, MINHA FILHA?

É, PAI, OUTRA.

NO MEU TEMPO...

Jan. 1968 Dez.

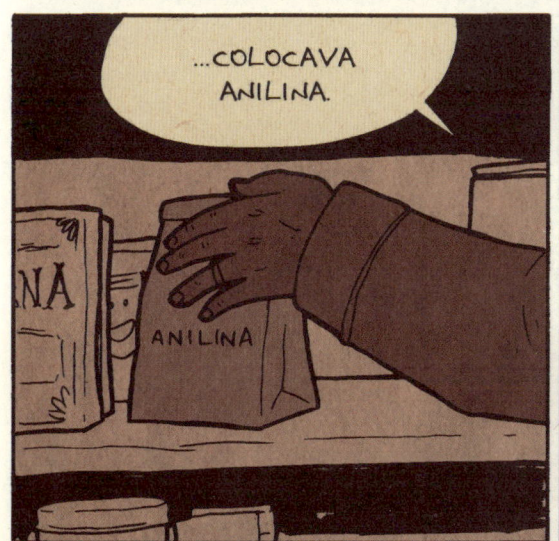

Muros pichados. Arquivo DOPS.

...COLOCAVA ANILINA.

BOA NOITE.

BOA NOITE, PAI.

1968

Muros pichados. Arquivo DOPS.

**Disparada**
*Geraldo Vandré/ Theo de Barros - 1966*

Prepare o seu coração
Pras coisas
Que eu vou contar
Eu venho lá do sertão
Eu venho lá do sertão
Eu venho lá do sertão
E posso não lhe agradar...

Aprendi a dizer não
Ver a morte sem chorar
E a morte, o destino, tudo
A morte e o destino, tudo
Estava fora do lugar
Eu vivo pra consertar...

192

Jan. 1968 Dez.

Apesar da polícia política e da censura, as propostas das organizações de esquerda se espalham pelo movimento estudantil. São pequenos grupos, clandestinos, fechados, com bases espalhadas por todo o país e neles os estudantes estão muito presentes. Cada linha política reflete o aprendizado de uma ou outra revolução socialista no mundo, desde o modelo clássico proposto por Lenin até a recentíssima revolução cubana. Existem, porém, dois pontos em comum entre esses grupos de esquerda. O primeiro, é a unânime rejeição ao velho Partido Comunista Brasileiro, o PCB, que caiu em desgraça com suas posições conciliadoras. O outro ponto em comum é o combate à ditadura.

Participar de uma organização clandestina é um pesado compromisso. São muitos os estudantes que deixam tudo para trás – escola, família, amigos, trabalho –, transformando-se em militantes que atuam em fábricas, associações de moradores ou no campo, procurando levar aos trabalhadores a proposta da revolução socialista, da construção de uma nova sociedade. Assumem nova identidade, têm codinomes, vivem em condições difíceis e perigosas. No movimento estudantil também existem militantes das organizações, mas ninguém pode sair dizendo que pertence a esse ou aquele grupo, pois o risco de desencadear uma repressão concentrada contra o próprio grupo é muito grande.

O debate interno em cada organização é intenso e gera constantemente a formação de novas correntes, das quais muitas defendem a luta armada como única saída para derrubar a ditadura e mudar o destino do país. As estratégias variam da ação armada urbana ao foco guerrilheiro rural, todas com forte influência das estratégias usadas na guerra do Vietnã, da revolução cubana e, principalmente, das propostas de Che Guevara para a América Latina.

Os limites dos protestos estudantis estão cada vez mais claros e muitos são os universitários que decidem partir para luta armada. Compromisso de vida e morte, como o assumido por Antônio Três Reis de Oliveira, da diretoria da UPE, e José Idézio Brianezi, que havia participado ativamente do movimento secundarista.

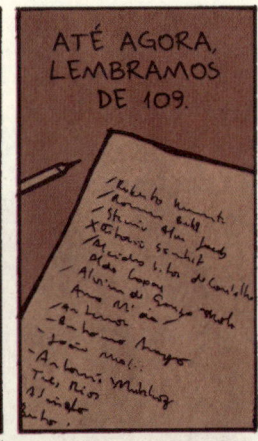

Relatório manuscrito de interrogatório. Arquivo DOPS>

---

TEM A CLARA, O ROBERTO...

O QUÊ VOCÊS ESTÃO FAZENDO?

O LUÍS.

CONTANDO QUANTOS ESTUDANTES FORAM PRESOS ESTE ANO.

E AÍ?

ATÉ AGORA, LEMBRAMOS DE 109.

E NEM SABEMOS QUANTOS ESTÃO FICHADOS SEM SER PRESOS.

COM ESSES VAI PRA MAIS DE MIL.

Jan. 1968 Dez.

"RESUMO DA SITUAÇÃO DO INIMIGO
(Até 15/9/1969)
a. Composição
Pela atividade, radicalismo, disciplina e uniforme orientação ideológica, os comunistas devem ser considerados como elementos principais. É de ressaltar, ainda, em sua composição a existência das seguintes diferenciações que tendem a se tornar cada vez menos nítidas: - Elementos filiados ao PCB (linha de Moscou) que prega a tomada do poder pela luta política; tende a realizar sua ação junto aos Sindicatos (urbanos e rurais), entidades culturais e estudantis. - Elementos filiados à linha chinesa e partidários da luta armada, seja através da guerrilha rural (facção cubana – CHE GUEVARA e REGIS DEBRET), seja pela guerrilha urbana (a corrente anti-foco) ou mesmo pela combinação de ambas. A principal vulnerabilidade dêstes elementos tem sido, até agora, a aparente descoordenação das diversas OPM conhecidas (COLINA – POLOP – VPR – MR-8 – MR-26 – MORELM etc). As linhas auxiliares: clero "progressista", Movimento Estudantil, cripto-comunistas etc."

Documento Secreto do Ministério do Exército. 18/9/1969. Arquivo DOPS

Documento apreendido com rascunho de normas de segurança. Arquivo DOPS.

---

COM AS PASSEATAS PROIBIDAS, PROTESTAR NAS RUAS DÁ MAIS PRISÃO.

E PICHAR MURO TAMBÉM

E NEM DÁ MUITO RESULTADO.

MEU PAI DIZ QUE AINDA VAI PIORAR MUITO.

É POR ISSO QUE VOU DESISTIR DO MOVIMENTO ESTUDANTIL.

MANUAL DE GUERRILHA
ERNESTO "CHE" GUEVARA

TÁ MALUCO? ESCONDE ISSO!!!

A ÚNICA SAÍDA PARA DERRUBAR A DITADURA É A LUTA ARMADA

Jan. 1968 Dez.

"Se você é capaz de tremer de indignação a cada vez que se comete uma injustiça no mundo, então somos companheiros".
Che Guevara

## José Idésio Brianezi

Militante da Ação Libertadora Nacional (ALN).

Nasceu em Londrina, filho de José P. Brianezi e América T. Brianezi. Foi morto aos 24 anos de idade em São Paulo.

Quando estudante secundarista, participou do XIX Congresso Paranaense de Estudantes Secundaristas. Trabalhava na Secretaria do Colégio 7 de Setembro, em Apucarana, antes de ser obrigado a viver na clandestinidade.

Assassinado no dia 14 de abril de 1970 pela equipe do delegado Renato D'Andréa, do DOI/CODI-SP, na pensão onde morava, perto do Aeroporto de Congonhas.

Foi enterrado como indigente no Cemitério de Vila Formosa/SP.

Assinam o laudo de necrópsia os médicos legistas Cypriano Osvaldo Monaco e Paulo Augusto de Queiroz Rocha, que confirmam a morte em tiroteio em sua casa à Rua Itatins n° 88F, Campo Belo.

Em documento na DOPS/PR "consta que o fichado morreu na cidade de São Paulo (informações da PE)".

## Antônio dos Três Reis Oliveira

Militante da Ação Libertadora Nacional (ALN).

Nasceu em 19 de novembro de 1946, na cidade de Tiros/MG, filho de Ageu de Oliveira e Gláucia Maria Abadia de Oliveira.

Desaparecido aos 26 anos de idade, em 10 de maio de 1970, em São Paulo.

Fez o curso ginasial no Colégio Nilo Cairo. Estudante de Ciências Econômicas na Faculdade de Apucarana, era membro da União Paranaense de Estudantes. Junto com José Idésio Brianezi, também assassinado pela ditadura, produzia programas para a rádio local.

Foi indiciado no Processo 15/68 por sua participação no XXX Congresso da União Nacional de Estudantes (UNE) e no inquérito policial n° 9/72, dos quais foi excluído em decorrência de sua morte.

Segundo denúncia dos presos políticos de São Paulo, em documento datado de março de 1976, Antônio foi metralhado, juntamente com Alceri Maria Gomes da Silva no dia 10 de maio de 1970, em sua residência, no Tatuapé, São Paulo, por agentes da Operação Bandeirantes (OBAN), chefiada pelo Capitão Maurício Lopes de Lima.

Em 1991, seu nome foi encontrado na DOPS/PR, numa gaveta com a identificação: "falecidos".

Fonte: Grupo Tortura Nunca Mais

---

**Cantiga Brava**
*Geraldo Vandré - 1968*

O terreiro lá de casa/ Não se varre com vassoura/ Varre com ponta de sabre/ E bala de metralhadora/ O que sou nunca escondi, Vantagem nunca contei/ Muita luta já perdi, Muita esperança gastei/ Até medo já senti, E não foi pouquinho não Mas, fugir, nunca fugi/ Nunca abandonei meu chão

Jan. 1968 Dez.

No final de 1962 o recém criado Partido Comunista do Brasil lançou o livro Guerra de Guerrilhas de Che Guevara. O prefácio era assinado por, Maurício Grabóis, futuro comandante da Guerrilha do Araguaia. Antes da proibição pelo Ministério da Justiça, foram vendidos mais de 10 mil exemplares do livro.

"Acima de tudo procurem sentir no mais profundo de vocês qualquer injustiça cometida contra qualquer pessoa em qualquer parte do mundo. É a mais bela qualidade de um revolucionário"

197

— VOCÊS NÃO ESTÃO FALANDO SÉRIO, NÉ?

— ESTAMOS INDO PRA SÃO PAULO HOJE À NOITE.

— JÁ FIZEMOS CONTATO COM A ALN.

— PÔ, NÃO FAÇAM ISSO, VAMOS CONVERSAR UM POUCO.

— CHEGA DE CONVERSA, COMPANHEIRA. O QUE A GENTE QUER É AÇÃO!

Jan. 1968 Dez.

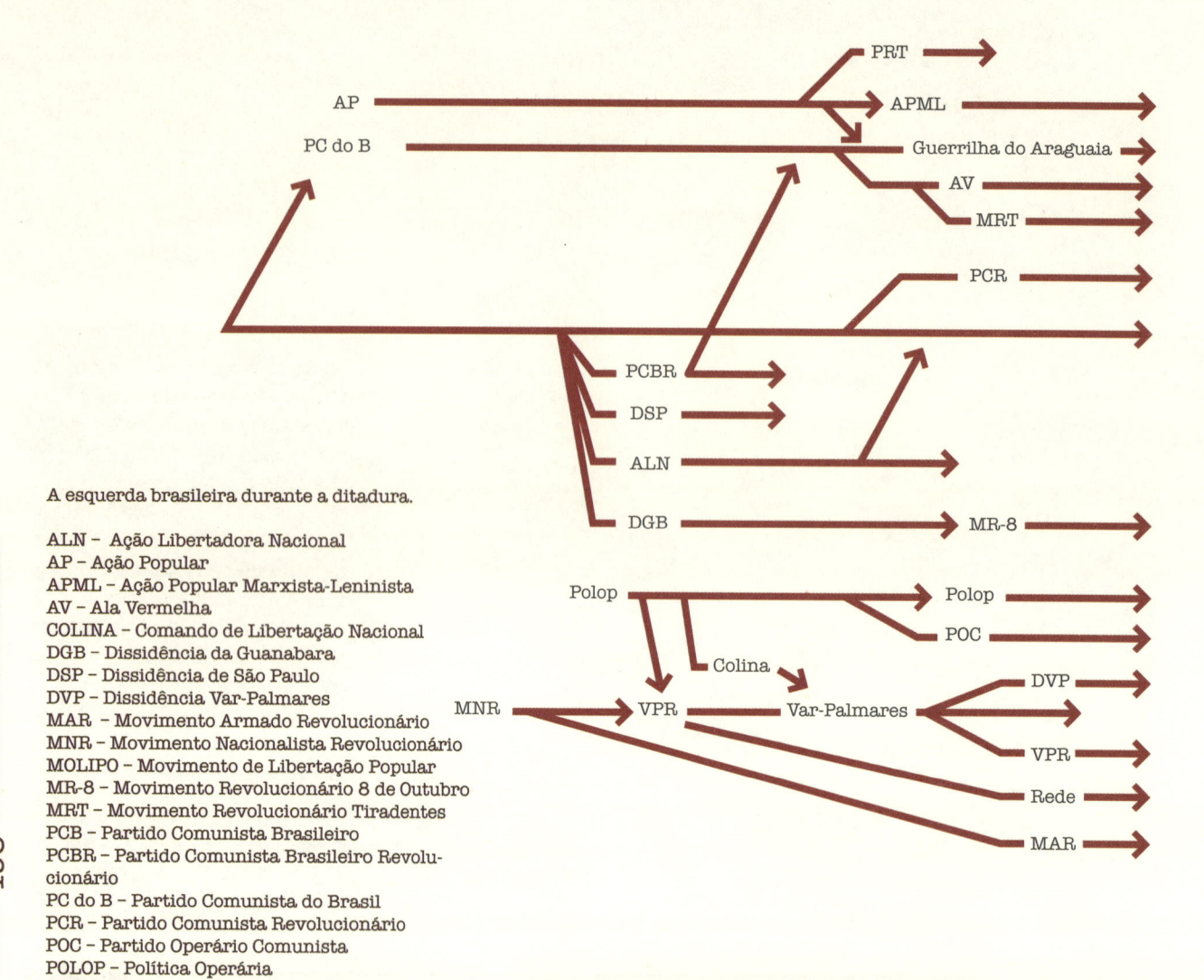

A esquerda brasileira durante a ditadura.

ALN – Ação Libertadora Nacional
AP – Ação Popular
APML – Ação Popular Marxista-Leninista
AV – Ala Vermelha
COLINA – Comando de Libertação Nacional
DGB – Dissidência da Guanabara
DSP – Dissidência de São Paulo
DVP – Dissidência Var-Palmares
MAR – Movimento Armado Revolucionário
MNR – Movimento Nacionalista Revolucionário
MOLIPO – Movimento de Libertação Popular
MR-8 – Movimento Revolucionário 8 de Outubro
MRT – Movimento Revolucionário Tiradentes
PCB – Partido Comunista Brasileiro
PCBR – Partido Comunista Brasileiro Revolucionário
PC do B – Partido Comunista do Brasil
PCR – Partido Comunista Revolucionário
POC – Partido Operário Comunista
POLOP – Política Operária
PRT – Partido Revolucionário dos Trabalhadores
VAR-Palmares – Vanguarda Armada Revolucionária Palmares
VPR – Vanguarda Popular Revolucionária

198

— POSSO PASSAR O CONTATO DE UM GRUPO QUE PENSA COMO VOCÊ.

Jan. 1968 Dez.

"Brasil. Ame-o ou deixe-o", diz a campanha da ditadura espalhada por todo o país, nos adesivos dos carros e em grandes *outdoors*. Escolha impossível, é partir sem deixar de amar. Largar tudo sem olhar para trás. Exílio, banimento, desterro. Quem tem grana e passaporte, embarca num avião para a Europa, coração aos pulos, medo de ser parado pela Polícia Federal. Quem não tem, arrisca tomar um ônibus rumo a Foz do Iguaçu. Depois, atravessar a fronteira com o Paraguai e enxugar uma lágrima de raiva quando, em Puerto Strossner, uma emissora de rádio toca alto "Eu te amo meu Brasil, eu te amo! Ninguém segura a juventude do Brasil", da dupla Don & Ravel, que faz de tudo para agradar os militares. De lá, ir para o Uruguai ou para o Chile. Fugir de seu próprio país sem saber quando vai voltar, se vai voltar.

Muitos partiram já depois do golpe. Políticos, líderes estudantis, artistas, professores universitários. Foram embora, simplesmente. Até mesmo para os Estados Unidos, onde vivem mais de 500 cientistas e pesquisadores que saíram para estudos complementares e decidiram ficar por lá. Com a tensão política aumentando, o número de brasileiros que deixa o país aumenta a cada dia.

Quem fica, continua na batalha. O tão esperado 30º Congresso da UNE é planejado com extremo cuidado. Ninguém sabe o local, os estudantes viajam a São Paulo em grupos pequenos e de lá são levados para outros locais, até chegar ao sítio Murundu, em Ibiúna. Tudo no maior sigilo, acreditavam os estudantes. Na verdade, antes mesmo de começarem as reuniões do Congresso, o local é cercado pela Força Pública e pelos policiais da DOPS paulista. Mais de 700 estudantes são presos. Desses, 44 são do Paraná.

— VIU PRA QUE SERVE O GELO?

— SEGURA OS PAPÉIS, DEPOIS DERRETE E OS PAPÉIS VOAM.

— VAMOS!

— AQUI JÁ DÁ PRA PEGAR ELEVADOR.

— NINGUÉM VAI DESCONFIAR.

Jan. 1968 Dez.

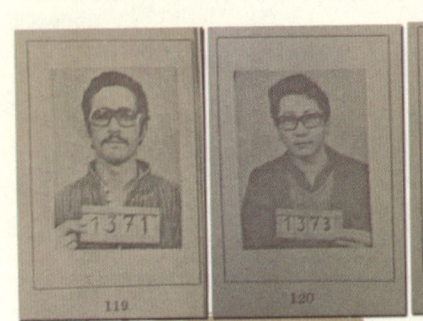

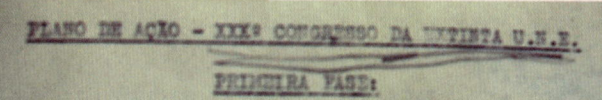

Plano de ação. Operação Ibiúna. Arquivo DOPS.

200

— O CONGRESSO VAI SER LEGAL. VOCÊ LEU O TEMÁRIO?
— NÃO.

POR UMA UNIVERSIDADE LIVRE E GRATUITA
XXXº CONGRESSO DA UNE
30 ANOS DE LUTA

— MARIA
— OLHA, DEU CERTO!

— ESTOU INDO EMBORA. VOU ESTUDAR EM LONDRES.

Jan. 1968 Dez.

> JOÃO BONIFÁCIO CABRAL JUNIOR, filho de João Bonifácio Cabral e de Rosa Ferreira Cabral, nascido em 24/11/45, em São Francisco do Sul, Sta. Catarina, com 23 anos, solteiro, estudante, reporter.- Cursando o quarto ano de Direito da Faculdade Católica do Paraná e trabalhando no jornal "Tribuna da Imprensa", sucursal desta capital.- Reside à rua Brasilio Itiberê, 396.- Detido na Chácara do Alemão. Preso em São Paulo, em outubro deste ano (Ibiuna), sendo removido para a DOPS, de S.Paulo, sendo liberado quatro dias depois.

Informação sobre estudantes do Paraná presos em Ibiúna. Arquivo DOPS.

> "Não nos deixemos abater. Lutemos, Companheiros! Nossa prisão significa que a ditadura nos impôs a luta em seu próprio terreno. Por isto, este novo nível de luta, mais difícil, exige o máximo de abnegação e firmeza. Mas não estamos sozinhos! Nossa libertação não depende dos meandros legais, mas sim de nossa confiança ilimitada em nós mesmos, em nossos colegas de prisão e principalmente nos estudantes que nos elegeram para o XXX Congresso da UNE, exigindo que representássemos ali suas aspirações, e que agora se levantam junto conosco, pela nossa liberdade, como mais uma etapa da luta de nosso povo. Hoje à tarde o CRUSP fará assembléia geral universitária. Já estão marcadas para segunda-feira assembléias gerais em todo o País. Devemos aqui dentro dar prosseguimento à luta que os estudantes desenvolvem lá fora. Viva o XXX Congresso da UNE. Viva a luta dos Estudantes. Abaixo os inimigos do povo. Executiva da Cela Edson Luís – Domingo – dia 13."

Manifesto escrito logo após a prisão. 13/10/1968.

— COMO ASSIM, VAI EMBORA?
— É ISSO. MEU PAI DIZ QUE CORREMOS MUITO PERIGO AQUI.

— NÃO ACREDITO QUE VOCÊ VAI FAZER ISSO.

— PRECISO IR. TEM REUNIÃO NA UPE PRA COMBINAR OS DETALHES DO CONGRESSO.
— POSSO IR JUNTO?

— PRA QUÊ? VOCÊ NÃO VAI EMBORA?

Jan. 1968 Dez.

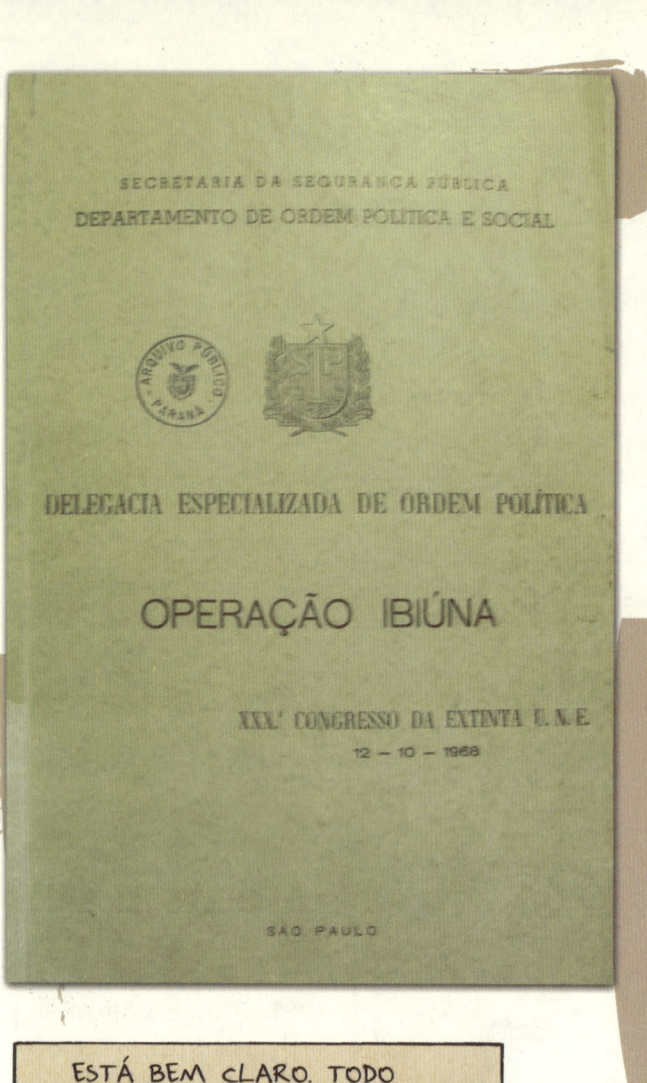

**SECRETARIA DA SEGURANÇA PÚBLICA**
**DEPARTAMENTO DE ORDEM POLÍTICA E SOCIAL**

DELEGACIA ESPECIALIZADA DE ORDEM POLÍTICA

**OPERAÇÃO IBIÚNA**

XXX.º CONGRESSO DA EXTINTA U.N.E.
12 – 10 – 1968

SÃO PAULO

Fichados de Ibiúna. 18/10/1968. Arquivo DOPS.

"De preferência bolar uma justificativa para sua presença no prédio.
EVITAR o "uniforme de estudante" (terno e gravata).
Os panfletos devem ser levados em uma pasta ou embrulhados (evitar embrulho de jornal).
1 – É importante abandonar o local o mais rápido possível (não ficar para ver o panfleto cair) ou ver o efeito na população.
2 – A panfletagem deve ser feita rigorosamente no horário estabelecido, sincronizando num mesmo relógio. O atraso pode ser no máximo de 3 minutos. A perda de horário implica na suspensão da tarefa. Marcar ponto com o companheiro e com os demais grupos para verificação ou possíveis prisões"...

Normas de segurança para panfletagem, colagem e pixação. Arquivo DOPS.

— ESTÁ BEM CLARO. TODO MUNDO TEM ORIENTAÇÃO.

— O IMPORTANTE É NÃO FURAR O PONTO EM SÃO PAULO, POR QUE ESTÁ TUDO CRONOMETRADO.

— E A SEGURANÇA É RÍGIDA.

— BOA SORTE PRA TODOS NÓS.

Jan. 1968 Dez.

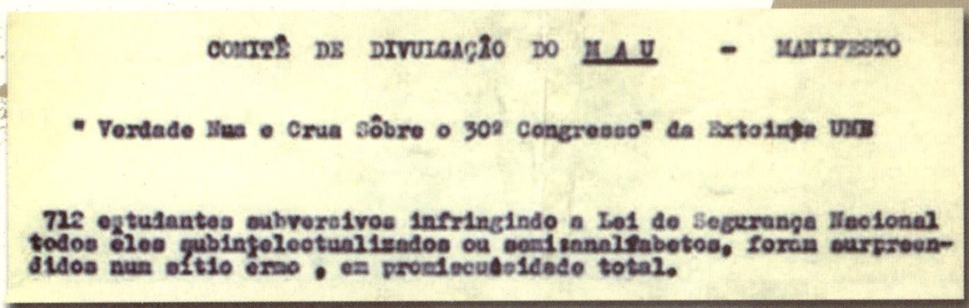

COMITÊ DE DIVULGAÇÃO DO M A U - MANIFESTO

" Verdade Nua e Crua Sôbre o 30º Congresso" da Extointa UNE

712 estudantes subversivos infringindo a Lei de Segurança Nacional todos êles subintelectualizados ou semianalfabetos, foram surpreendidos num sítio ermo, em promiscuosidade total.

Manifesto dos Autênticos Universitários do Paraná. Arquivo DOPS.

**Marcha de Quarta-Feira de Cinzas**
*Vinícius de Moraes / Carlos Lyra 1964*

Acabou nosso carnaval/ Ninguém ouve cantar canções/ Ninguém passa mais brincando feliz/ E nos corações/ Saudades e cinzas foi o que restou
Pelas ruas o que se vê/ É uma gente que nem se vê
Que nem se sorri/ Se beija e se abraça/ E sai caminhando/ Dançando e cantando cantigas de amor/ E no entanto é preciso cantar/ Mais que nunca é preciso cantar/ É preciso cantar e alegrar a cidade

O Estado de São Paulo. 14/10/1968. BPP.

O Estado de São Paulo. 14/10/1968. BPP.

Jan. 1968 Dez.

Jornal do Congresso da UNE. Arquivo DOPS.

— E aí? O que a gente faz?

LIBERTAÇÃO DOS ESTUDANTES JÁ
A UNE SOMOS NÓS

— As passeatas estão proibidas.

— E daí? Que se foda a proibição! Vamos chamar a turma!

— Vamos!

Jan. 1968 Dez.

A primeira passeata de protesto contra a prisão dos estudantes em Ibiúna foi tão tranquila que até causou surpresa. Tardinha chuvosa, 600 estudantes saíram da Santos Andrade e ocuparam a rua XV. Papel picado caindo dos prédios, aplausos, panfletos e faixas de "abaixo o imperialismo" ou "soltem os estudantes". Caminhando e cantando ao som de Vandré, os estudantes terminaram seu protesto na praça Tiradentes.

Os estudantes paranaenses que participavam do 30º Congresso da UNE são trazidos de volta e liberados - depois de fichados, é claro - e tudo parece ter voltado ao normal. Vale a pena, então, organizar uma nova manifestação, maior do que a primeira e com a participação de bancários, comerciários e professores, para mostrar que a repressão em Ibiúna não assustou ninguém. Difícil saber de onde partiu a ordem para reprimir a passeata, mas o fato é que, ao mesmo tempo em que os estudantes preparam panfletos e faixas, a polícia monta uma grande operação para impedir a manifestação. Sábado, nove horas da manhã, começa a concentração na praça Santos Andrade. Os estudantes pedem a libertação dos líderes que ainda estão presos. Começam a caminhar, param nas esquinas para comícios relâmpagos e continuam a marcha. Quem vem da avenida João Pessoa já sabe que a polícia está na rua, de cassetete na mão, mas os estudantes prosseguem. O primeiro choque ocorre na esquina da rua XV com a Dr. Muricy e logo o centro da cidade - desde a Biblioteca Pública até a Casa do Estudante Universitário, ao lado do Colégio Estadual do Paraná - se transforma em campo de batalha. Um longo sábado, com muitas prisões, espancamento, correria, bomba de efeito moral e gás laxante, que só termina com a liberação dos presos, já no final do dia. Exaustos, os estudantes se perguntam: afinal, o que foi que mudou nos quatro dias que separam a primeira da segunda manifestação?

Arquivo DOPS.

O Estado do Paraná. 20/10/1968. Arquivo DOPS.

1.500 estudantes com cartazes, paus e pedras

1.200 homens da Polícia Militar nas ruas centrais, além de 600 de prontidão. 40 viaturas, entre carros-choque, ambulâncias, jipes e caminhões. Soldados armados com cassetetes, bombas de gás lacrimogêneo e de gás laxante.

Jan. 1968 Dez.

11:10 – estudantes saem em passeata da praça Santos Andrade, pela Rua XV, com destino à Praça Osório.

O Estado do Paraná. 20/10/1968. Arquivo DOPS.

12:00 – primeiro confronto com a PM na esquina da rua XV com a rua Dr. Murici.
Os estudantes se espalham pela praça Zacarias, e pelas ruas Dr. Murici, Cândido Lopes e Ébano Pereira. A PM persegue os grupos dispersos que buscam refúgio na Biblioteca Pública e no Diretório Acadêmico Nilo Cairo.

O Estado do Paraná. 20/10/1968. Arquivo DOPS.

CAMINHANDO E CANTANDO E SEGUINDO A CANÇÃO, SOMOS TODOS IGUAIS BRAÇOS DADOS OU NÃO, NAS ESCOLAS, RUAS, CAMPOS, CONSTRUÇÕES

13:30
Os estudantes conseguem chegar à Casa do Estudante Universitário (CEU), ao lado do Colégio Estadual, e fazem barricadas para impedir a entrada da PM. Chega a cavalaria.

Arquivo DOPS.

Arquivo DOPS.

Jan. 1968 Dez.

**13:00** – Vitório Sorotiuk, então presidente do Centro Acadêmico Hugo Simas, se refugia na redação do Diário do Paraná. Polícia invade o jornal. Vitório foge pelo telhado.

Diário do Paraná. 20/10/1968. Arquivo DOPS.

O Estado do Paraná. 20/10/1968. Arquivo DOPS.

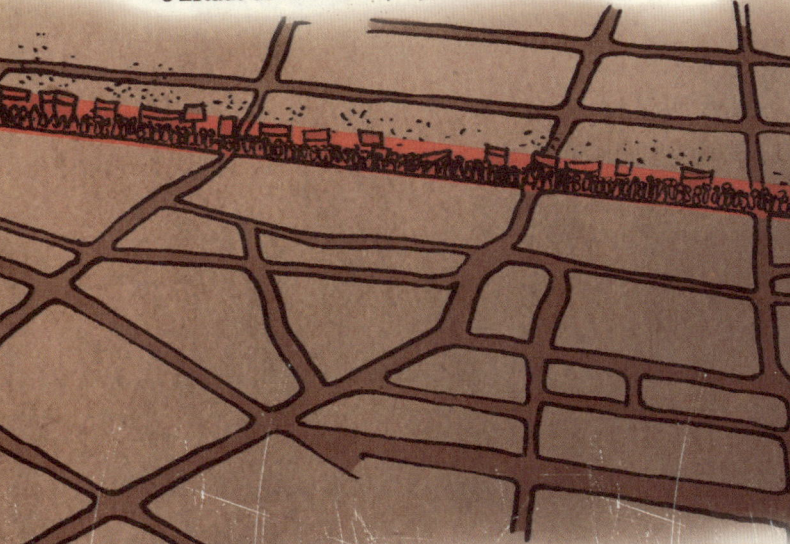

**16:40**
Um grupo de estudantes tenta chegar na praça 19 de Dezembro. Cercados pela cavalaria, voltam para a CEU.

**17:00**
Polícia cerca todas as quadras em torno da CEU, até o DCE. Estudantes jogam pedras do terraço do prédio. Um alto-falante toca a música de Geraldo Vandré "Pra não dizer que não falei de flores".

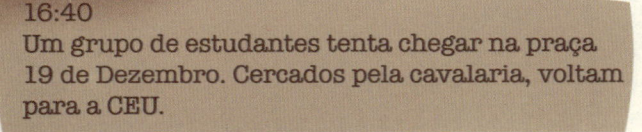

O Estado do Paraná. 20/10/1968. Arquivo DOPS.

O Estado do Paraná. 20/10/1968. Arquivo DOPS.

**19:00**
Os 22 estudantes presos são liberados e a PM se retira.

1968

CASA DO ESTUDANTE UNIVERSITÁRIO

♪ VEM, VAMOS EMBORA, QUE ESPERAR NÃO É SABER. QUEM SABE, FAZ A HORA, NÃO ESPERA ACONTECER... ♪

Jan. 1968 Dez.

Para quem está atento ao que acontece em Brasília, há muitos sinais de que a ditadura está fechando o cerco. Suspensão de eleições em dezenas de municípios considerados de interesse da segurança nacional; proibição de qualquer tipo de manifestação pública no país; proposta de Estado de Sítio caso os protestos estudantis continuem; CCC espalhando o terror; bomba na livraria Civilização Brasileira; general Médici, chefe do Serviço Nacional de Informações exige medidas mais rigorosas de controle político; discurso antimilitarista do deputado Márcio Moreira Alves no Congresso provoca reação exagerada dos ministros militares. Sinais claros de tempestade próxima.

No movimento estudantil, a situação também é tensa. O governo quebrou a promessa de não punir os estudantes que participaram do congresso da UNE, decretou a prisão preventiva dos líderes e está caçando um a um, em todo o país. Por aqui, procuram Vitório Sorotiuk, presidente eleito do Diretório Central dos Estudantes e Elói Pietá, presidente do Diretório Acadêmico Rocha Pombo.

A luta mudou de nível, mas é preciso continuar. O novo presidente do DCE deve tomar posse publicamente e, para isso, o jeito é driblar a polícia política. Durante a apresentação de peça *O Santo Inquérito*, de Dias Gomes, com o teatro da Reitoria lotado, Vitório Sorotiuk surge repentinamente no palco, assina o termo de posse, faz um rápido discurso e desaparece em seguida, sem deixar vestígios. A notícia corre por todas as salas de aula: o DCE tem novo presidente, legalmente empossado, numa cerimônia inesquecível.

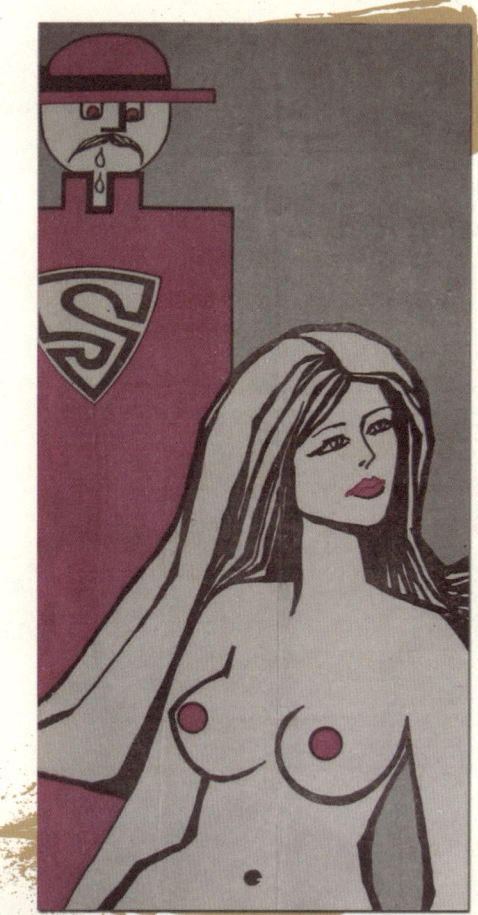

Programa da peça O Santo Inquérito. Arquivo DCE.

— A POLÍCIA ESTÁ NO CALCANHAR DO VALÉRIO, COMO É QUE ELE VAI TOMAR POSSE?

— PIOR, A POSSE TEM QUE SER PÚBLICA...

— VOCÊS JÁ TEM INGRESSO PRO SANTO INQUÉRITO.

— É SENSACIONAL, TODO MUNDO DEVERIA VER!

— VOU NESS! TCHAU!

— ACABEI DE TER UMA IDÉIA...

Jan. 1968 Dez.

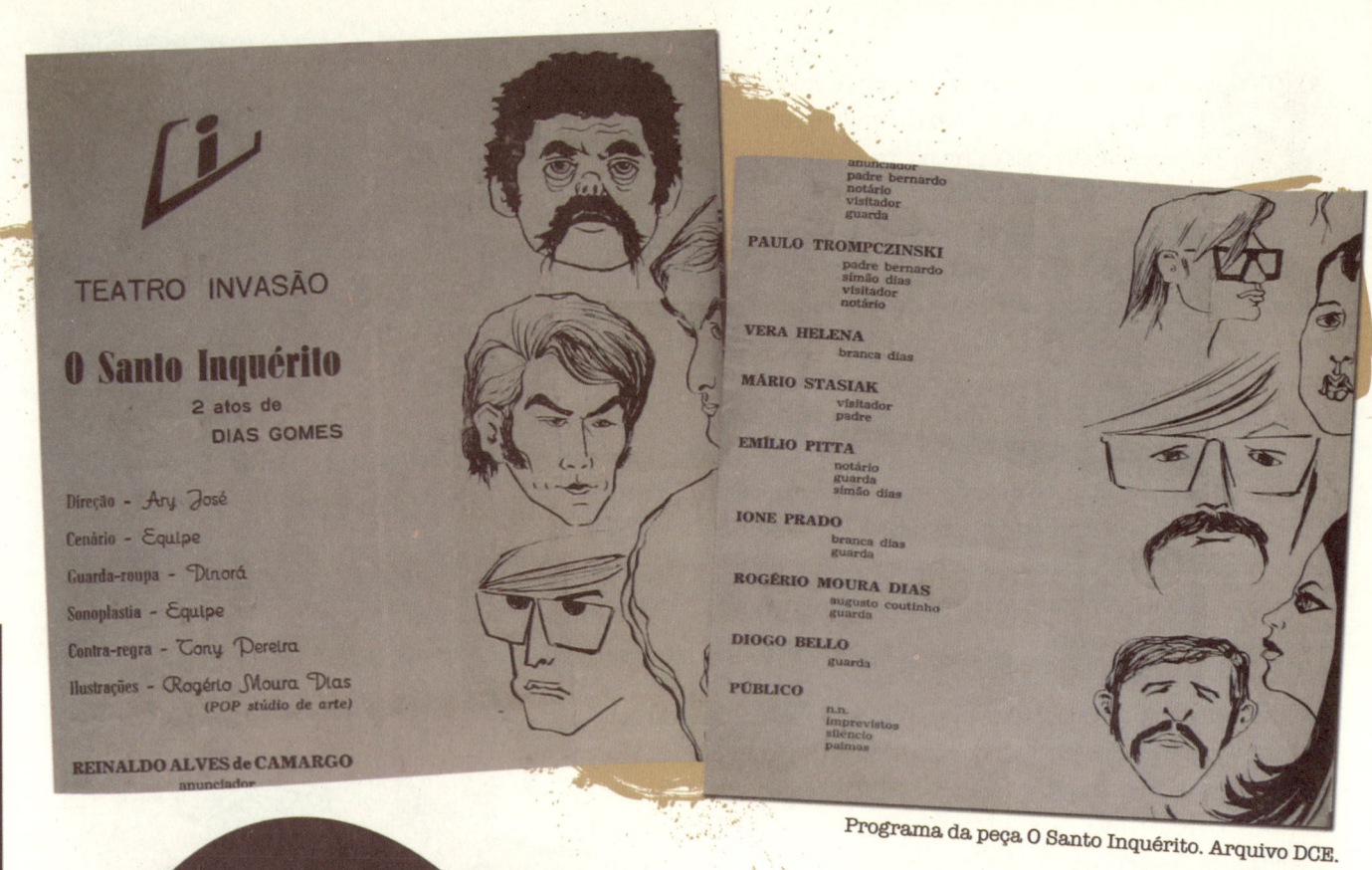

Programa da peça O Santo Inquérito. Arquivo DCE.

210

UM-DOIS! UM-DOIS! UM-DOIS! UM-DOIS!

UUUUÓÓÓÓÓÓÓÓÓÓÓÓÓÓÓ!!!

Jan. 1968 Dez.

*Nada será como antes*
*Milton Nascimento / Ronaldo Bastos - 1972*

Eu já estou com o pé nessa estrada/ Qualquer dia a gente se vê/ Sei que nada será como antes, amanhã/ Que notícias me dão dos amigos?/ Que notícias me dão de você?/Sei que nada será como está, amanhã ou depois de amanhã/ Resistindo na boca da noite um gosto de sol/ Num domingo qualquer, qualquer hora/ Ventania em qualquer direção/ Sei que nada será como antes, amanhã

> Por êste tencionamos solicitar a V.Sa. o Auditório da Reitoria para o GRUPO INVASÃO levar à cena a peça "O SANTO INQUÉRITO" de Dias Gomes, nos dias compreendidos entre 25 de outubro a 2 de novembro, inclusive.
>
> 2 - A peça já foi montada no Rio, em São Paulo e em outras Capitais, estando liberada para maiores de 18 anos pela Censura Federal.
>
> 3 - A Programação e o Texto, bem como os respectivos alvarás fornecidos pelas autoridades competentes serão encaminhados a V.Sa. em anexo a Ofício posterior.

Solicitação do Auditório da Reitoria. Arquivo DCE.

## Estudante é traidor, diz Flávio

"Foi uma besteira imensa terem eleito êsse rapaz", disse o Reitor Flávio S. de Lacerda, frisando que não aceita a posse de Vitório Sorotiuk no Diretório Central dos Estudantes. O reitor acrescentou que se Vitório comparecer à Reitoria, terá de chamar a polícia federal para não ser considerado cúmplice. "Se vier, será prêso. Mas êle não vem mesmo, tenho certeza". Mais adiante, comentou: "O movimento estudantil, como está sendo organizado, é uma traição à pátria. Os estudantes, todos êles, estão recebendo instruções de Cuba. Um sujeito que recebe instruções de um país estrangeiro para subverter a ordem em seu país é um traidor."

Estado do Paraná. 15/11/1968

ÓÓ!!! UUUUÓÓ ÓÓÓÓÓ!

UM-DOIS! UM-DOIS! UM-DOIS! UM-DOIS! UM-DOIS! UM-DOIS!

AQUI ESTAMOS, SENHORES...

...PARA DAR INÍCIO AO PROCESSO. APRESENTAREMOS INÚMERAS PROVAS CONTRA A ACUSADA.

MAS UMA VERDADE É EVIDENTE:

ELA ESTÁ NUA!

É MENTIRA!

1968

COMO NOVO PRESIDENTE DO DIRETÓRIO CENTRAL DOS ESTUDANTES DA UNIVER-SIDADE FEDERAL DO PARANÁ,...
ME COMPROMETO A SEGUIR LUTANDO CONTRA A DITADURA, QUE TRANSFORMOU O BRASIL NUM PÁTIO DE QUAR-TEL!
ABAIXO A DITADURA! ABAIXO A DITADURA! ABAIXO A DITADURA!
VEJAM, SENHORES, VEJAM QUE NÃO É VERDADE! TRAGO AS MI-NHAS ROUPAS, COMO TODO MUNDO...
DESAVERGO-NHADAMENTE NUA!
ELE É QUE NÃO AS ENXERGA.

E bem verdade que nada funcionava direito desde o golpe de 64. Congresso capenga, deputados cassados, partidos extintos, Judiciário fraco, intervenção direta do Executivo em qualquer assunto, usando o poder do presidente de editar atos institucionais que tinham a mesma força da Constituição, a lei maior a que todas as outras devem se ajustar. Mas também é verdade que sempre sobrava uma ou outra brecha para reclamar ou denunciar. Por essas brechas escapavam protestos estudantis, manifestos de intelectuais, livros, revistas, jornais, músicas, greves operárias e de trabalhadores rurais, discurso de deputado, advogados defendendo subversivos, denúncias da Igreja contra tortura... diziam até que não era uma ditadura e sim uma '*ditabranda*'...

Muros pichados. Arquivo DOPS.

É preciso vedar, tapar, impermeabilizar, colocar esparadrapo, rolha, cola, cimento nesses vazamentos porque todo mundo sabe que, por onde passa um boi, passa uma boiada. O Ato Institucional nº5 - o AI-5 - vem para fechar as brechas e, segundo os militares, para preservar "a ordem, a segurança, a tranquilidade, o desenvolvimento econômico e cultural e a harmonia política e social do País comprometidos por processos subversivos e de guerra revolucionária."

Fica terminantemente decidido que o presidente pode: decretar o recesso do Congresso Nacional, das Assembléias Legislativas e das Câmaras de Vereadores; legislar em todas as matérias; decretar a intervenção nos Estados e Municípios; nomear interventores; suspender os direitos políticos de qualquer cidadão pelo prazo de 10 anos e cassar mandatos eletivos federais, estaduais e municipais; demitir, remover, aposentar ou pôr em disponibilidade qualquer titular de cargo vitalício ou com estabilidade, assim como empregado de autarquias, empresas públicas ou sociedades de economia mista, e demitir, transferir para a reserva ou reformar militares ou membros das polícias militares; decretar o estado de sítio e prorrogá-lo; decretar o confisco de bens; suspender a garantia de *habeas corpus*, nos casos de crimes políticos, contra a segurança nacional, a ordem econômica e social e a economia popular.

Bom, depois disso, pode tudo mesmo. E agora, diga aí: tem harmonia política e social debaixo da bota ou do coturno?

213

JÁ SOUBE? MAIS UM ATO INSTITUCIONAL.

TROPAS DO EXÉRCITO TOMARAM O CENTRO DO RIO.

ERA ESPERADO, A MÁSCARA TINHA QUE CAIR.

Jan. 1968 Dez.

# GAZETA DO POVO

CURITIBA — SÁBADO, 14 DE DEZEMBRO DE 1968

## Costa decreta Ato Institucional n· 5

**Íntegra do Ato**

**Bigorrilho**
*Adaptado pelos estudantes. Letra original de Sebastião Gomes/ Paquito/ Romeu Gentil - 1964*

Lá em casa tinha um bigorila/ Bigorila é um marechal/ Bigorila foi quem assinou/ O ato institucional/ Trepa Antônio/ O siri tá no pau/ Eu também sei tirar/ O cavaco do pau/ Dona Dadá, Dona Didi/ Marechal entrou aí/ Ele tem que sair Ele tem que sair/ Ele tem que sair

**DECRETADO O RECESSO DO CONGRESSO NACIONAL**

**Tribuna do Paraná**

## COSTA EDITA O ATO Nº. 5

Tribuna do Paraná. 14/12/1968.

— ESSE É O QUINTO, NÃO?

— QUINTO DOS INFERNOS.

— ÀS VEZES ACHO QUE VOCÊ EXAGERA.

— QUEM EXAGERA SÃO ELES.

— O QUE ERA ESPERADO?

— O QUE ESTÁ ACONTECENDO?

— TENHO QUE IR, NOS VEMOS AMANHÃ.

Jan. 1968 Dez.

# COSTA E SILVA DECRETA O RECESSO DO CONGRESSO

## Diario do Paraná

FUNDADOR DOS DIÁRIOS ASSOCIADOS: ASSIS CHATEAUBRIAND

N.º 4.031 — CURITIBA, SÁBADO, 14 DE DEZEMBRO DE 1968 — 12 PÁGINAS — ANO XIV

**Apoio a Lyra** — **Mais Calor**

# ATO INSTITUCIONAL NÚMERO CINCO É A REVOLUÇÃO EM SUA NOVA ETAPA

"Concluindo êste relatório cumpre-se dizer que, com o aparecimento do Ato Institucional nº 5, baixado pelo Exmº Sr. Mal. Arthur da Costa e Silva, Presidente da República, os movimentos ficarão um tanto retraído, isto porque, os manifestantes um tanto amedrontados, procurarão por ora, manterem-se em silêncio.
Nesta súmula pode-se dizer também, que o movimento estudantil, durante o período de férias escolares, ficará um tanto esquecido, face ao encontro não ser diuturnamente, como acontece em período escolar. Poderá ocorrer entretanto, algum movimento no meio secundarista e pré-acadêmicos, entretanto, sem apôio da classe universitária."

Conclusões do Relatório do Movimento Anual da Delegacia de Ordem Política e Social. 1968

A integra dos atos está na 3.a pagina

Tribuna do Paraná. 14/12/1968.

---

— JÁ SOUBERAM? MAIS UM ATO INSTITUCIONAL?

— GRANDE MERDA, É O QUINTO...

— É O QUINTO DOS INFERNOS!

— HA HA HA HA!! HA HA HA!!

Jan. 1968 Dez.

Uma churrascada e um torneio de truco na Chácara do Alemão, lá no Boqueirão, não vai chamar a atenção de ninguém. Os diretórios sempre alugam a chácara para comemorações. Além disso, são poucos, 42 estudantes, entre delegados e apoio logístico. Vão em pequenos grupos, de carro, sigilo absoluto, ninguém mais sabe de nada.

A chácara fica perto do quartel do Exército, mas o esquema de segurança está montado, tem olheiros das estradas de acesso, rojão na mão, pronto para estourar, como aviso, se a polícia chegar.

Depois que o XXX Congresso da UNE foi dissolvido em Ibiúna, ficou decidido que cada estado marcaria um mini-congresso para continuar a discussão. O mais cedo possível, pois no início do ano que vem será realizada uma nova reunião nacional para definir a estratégia do movimento estudantil.

Cenário montado, carvão, fósforo, carne, baralho. Nove horas da manhã, começam os trabalhos, muito documento para ler e discutir. Duas horas depois, ouve-se um rojão, mas não dá tempo de fugir. É que a PM chegou num caminhão frigorífico e quem ia desconfiar que, em vez de costela, alcatra, mignon, patinho e cochão mole congelados, tinha um batalhão lá dentro? Num instante, chegam mais caminhões, a PM cerca tudo. Dez soldados para cada estudante, impossível escapar. Todos presos, a polícia leva como provas do crime uma caixa de rojões, três "armas brancas" e muitas cópias das muitas teses discutidas durante meses nas universidades.

Tribuna do Paraná. 18/12/1968.

Jan. 1968 Dez.

Tribuna do Paraná. 18/12/1968.

Tribuna do Paraná. 18/12/1968.

"Não custa lembrar que em 13 de dezembro de 68 foi decretado o AI-5 e o nosso Congresso estava marcado para o dia 17, quatro dias depois. Que eu me lembre, naquele momento ninguém levou o AI-5 muito a sério, nem julgava que ele seria o que acabou sendo. Tanto não se levou, imagino, que o local arranjado para o Congresso regional alternativo, a Chácara do Alemão, ficava bem próximo do quartel do III Exército no Boqueirão, e foi mantido."

Depoimento de Celso Paciornick. 2008

Tribuna do Paraná. 18/12/1968.

218

ACHO QUE NÃO É BOA IDÉIA FAZER O MINI-CONGRESSO AGORA...

AÍ É QUE VOCÊ SE ENGANA: A HORA É AGORA!

NÃO DÁ NADA, É A MESMA HISTÓRIA DE SEMPRE.

O JORNAL DIZ QUE...

A IMPRENSA ESTÁ NA MÃO DELES, DIZ O QUE ELES QUEREM.

Jan. 1968 Dez.

*A ida deve ter sido animada. A volta é que foi desagradável.*

Diário do Paraná. 18/12/1968.

"(...) que o declarante no dia 16 de dezembro quando estava em sua casa, recebeu um telefonema convidando-o para ia a uma festa, uma churrascada de estudantes, a fim de celebrar o relaxamento da prisão preventiva e sendo essas festas comuns entre estudantes, certamente se debateriam problemas da Universidade, ou seja falta de verbas, anuidades, segunda época, vestibulares e outros problemas correlatos; que no dia seguinte como ficou combinado, o declarante se dirigiu até à Praça Tiradentes, por volta das 8h45m, foi apanhado por um automóvel, no qual estava na ocasião sendo dirigido por um estudante da Faculdade Federal, que é seu conhecido de vista; que ignora qual seja o seu nome; que o citado carro os levou até uma chácara, sito no Bairro Boqueirão, onde veio a se encontrar com diversos estudantes; que no local foram prêsos por policiais."

Auto de Declarações de Antonio Mânfio. Arquivo DOPS

BOM, ENTÃO VAMOS MONTAR A SEGURANÇA...

Tribuna do Paraná. 18/12/1968.

Jan. 1968 Dez.

Diário do Paraná. 18/12/1968.

"Quando chegou a notícia de que as "forças da ordem" estavam chegando, foi uma correria geral, e para todos os lados. Ninguém conhecia muito bem o local. Eu, do alto de minha 'responsabilidade militante', mantive o sangue frio e resolvi tentar queimar os materiais 'comprometedores', panfletos, teses para discussão, uma montanha de papel, na churrasqueira, mas o maldito fogo não ajudou. Logo depois chegaram o soldados, com baioneta calada e tudo. Eles chegaram, de todos os lados - o lugar fora cercado - e arrebanharam todos os 'congressistas' presentes."

Depoimento de Celso Paciornick. 2008

**Panis et circenses**
*Caetano Veloso/Gilberto Gil -1968*

Eu quis cantar/ Minha canção iluminada de sol/ Soltei os panos, sobre os mastros no ar/ Soltei os tigres e os leões, nos quintais/ Mas as pessoas na sala de jantar/ São ocupadas em nascer e morrer... Mandei plantar/ Folhas de sonho no jardim do solar/ As folhas sabem procurar pelo sol/ E as raízes procurar, procurar/ Mas as pessoas na sala de jantar/ Essas pessoas da sala de jantar/ São as pessoas da sala de jantar/ Mas as pessoas na sala de jantar/ São ocupadas em nascer e morrer

— NÃO DÁ NADA, NÉ?

VAI VER SÓ...

...NÃO DÁ NADA!

Jan. 1968 Dez.

Dos 42 estudantes presos na Chácara do Alemão, 15 permanecem presos e estão sendo julgados por um tribunal militar. Acusação: fazer funcionar organização clandestina e praticar atos destinados a provocar a guerra revolucionária. A UNE não é clandestina e ninguém faz guerra revolucionária com uma caixa de rojões e três armas brancas (facas de cozinha apreendidas pela PM) mas, contra a força, não há argumentos. O circo armado pelos militares tem um único objetivo: mostrar para toda a sociedade as novas regras do jogo, segundo o AI-5.

Para provar a periculosidade dos estudantes, inventam até uma "perícia ideológica". Um dos "peritos" é o ex-reitor da Universidade Federal do Paraná, José Nicolau dos Santos que conclui, após estudar detidamente as teses do congresso, que não há nenhuma dúvida sobre a intenção dos acusados: a UNE é organismo clandestino do Partido Comunista Brasileiro e o encontro regional da UNE em Curitiba também foi realizado clandestinamente. Logo, querem fazer funcionar organizações ilegais. Os estudantes distribuíram boletins e panfletos que constituem atentado à segurança nacional, portanto praticaram atos destinados a provocar a guerra revolucionária e subversiva.

Três meses de idas e vindas, da Prisão Provisória do Ahú para o quartel da praça Rui Barbosa, onde funciona o Conselho Permanente de Justiça do Exército. Os advogados de defesa se desesperam, não adianta argumentar, provar, comprovar. O tribunal está pronto para condenar. Os estudantes procuram manter o bom humor, fazem até um versinho para o juiz auditor
- *Célio de Jesus Lobão Ferreira/Tem dias que absolve/Tem dias que condena/Tem dias que tá ruim/Tem dias que tá bão/Tem dias de Jesus/Tem dias de Lobão.*

Num "dia de Lobão", o auditor torce um pouquinho o já distorcido texto da Lei de Segurança Nacional e, amparado no novíssimo AI-5, enquadra todos: quatro anos de prisão para 10 dos estudantes presos e dois anos para os outros cinco.

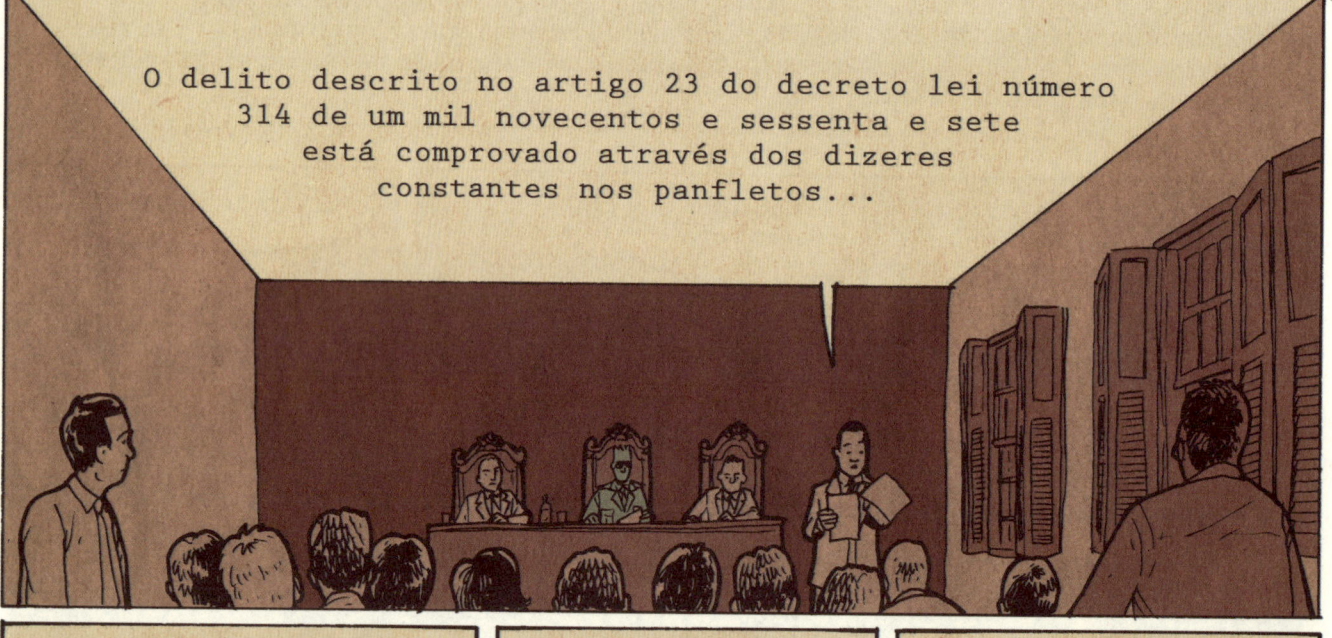

O delito descrito no artigo 23 do decreto lei número 314 de um mil novecentos e sessenta e sete está comprovado através dos dizeres constantes nos panfletos...

...que recomendam o emprego de força para derrubar...

...os poderes constituídos.

ESSA ACUSAÇÃO NÃO PROCEDE E NÃO PODE SER COMPROVADA!

Jan. 1968 Dez.

Silêncio de puro espanto na sala da Auditoria. A notícia corre num sussurro, desce as escadas e chega à praça, onde um grupo de estudantes aguarda o resultado. Alguém puxa o Hino Nacional, mas todos engasgam no "sol da liberdade"... Quatro anos, porra! Estão loucos! Loucos de espertos! Estavam apenas mostrando para os estudantes o futuro do país.
Na cadeia, é preciso reinventar a vida a cada dia. Nada demais, fizeram isso o ano inteiro.
Na cadeia, tem dia pra tudo: imaginar-se num cinema; fazer artesanato ou ginástica; receber visita da família; encontrar Irmã Araújo, da Pastoral Carcerária, com seu jeito muito especial de consolar e animar; ler; estudar e, principalmente, deixar o pensamento voar. Pois, como vocês sabem, não tem grade nem tranca capaz de impedir o sonho de que um outro mundo é possível.

"Até Dezembro de 1968, para mim a ditadura era pouco mais que um discurso. Criticava a ditadura, lutava em passeatas e panfletagem contra a ditadura. O que eu tinha em primeiro lugar era a possibilidade de fazer a revolução. Eu me aplicava neste sentido. Participava de inúmeras reuniões que varavam a noite. Como eu já tivesse sofrido duas prisões, uma por passeata e outra por panfletagem, quando fui presa em 17/12/68, na chácara do Alemão, achei que seria como das outras vezes... um pequeno interrogatório e depois a liberdade.
Só desconfiei que a coisa era mais complicada, quando vi que entre os 45 ou 46 presos cerca de 30 foram soltos e os demais, inclusive eu e a Beth, ficamos lá.
Então começou o nosso interrogatório e depois fomos apresentados à imprensa e estávamos incomunicável.
Então caiu a ficha, desta vez era para valer. Depois nos entrevistamos com os advogados que os parentes e amigos tinham providenciado. Depois, passado uns trinta dias, pouco mais, fomos levados para a Auditoria Militar, para a leitura da denúncia."

Depoimento de Judite Trindade. 2008

POR UNANIMIDADE DE VOTOS...

...ESTÃO CONDENADOS À PENA DE QUATRO ANOS OS RÉUS...

A JUSTIÇA ESTÁ MORTA NESTE PAÍS!

Jan. 1968 Dez.

"Inicialmente ficamos presas eu e a Judite, o que era melhor, pois uma apoiava a outra, cuidávamos para não se deixar abater, cair em depressão, coisas assim. Logo no começo, além de nós duas, volta e meia passavam por lá outras presas, uma ou duas como nós, presas políticas e as outros eram presas comuns que o presídio deixava junto conosco de dois a cinco dias até fazer a triagem e enviá-las para o local de destino. Isso incomodava um pouco, nos deixavam inseguras, pois eram pessoas que não conhecíamos, não sabíamos se realmente eram presas ou "olheiras", espiãs, sei lá. Outra coisa ruim era que se elas eram criminosas comuns, não estávamos seguras ali...Depois de algum tempo isso mudou e só ficamos nós. Eu e a Ju. Todos os dias tomávamos banho de sol em uma área separada dos homens. Líamos muito e fazíamos as duas refeições - almoço e jantar - junto com os rapazes, presos conosco. Não perdíamos o contato, nunca. Depois de algum tempo, o Presídio Feminino ficou pronto e pensaram em nós mandar pra lá, mas tanto eu como a Ju fizemos pé firme e não aceitamos ser "separadas" dos rapazes, pois tínhamos medo de lá sermos mandadas pra outro local, sumir com a gente e ninguém ficar sabendo, vivíamos num tempo de muitas inseguranças e incertezas. Depois de um ano, foram soltos ao todo cinco pessoas, das quinze. Entre elas a Judite, e então fiquei sozinha. No começo foi muito difícil, era muito triste, mas como tudo na vida acabei por me acostumar, sem esquecer que os meninos nunca deixavam de me dar apoio, todos se revezavam pra sempre ter alguém conversando comigo. Também foi um tempo de muita reflexão e leitura. Li muito, aprendi e sofri, mas nunca me arrependi de nada. Sabia que minha família também sofria, mas todos sempre me apoiaram muito. Durante o ano e meio que fiquei no Presídio, todas as terças, quintas e domingos eu recebia a visita de meus pais, meus irmãos e até a minha sobrinha, acabada de nascer, com oito dias já estava me visitando na cadeia.Também meus amigos nunca deixaram de me apoiar, com visitas, me mandando livro ou até mesmo um cigarro ou um doce. Os que por algum motivo não podiam me visitar, sei que estavam me apoiando também.O Natal de 68 todos nós, os quinze estudantes da "Chácara do Alemão", passamos na prisão, entretanto o Natal de 1969 passei em casa com a minha família, afinal faltava apenas 6 meses pra ser solta, e havia direitos adquiridos por ser presa política, ser universitária e por bom comportamento, coisas assim. Sentia um certo medo ou, talvez melhor, insegurança, pois os direitos civis não eram, necessariamente, respeitados. Tanto Exército, Marinha como Aeronáutica poderiam a qualquer momento sumir com uma pessoa, se assim lhes conviessem. Muito mais que medo, provocava raiva, insegurança, mas não tristeza. Nem me sentia envergonhada com a minha prisão. Não tinha feito nada de errado ou criminoso. Defendia meus direitos e minhas idéias. Isso não dá medo, dá orgulho. E os direitos e idéias não eram só meus, mas de um povo todo. Olhando a foto, me espantei, não me lembrava como éramos tão jovens. Jovens, sim, um pouco assustados talvez, mas com muita garra!"

Depoimento de Beth Fortes. 2008

PUTA QUE PARIU!

QUEM ENTRA AQUI SÓ SAI MORTO

Jan. 1968 Dez.

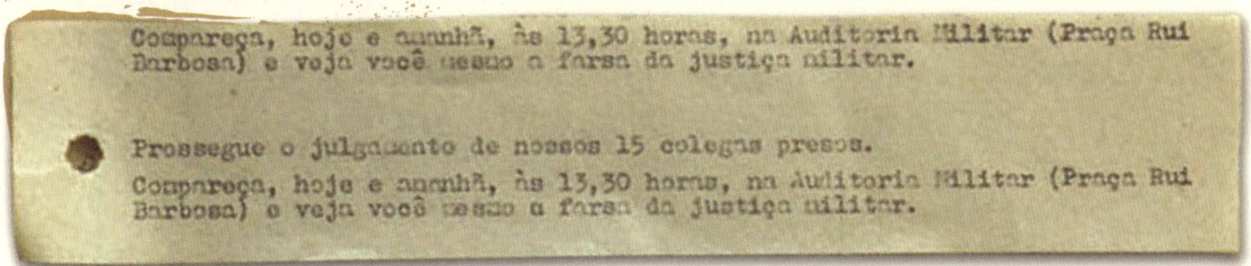

Compareça, hoje e amanhã, às 13,30 horas, na Auditoria Militar (Praça Rui Barbosa) e veja você mesmo a farsa da justiça militar.

Prossegue o julgamento de nossos 15 colegas presos.
Compareça, hoje e amanhã, às 13,30 horas, na Auditoria Militar (Praça Rui Barbosa) e veja você mesmo a farsa da justiça militar.

"Na prisão, os rapazes ficaram trancados numa grande sala com um banheirinho onde antes funcionava uma espécie de escola dentro do presídio do Ahú. As garotas ficavam numa ala isolada de nós, mas convém lembrar que o presídio era masculino, só tinha homens, e a presença de mulheres ali além de ilegal, era um convite ao "crime", não para nós, mas para os presos comuns, ladrões, assassinos, inocentes, enfim o universo de desgraça que normalmente enchia e enche qualquer presídio deste país."

Depoimento de Celso Paciornik. 2008

"Sobre a Irmã Araújo eu tenho um depoimento particular. Como ateu e comunista iniciante, a religião para mim era meio "ópio do povo" como dizia Marx. A irmã fazia visitas regulares aos presos em geral e aos presos políticos em particular para ajudar no que fosse preciso, consolar, levar e trazer bilhetes, inspirar esperança e perseverança. Ela geralmente vinha acompanhada de uma outra irmã mais nova, mais noviça. Baixinha, de aparência nordestina, a voz suave, calma, foi a primeira noção que eu tive de que a Igreja, ou uma parte dela, podia realmente abrigar algum bem, que podia se empenhar em fins nobres, servir aos infortunados, e não apenas encobrir a exploração e os interesses dominantes. Na verdade, se alguém que eu conheça se encaixa na descrição de uma "santa" esse alguém foi a irmã Araújo, com sua dedicação, sua paciência infinita para ouvir todas as queixas, consolar com sua simples presença os mais sofredores. Se existisse um trono divino, no que não acredito desde sempre, ela certamente estaria sentada ao lado. Grande pessoa, grande personagem, exemplo de bondade e dedicação que quem a conheceu jamais esquecerá."

Depoimento de Celso Paciornik. 2008

MANDARAM ENTREGAR SEUS PERTENCES PESSOAIS.

Jan. 1968 Dez.

"No julgamento, minha mãe depôs como testemunha para atestar a idoneidade do filho e se declarou extremamente orgulhosa dele, fizesse o que fizesse. Chorei escondidinho na hora, em pleno tribunal. Ela foi um tremendo apoio quando estivemos presos. Nas quartas-feiras e domingos (único dia de visitas da semana) ela e minhas tias (irmãs dela ou parentes mais distantes) traziam ou enviavam montanhas de comida boa para mim e para meus colegas de prisão. Muitos não tinham família em Curitiba e se refestelaram com as comidas da Fany e suas aliadas. Também ela e algumas tias bordavam tapeçarias que eu desenhava para vender e levantar algum dinheiro.
Mas sobretudo, ela ajudou outros presos de fora com seus processos, contatos com advogados etc.. De pessoa praticamente desinteressada por política, foi tomando consciência do significado nefasto da ditadura militar não só para nós militantes, mas para todo o país, e se colocando cada vez mais do nosso lado. Nesse período desenvolvi por ela e por meu pai um respeito e um afeto redobrados que guardei pelo resto da vida. E creio que o mesmo aconteceu com os outros presos, que em conversas posteriores à prisão, me revelaram seu grande apreço por ela e pela ajuda que prestou naqueles anos."

Depoimento de Celso Paciornik 2008

Jan. 1968 Dez.

**Esse Mundo é Meu**
*Sergio Ricardo / Ruy Guerra - 1963*

Esse mundo é meu/ Esse mundo é meu
Fui escravo no reino/ E sou
Escravo no mundo em que estou
Mas acorrentado ninguém pode/ Amar
Saravá ogum/ Mandinga da gente
continua/ Cadê o despacho pra acabar/
Santo guerreiro da floresta
Se você não vem eu mesmo vou/ Brigar

ABAIXO A DITADURA

FIM

Jan. 1968 Dez.

# DEPOIS

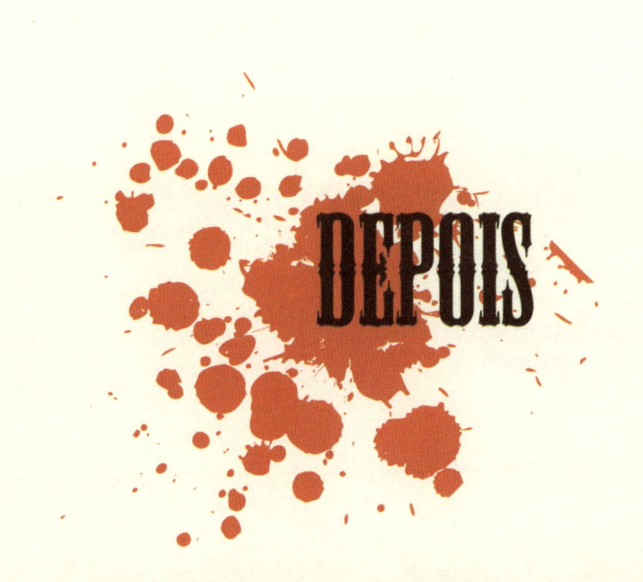

Saber quando começa uma ditadura, é fácil. Difícil mesmo é dizer quando acaba. No dia em que as eleições são convocadas? Que a nova constituição é promulgada? Que a anistia é assinada? Que os generais ficam em casa, de pijama? Que acaba a censura? Que os trabalhadores se organizam livremente em sindicatos? Que a UNE volta? Que o agricultores sem terra vão para a rua? Que os partidos se organizam livremente? Que comunista não é mais palavrão? Que o conhecimento não tem mais limites?
Simples assim? Não!
Desmanchar um país, de arma na mão, é fácil. Lei não vale mais, a ordem é de quem manda, quem pensa e discorda vai para cadeia, morre ou vai para o exílio. Quem perde a terra, abaixa a cabeça e vem para a cidade. Quem não tem emprego, abaixa a cabeça e não reclama. Quem não tem onde morar, abaixa a cabeça e vai para um barraco na beira do rio. Se não tem escola para os meninos, abaixa a cabeça e bota os guris para pedir esmola nas esquinas. Num país de cabeça baixa, onde o medo se instala, melhor não pensar. Bem, e quem se arranjou e conseguiu emprego, compra carro-casa-eletrodoméstico, aplaude desfile, comemora mais uma copa do mundo e não quer outra vida.
É claro que tem o outro lado e um dia a ditadura cai, porque as cabeças se levantam ou porque o prazo de validade do modelo está vencido. Ou, ainda, pela combinação de vários motivos.
Mas o problema é que, em mais de 20 anos, muita coisa ruim vira costume, fica entranhada na vida da sociedade: matar um garoto que está pichando um muro, entregar meninos do morro para os traficantes, soltar banqueiro, prender sem-terra, torturar negros, pobres e putas nas delegacias, perseguir homossexuais, tirar terra de índios, apinhar gente nas cadeias, criar milícias na favela, deixar menina presa em cela com muitos homens, censurar música, manipular notícia, botar polícia na escola, manter escuta telefônica, financiar campanha política com dinheiro do tráfico, usar dinheiro público em benefício próprio, espionar, inventar crime e ignorar os que não são inventados... Hum, essa lista é muito longa.
Bem, para acabar com esses maus costumes, é importante saber de onde vieram, qual é a raiz. Esquecer a ditadura, fazer de conta que não aconteceu, é permitir que continuem.
Para não esquecer, é preciso lembrar. Durante a ditadura militar, milhares de pessoas foram detidas para averiguação – impossível saber quantas porque em muitos casos não existem registros e nem todos os arquivos secretos da rede da repressão foram abertos. Existem alguns números, provavelmente menores do que a realidade: 13.752 indiciados em inquéritos com base na Lei de Segurança Nacional e 7.367 levados ao banco dos réus.
Quantos foram torturados? Nos porões dos quartéis, nos fundos das delegacias, em sítios isolados, a tortura – método primitivo de investigação ou simples manifestação de crueldade, muito eficiente para espalhar o terror – foi usada livremente. Também não há registros, é claro. As intermináveis fichas de suspeitos, registrando tudo o que faziam e pensavam, não incluem anotações desse tipo: tal dia *o suspeito foi colocado no pau-de-arara, teve uma sessão de afogamento, enforcamento, choque ou porrada*... Não, isso não tem nas fichas, claro que não. O que existe são relatos de quem pôde contar, porque muitos morreram sob tortura.
Corpos dilacerados, mutilados, queimados, ossos quebrados, com tiro na nuca, são

provas de crime. Precisam desaparecer. São enterrados em cemitérios clandestinos ou em covas anônimas, lançados ao mar ou jogados na mata. São os desaparecidos, tão presentes em sua ausência.

Não existe, até hoje, uma lista oficial de mortos e desaparecidos durante o regime militar. O Grupo Tortura Nunca Mais, do Rio de Janeiro, levantou, em anos de muito trabalho, o nome de pessoas mortas e desaparecidas. Essa lista, entretanto, é reconhecidamente incompleta. Mortos e desaparecidos não falam e, muitas vezes, o medo ainda é tão grande que, mesmo quem perdeu filho, filha, pai, mãe, mulher, marido, amigo ou amiga, abaixa a cabeça, enxuga as lágrimas e não fala.

Ainda assim, são muitos os nomes nessa lista e cada um deles conta uma história real, de coragem, generosidade, sofrimento e horror. Mas essa lista representa muito mais do que um conjunto de histórias individuais. É um sinal de alerta que mostra como é fácil derrubar as leis e códigos de conduta construídos pelas sociedades humanas ao longo de séculos de aprendizado, para assegurar sua própria sobrevivência. A abolição de castigos corporais e o fim da tortura há muito tempo estão presentes nessas leis e nesses códigos, mas qualquer um, de arma na mão, passa por cima: tortura, mata e esconde e depois abriga o crime sob o manto do esquecimento.

Para evitar que períodos como esses se repitam e para eliminar definitivamente a tortura como prática policial, essas histórias devem ser conhecidas, e não esquecidas; os mortos e desaparecidos devem ser homenageados, e não apagados da memória; os responsáveis devem ser punidos e não perdoados. Onde sopram os ventos do esquecimento, a volta de tempos de horror é sempre possível.

## MORTOS

### 1964

Albertino José de Oliveira **Alfeu de Alcântara Monteiro** Ari de Oliveira Mendes Cunha **Astrogildo Pascoal Vianna** Bernardino Saraiva **Carlos Schirmer** Dilermano Mello do Nascimento **Edu Barreto Leite** Ivan Rocha Aguiar **Jonas José Albuquerque Barros** José de Sousa Labib **Elias Abduch** Manuel Alves de Oliveira

### 1965

José Sabino Manoel **Raimundo Soares** Severino Elias de Melo

### 1967

Clóvis Dias Amorim **David de Souza Meira** Edson Luiz de Lima Souto **Fernando da Silva Lembo** Jorge Aprígio de Paula **José Carlos Guimarães** Luis Paulo Cruz Nunes **Manoel Rodrigues Ferreira** Maria Ângela Ribeiro **Milton Soares de Castro** Ornalino Cândido da Silva

### 1969

Antônio Henrique Pereira Neto (Padre) **Carlos Marighella** Carlos Roberto Zanirato **Chael Charles Schreier** Eremias Delizoikov **Fernando Borges de Paula Ferreira**

**Hamilton Fernando Cunha** João Domingos da Silva **João Lucas Alves** João Roberto Borges de Souza **José Wilson Lessa Sabag** Luiz Fogaça Balboni **Marco Antônio Brás de Carvalho** Nelson José de Almeida **Reinaldo Silveira Pimenta** Roberto Cietto **Sebastião Gomes da Silva** Severino Viana Colon

## 1970

Abelardo Rausch Alcântara **Alceri Maria Gomes da Silva** Ângelo Cardoso da Silva **Antônio Raymundo Lucena** Ari de Abreu Lima da Rosa **Avelmar Moreira de Barros** Dorival Ferreira **Edson Neves Quaresma** Eduardo Collen Leite **Eraldo Palha Freire** Hélio Zanir Sanchotene Trindade **Joaquim Câmara Ferreira** Joelson Crispim **José Idésio Brianesi** José Roberto Spinger **Juarez Guimarães de Brito** Lucimar Brandão Guimarães **Marco Antônio da Silva Lima** Norberto Nehring **Olavo Hansen** Roberto Macarini **Yoshitame Fujimore**

## 1971

Aderval Alves Coqueiro **Aldo de Sá Brito de Souza Neto** Amaro Luís de Carvalho **Antônio Sérgio de Matos** Carlos Eduardo Pires Fleury **Carlos Lamarca** Devanir José de Carvalho **Dimas Antônio Casemiro** Eduardo Antônio da Fonseca **Flávio de Carvalho Molina** Francisco José de Oliveira **Gerson Theodoro de Oliveira** Iara Iavelberg **Joaquim Alencar de Seixas** José Campos Barreto **José Gomes Teixeira** José Milton Barbosa **José Raimundo da Costa** José Roberto Arantes de Almeida **Luís Antônio Santa Bárbara** Luís Eduardo da Rocha Merlino **Luís Hirata Manoel** José Mendes Nunes de Abreu **Marilene Vilas-Boas Pinto** Mário de Souza Prata **Maurício Guilherme da Silveira** Nilda Carvalho Cunha **Odijas Carvalho de Souza** Otoniel Campos Barreto **Raimundo Eduardo da Silva** Raimundo Gonçalves Figueiredo **Raimundo Nonato Paz** Raul Amaro Nin Ferreira

## 1972

Alex de Paula Xavier Pereira **Alexander José Ibsen Voeroes** Ana Maria Nacinovic Corrêa **Antônio Benetazzo** Antônio Carlos Nogueira Cabral **Antônio Marcos Pinto de Oliveira** Arno Preis **Aurora Maria Nascimento Furtado** Carlos Nicolau Danielli **Célio Augusto Guedes** Fernando Augusto da Fonseca **Frederico Eduardo Mayr** Gastone Lúcia Beltrão **Gelson Reicher** Getúlio D'Oliveira Cabral **Grenaldo de Jesus da Silva** Hélcio Pereira Fortes **Hiroaki Torigoi** Ismael Silva de Jesus **Iuri Xavier Pereira** Jeová de Assis Gomes **João Carlos Cavalcanti Reis** João Mendes Araújo **José Bartolomeu Rodrigues de Souza** José Inocêncio Pereira **José Júlio de Araújo** José Silton Pinheiro **Lauriberto José Reys** Lígia Maria Salgado Nóbrega **Lincoln Cordeiro Oest** Lourdes

Maria Wanderly Pontes **Luís Andrade de Sá e Benevides** Marcos Nonato da Fonseca **Maria Regina Lobo Leite Figueiredo** Míriam Lopes Verbena **Ruy Osvaldo Aguiar Pfitzenreuter** Valdir Sales Saboya **Wilton Ferreira**

## 1973

Alexandre Vannucchi Leme **Almir Custódio de Lima** Anatália de Souza Alves de Melo **Antônio Carlos Bicalho Lana** Arnaldo Cardoso Rocha **Emanoel Bezerra dos Santos** Eudaldo Gomes da Silva **Evaldo Luís Ferreira de Sousa** Francisco Emanoel Penteado **Francisco Seiko Okama** Gildo Macedo Lacerda **Helber José Gomes Goulart** Henrique Ornelas Ferreira Cintra **Jarbas Pereira Marques** José Carlos Novaes da Mata Machado **José Manuel da Silva** José Mendes de Sá Roriz **Lincoln Bicalho Roque** Luis Guilhardini **Luís José da Cunha** Manoel Aleixo da Silva **Manoel Lisboa de Moura** Merival Araújo **Pauline Philipe Reichstul** Ranúsia Alves Rodrigues **Ronaldo Mouth Queiroz** Soledad Barret Viedma **Sônia Maria de Moraes Angel Jones**

## 1975

**José Ferreira de Almeida** **Pedro Jerônimo de Souza** Wladimir Herzog

## 1976

Ângelo Arroyo **João Baptista Franco Drummond** João Bosco Penido Burnier (Padre) **Manoel Fiel Filho** Pedro Ventura Felipe de Araújo Pomar

## 1977

José Soares dos Santos

## 1979

Benedito Gonçalves **Guido Leão** Otacílio Martins Gonçalves **Santo Dias da Silva**

## 1980

Lyda Monteiro da Silva **Raimundo Ferreira Lima** Wilson Souza Pinheiro

## 1983

Margarida Maria Alves

# MORTES NO EXÍLIO

Ângelo Pezzuti da Silva **Carmem Jacomini** Djalma Carvalho Maranhão **Gerosina Silva Pereira** Maria Auxiliadora **Lara Barcelos** Nilton Rosa da Silva **Therezinha Viana de Assis** Tito de Alencar Lima (Frei)

# DESAPARECIDOS NO BRASIL

Adriano Fonseca Fernandes Filho **Aluísio Palhano Pedreira Ferreira** Ana Rosa Kucinski Silva **André Grabois** Antônio ´Alfaiate´ **Antônio Alfredo Campos** Antônio Carlos Monteiro Teixeira **Antônio de Pádua Costa** Antônio dos Três Reis Oliveira **Antônio Guilherme Ribeiro Ribas** Antônio Joaquim Machado **Antônio Teodoro de Castro** Arildo Valadão **Armando Teixeira Frutuoso** Áurea Eliza Pereira Valadão **Aylton Adalberto Mortati** Bergson Gurjão Farias **Caiupy Alves de Castro** Carlos Alberto Soares de Freitas **Celso Gilberto de Oliveira** Cilon da Cunha Brun **Ciro Flávio Salasar Oliveira** Custódio Saraiva Neto **Daniel José de Carvalho** Daniel Ribeiro Callado **David Capistrano da Costa** Dênis Casemiro **Dermeval da Silva Pereira** Dinaelza Soares Santana Coqueiro **Dinalva Oliveira Teixeira** Divino Ferreira de Sousa **Durvalino de Souza** Edgard Aquino Duarte **Edmur Péricles Camargo** Eduardo Collier Filho **Elmo Corrêa** Elson Costa **Enrique Ernesto Ruggia** Ezequias Bezerra da Rocha **Félix Escobar Sobrinho** Fernando Augusto Santa Cruz Oliveira **Francisco Manoel Chaves** Gilberto Olímpio Maria **Guilherme Gomes Lund** Heleni Telles Ferreira Guariba **Helenira Rezende de Souza Nazareth** Hélio Luiz Navarro de Magalhães **Hiran de Lima Pereira** Honestino Monteiro Guimarães **Idalísio Soares Aranha Filho** Ieda Santos Delgado **Isis Dias de Oliveira** Issami Nakamura Okano **Ivan Mota Dias** Jaime Petit da Silva **Jana Moroni Barroso** Jayme Amorim Miranda **João Alfredo Dias** João Batista Rita **João Carlos Haas Sobrinho** João Gualberto Calatroni **João Leonardo da Silva Rocha** João Massena Melo **Joaquim Pires Cerveira** Joaquinzão **Joel José de Carvalho** Joel Vasconcelos Santos **Jorge Leal Gonçalves Pereira** Jorge Oscar Adur (Padre) José Humberto Bronca **José Lavechia** José Lima Piauhy Dourado **José Maria Ferreira Araújo** José Maurílio Patrício **José Montenegro de Lima** José Porfírio de Souza **José Roman** José Toledo de Oliveira **Kleber Lemos da Silva** Libero Giancarlo Castiglia **Lourival de Moura Paulino** Lúcia Maria de Sousa **Lúcio Petit da Silva** Luis Almeida Araújo **Luís Eurico Tejera Lisboa** Luís Inácio Maranhão Filho **Luiz René Silveira e Silva** Luiz Vieira de Almeida **Luíza Augusta Garlippe** Manuel José Nurchis **Márcio Beck Machado** Marco Antônio Dias Batista **Marcos José de Lima** Maria Augusta Thomaz **Maria Célia Corrêa** Maria Lúcia Petit da Silva **Mariano Joaquim da Silva** Mario Alves de Souza Vieira **Maurício Grabois** Miguel Pereira dos Santos **Nelson** de Lima Piauhy Dourado Nestor Veras **Norberto Armando Habeger** Onofre Pinto **Orlando da Silva Rosa Bonfim Júnior** Orlando Momente **Paulo César Botelho Massa** Paulo Costa Ribeiro Bastos **Paulo de Tarso Celestino da Silva** Paulo Mendes Rodrigues **Paulo Roberto Pereira Marques** Paulo Stuart Wright **Pedro Alexandrino de Oliveira Filho** Pedro Carretel **Pedro Inácio de Araújo** Ramires Maranhão do Vale **Rodolfo de Carvalho Troiano** Rosalindo Souza **Rubens Beirodt Paiva** Ruy Carlos Vieira Berbert **Ruy Frazão Soares** Sérgio Landulfo Furtado **Stuart Edgar Angel Jones** Suely Yumiko Kamayana **Telma Regina Cordeiro Corrêa** Thomaz Antônio da Silva Meirelles Neto **Tobias Pereira Júnior** Uirassu de Assis Batista **Umberto Albuquerque Câmara Neto** Vandick Reidner Pereira Coqueiro **Virgílio Gomes da Silva** Vitorino Alves Moitinho **Walquíria Afonso Costa** Wálter de Souza Ribeiro **Wálter Ribeiro Novaes** Wilson Silva

# DESAPARECIDOS NA ARGENTINA

Francisco Tenório Júnior **Jorge Alberto Basso** Luiz Renato do Lago Faria **Maria Regina Marcondes Pinto** Roberto Rascardo Rodrigues **Sidney Fix Marques dos Santos** Walter Kenneth Nelson Fleury

# DESAPARECIDOS NO CHILE

Jane Vanini **Luiz Carlos Almeida** Nelson de Souza Kohl **Túlio Roberto Cardoso Quintiliano** Wânio José de Matos

# DESAPARECIDOS NA BOLÍVIA

Luiz Renato Pires de Almeida

2008

# 40 ANOS DEPOIS
# A TURMA DE 68 FICOU ASSIM...

DESDE QUE COLOCOU AS MÃOS NUMA CÂMERA, NUNCA MAIS PAROU DE FAZER FILMES. BONS FILMES, COM UMA PITADA DE CINISMO E OUTRA DE AMARGURA, QUE NEM SEMPRE FAZEM O SUCESSO QUE MERECEM.

VOLTOU EM 1985 E FOI DIRETO PARA A AMAZÔNIA. É DIRETOR DE UMA DAS MAIORES ORGANIZAÇÕES NÃO-GOVERNAMENTAIS AMBIENTALISTAS DO PLANETA. VEZ POR OUTRA, ENCONTRA MARIA. JUNTOS, DÃO BOAS RISADAS LEMBRANDO DAS HISTÓRIAS DE 68 MAS, NO FUNDO, ATÉ HOJE ACHA QUE ELA PODIA SER UM POUCO MENOS RADICAL. E MARIA DIZ QUE ELE É VERDE DEMAIS.

NÃO PAROU DE BRIGAR DESDE QUE SAIU DA CADEIA, EM 1970. PRIMEIRO, PARA VOLTAR PARA UNIVERSIDADE, CONSEGUIR TRABALHO, TIRAR CARTEIRA DE MOTORISTA. IMPACIENTE, FOI PRESA MAIS DUAS VEZES POR DESACATO A AUTORIDADE. PARTICIPOU DO MAR DE MOVIMENTOS QUE SURGIU COM O FIM DA DITADURA. CONTINUA UM POUCO EXCÊNTRICA, NÃO GOSTA DE DIZER SEU NOME COMPLETO, PASSA PARA O OUTRO LADO DA RUA QUANDO VÊ UMA FARDA E TEM UMA INEXPLICÁVEL COLEÇÃO DE SPRAYS EM CASA.

ASSASSINADO PELO DOI/CODI EM SÃO PAULO, AOS 24 ANOS E ENTERRADO COMO INDIGENTE NO CEMITÉRIO DE VILA FORMOSA.
O LAUDO DA NECRÓPSIA DIZ QUE FOI MORTO EM TIROTEIO.

DESAPARECIDO AOS 26 ANOS DE IDADE, EM SÃO PAULO.
OS RELATÓRIOS DA POLÍCIA CONFIRMAM SUA MORTE DURANTE INVESTIGAÇÃO DE UM PROVÁVEL APARELHO COMUNISTA E ATÉ HOJE A FAMÍLIA PROCURA O LOCAL ONDE FOI SEPULTADO.

PRESO NO DIA DO AI-5, FOI JULGADO E CONDENADO A 3 ANOS DE PRISÃO. SAIU DA CADEIA E DO PAÍS, ESTUDOU NA SORBONNE, VIROU ASSESSOR DO BANCO MUNDIAL PARA O BRASIL E DEU DE CARA COM MARIA NUMA MANIFESTAÇÃO DE PROTESTO. ELA CARREGAVA UM CARTAZ DIZENDO: THE WORLD BANK: 50 YEARS IS NOT ENOUGH? MAS TUDO TERMINOU NUM ABRAÇO DE MUITA SAUDADE.

NÃO VIROU PRESIDENTE, MAS FOI DEPUTADO POR MUITOS ANOS. COM O TEMPO, FOI DEIXANDO DE SER JEITOSO E POPULAR E NÃO GANHOU MAIS ELEIÇÃO ALGUMA, NEM PARA SÍNDICO DO PRÉDIO ONDE MORA. ADORA CONTAR HISTÓRIAS DOS GLORIOSOS TEMPOS DA LUTA CONTRA A DITADURA.

SALTIMBANCO, ALEGROU GERAÇÕES COM SUAS PEÇAS CHEIAS DE HUMOR E ESPERANÇA. MONTOU UM GRUPO DE TEATRO CHAMADO ESQUADRÃO DA VIDA, BEM NO TEMPO EM QUE O OUTRO ESQUADRÃO VIROU MODA. E SEGUE ESPALHANDO O RISO BRASIL AFORA.

# FONTES DE CONSULTA (E PARA CONSULTA)

"Cultura e política 1964-1969" no livro Pai de Família e outros estudos. Roberto Schwarz. Companhia das Letras.2008
1968: a análise e a memória. Secretaria de Estado da Cultura. Paraná. 1998
1968: O ano que não terminou. Zuenir Ventura. Editora Nova Fronteira. 1988
A década de 50: populismo e metas desenvolvimentistas no Brasil. Marly Rodrigues. Editora Ática.1999
A Década de 60: rebeldia, contestação e repressão política. Maria Helena Simões Paes. Editora Ática. 1997
A década de 70: apogeu e crise da ditadura militar brasileira. Nadine Habert. Editora Ática. 1992.
A ditadura envergonhada. Elio Gaspari.Companhia das Letras. 2002.
A Revista no Brasil. Editora Abril 2000
Censura no Regime Militar e Militarização das Artes. Alexandre Ayub Stephanou. Porto Alegre: EdiPUC-RS. 2006
Curitiba: 300 anos de memória oficial e real. Almerinda Guerreiro Phototypes, 1994.
Liberdade, Liberdade. Millor Fernandes e Flávio Rangel. Editora L&M. 2006
Marginália. Marisa Alvarez Lima. Editora Salamandra. 1996
Memórias de Gregório Bezerra. 2ª parte. Editora Civilização Brasileira.1979
Paulo Freire: Uma História de Vida. Ana Maria Araújo Freire. Editora Villa das Letras. 2006.
Pequena história de grandes talentos: os primeiros passos da televisão no Paraná. Jamur Júnior. Edição do Autor. 2001.
Plano de Educação. Instituto de Pesquisa e Planejamento Urbano de Curitiba. 1968
Resistência Democrática: a repressão no Paraná. Milton Ivan Heller. Editora Paz e Terra. 1988
Roteiro da Intolerância: a censura cinematográfica no Brasil. Inimá Ferreira Simões. Editora Senac.1999
Vencer ou morrer: futebol, geopolítica e identidade nacional. Gilberto Agostino. , Mauad, 2002.
Viagem à Terra do Brasil. Jean de Lèry. EdUSP. 1972
Vlado: retrato da morte de um homem e de uma época. Paulo Markun (org.). São Paulo, Círculo do Livro, 1985.
1630-1654 Holandeses em Pernambuco. Leonardo Dantas Silva
Silva, Leonardo Dantas
Holandeses em Pernambuco 1630-1654. Leonardo Antônio Dantas Silva. L.Dantas Silva Editor. 2005

Artigos

Fases do Ciclo Militar e censura a livros – Brasil, 1964-1978. Sandra Reimão. UMESP

Idéias antiescravistas da Ilustração na sociedade escravista brasileira. Antonio Penalves Rocha.

Problemas no paraíso: a democracia racial brasileira frente à imigração afro-americana (1921)Tiago de Melo Gomes

O Ensino Superior no Brasil e os Acordos MEC/USAID: uma contribuição ao estudo do intervencionismo norteámericano na educação brasileira. Eder Fernando dos Santos/Mário Luiz Neves de Azevedo

Sempre maio: de 1968 a 1998. Virgínia Fontes. UFRJ

Arquivos Abertos: O que o País não pôde ver nem ouvir, em 70 mil documentos. Luciana Nunes Leal. O Estado de S. Paulo, 30/01/05

Africanos penitenciados pela Inquisição portuguesa. Daniela Buono Calainho
Revista Lusófona de Ciências das Religiões. Ano II. 2004

Mileandre Garcia. A questão da cultura popular: as políticas culturais do Centro Popular de Cultura (CPC) da União Nacional dos Estudantes (UNE). Revista Brasileira de História, vol. 24, nº 47

Paris Maio de 1968. Coleção Caderna. 2003

Benilton Bezerra Jr.. entrevista especial à IHU On-Line,

ACERVOS
Acervo Pessoal Vitorio Sorotiuk
Acervo Pessoal Teresa Urban
Acervo Família Fortes

ARQUIVOS
Arquivo DCE - Encadernação 67-68
Arquivo DCE - Encadernação 68-69

Arquivo Público - Dossiê Censura 182-21
Arquivo Público - Dossiê Diretório Central dos Estudantes - Federal 074-84
Arquivo Público - Dossiê DOPS
Arquivo Público - Dossiê DOPS - UPE
Arquivo Público - Dossiê DOPS 0951-116
Arquivo Público - Dossiê DOPS 1182-141
Arquivo Público - Dossiê DOPS 1278-150
Arquivo Público - Dossiê DOPS 1306-152
Arquivo Público - Dossiê DOPS 1548-187
Arquivo Público - Dossiê DOPS 1605-195
Arquivo Público - Dossiê DOPS 189a-22
Arquivo Público - Dossiê DOPS 2327-264
Arquivo Público - Dossiê DOPS 2372-271
Arquivo Público - Dossiê DOPS AP
Arquivo Público - Dossiê DOPS MR-8
Arquivo Público - Dossiê DOPS PCB
Arquivo Público - Dossiê DOPS POLOP
Arquivo Público - Dossiê Ensino Pago 0928-114
Arquivo Público - Dossiê Manifestos Subversivos
Arquivo Público - Dossiê Movimento Contra a Ditadura
Arquivo Público - Dossiê Política Educacional do Governo 2246-190
Arquivo Público - Dossiê Revista Veja 172-206
Arquivo Público - Dossiê Teatro do Estudante Universitário 2245-249
Arquivo Público – Dossiê DOPS 0325-291
Arquivo Público – Dossiê DOPS 0329-292
Arquivo Público – Dossiê DOPS 0346-293
Arquivo Público – Dossiê DOPS 0380-295
Arquivo Público – Dossiê DOPS 0400-296
Arquivo Público – Dossiê DOPS 0741-83
Arquivo Público – Dossiê DOPS 0742-84
Arquivo Público – Dossiê DOPS 0791-092
Arquivo Público – Dossiê DOPS 0828-100
Arquivo Público – Dossiê DOPS 0829-100
Arquivo Público – Dossiê DOPS 0830-100
Arquivo Público – Dossiê DOPS 0850-104
Arquivo Público – Dossiê DOPS 0928-114
Arquivo Público – Dossiê DOPS 122 -015
Arquivo Público – Dossiê DOPS 1306-152
Arquivo Público – Dossiê DOPS 1307-152
Arquivo Público – Dossiê DOPS 1456-171
Arquivo Público – Dossiê DOPS 1562-189
Arquivo Público – Dossiê DOPS 1605-195
Arquivo Público – Dossiê DOPS 198a-22
Arquivo Público – Dossiê DOPS 2231-241
Arquivo Público – Dossiê DOPS 2231-247
Arquivo Público – Dossiê DOPS 2246-190
Arquivo Público – Dossiê DOPS 2313-260
Arquivo Público – Dossiê DOPS 2327-264

Arquivo Público – Dossiê DOPS 2327-264
Arquivo Público - Dossiê União Nacional dos Estudantes – UNE (Mini-Congresso XXXº Congresso de Curitiba) 2324-263

Arquivo Público – Fichas nominais
Arquivo Público - Relatório do Movimento Anual da Delegacia de Ordem Política e Social. Curitiba. 26/12/1968

JORNAIS
Barata - Jornal do DARPP. 1969
Jornal O Atalho. APLP. 1976

Gazeta do Povo.
15/03/1967
04/09/1967
01/01/1968
07/01/1968
10/01/1968
27/01/1968
01/02/1968
02/02/1968
06/02/1968
22/02/1968
23/02/1968
24/02/1968
02/03/1968
13/03/1968
15/03/1967
19/03/1968
21/03/1968
26/03/1968
27/03/1968
29/03/1968
30/03/1968
31/03/1968
02/04/1968
03/04/1968
05/04/1968
07/04/1968
09/04/1968
10/04/1968
01/05/1968
05/05/1968
07/05/1968
13/05/1968
14/05/2968
16/05/1968
17/05/1968
18/05/1968
21/05/1968
04/08/1968
31/10/1968
20/10/1968
14/12/1968
18/12/1968

O Estado do Paraná
18/09/1966

27/01/1967
06/02/1968
14/05/1968
15/05/1968
16/05/1968
10/10/1968
15/10/1968
20/10/1968
12/11/1968
14/11/1968
15/11/1968
21/11/1968
18/12/1968
24/12/1968

Diário do Paraná. Biblioteca Pública do Paraná
07/01/1968
10/01/1968
12/01/1968
14/01/1968
27/01/1967
16/10/1968
01/11/1968
10/11/1968
19/11/1968
21/11/1968
12/11/1968
26/10/1968
14/12/1968
18/12/1968
30/12/1968

Tribuna do Paraná
27/01/1967
13/05/1968
14/05/1968
15/05/1968
24/08/1968
23/09/1967
26/10/1968
14/12/1968
18/12/1968
27/12/1968

O Dia 30/03/1968
Jornal do Brasil 29/03/1968
O Estado de São Paulo. 14/10/1968


Revista Reportagem. Janeiro/ 1968 - Biblioteca Pública do Paraná
Revista TV Programas. Setembro/1968 - Biblioteca Pública do Paraná
Revista Panorama. Maio/1968 - Biblioteca Pública do Paraná
Revista Panorama. Julho/1968 - Biblioteca Pública do Paraná
Revista Seleções de Reader's Digest. Abril de 1968
Revista Seleções do Reader's Digest. Maio de 1968
Revista Seleções de Reader's Digest. Junho de 1968
Revista Seleções do Reader's Digest. Setembro de 1968
Revista Ele Ela. Julho de 1970

Revista Quatro Rodas. Março de 1967
Revista Placar. Dezembro de 1971
Revista Realidade. Setembro de 1968
Revista O cruzeiro. 22 Junho de 1968
Revista O Cruzeiro. 15/6/1968
Revista Realidade. Janeiro de 1968
Revista Figurino Moderno. Outubro 1967
Revista Fotos e Fotos. 19/12/1968
Revista Mundo. Set/Out 1968. Biblioteca Pública do Paraná
Revista Diálogo UPES. Maio/1968. Biblioteca Pública do Paraná

Internet

Memória Viva - www.memoriaviva.com.br
www.cefetsp.br
www.cpdoc.fgv.br
decadade50.blogspot.com
decadade50.blogspot.com
www.torturanuncamais-rj.org.br
www.marxists.org
www. multirio.rj.gov.br
www.diariosdaditadura.com.br
almanaque.folha.uol.com.br

Depoimentos
Elisabeth Fortes
Judite Maria Trindade
Celso Paciornik
Ivete Jung

Músicas

Chegança. Antônio Nóbrega, 1997

Não Existe Pecado ao Sul do Equador. Chico Buarque/Rui Guerra-1973

Estatuinha. Augusto Boal/Gianfrancisco Guarnieri/Edu Lobo-1965

O Mestre-Sala dos Mares. João Bosco e Aldir Blanc-1975

Retrato do Velho. Haroldo Lobo e Marino Pinto-1951

Se eu fosse Getúlio. Arlindo Marques Jr/Roberto Roberti-1954

Presidente Bossa Nova. Juca Chaves

Vai tudo bem. Antonio Almeida-1959

Catorze Anos. Paulinho da Viola-1966

Alegria, Alegria. Caetano Veloso-1967

Baby. Caetano Veloso-1968

Soy Loco por ti América. Gilberto Gil/Capinan-1968

Vence na vida quem diz sim. Chico Buarque-1972

Tempo de Guerra. Edu Lobo/G. Guarnieri/Boal-1965
Cálice. Chico Buarque/Gilberto Gil-1973

Divino Maravilhoso. Caetano Veloso-1968

Parque Industrial. Tom Zé-1968

São, São Paulo, Meu Amor. Tom Zé-1968

Calabouço. Sérgio Ricardo-1968

Me gustan los estudiantes. Violeta Parra
Não Chores Mais. Bob Marley - 1974/versão Gilberto Gil
É Proibido Proibir. Caetano Veloso - 1968

Com que roupa? Noel Rosa-1930
I Don't Wanna Go To Vietnam . John Lee Hooker-1968
If you miss me at the back of the bus. C. Neblett

Bom Conselho. Chico Buarque-1972

Coração De Estudante. Milton Nascimento/Wagner Tiso-1983

João e Maria. Chico Buarque/ Sivuca-1977

Eles. Caetano Veloso-1967

Pesadelo. Paulo César Pinheiro/ Maurício Tapajós-1972

A Praça é do Povo. Sergio Ricardo/Glauber Rocha-1967

Menina, amanhã de manhã. Tom Zé/Perna-1972

Biquíni de Bolinha Amarelinha. Pockriss e Vance/versão Hervé Cordovil-1960

Deus e o Diabo Na Terra do Sol. Glauber Rocha/Sérgio Ricardo-1964

2001. Rita Lee/Tom Zé-1968

Samba do Crioulo Doido. Stanislaw Ponte Preta (Sérgio Porto)-1968

Questão de ordem. Gilberto Gil-1968

Roda Viva. Chico Buarque-1967

Opinião. Zé Keti-1965

Uma vida só. Odair José/Ana Maria-1973

Ensaboa. Cartola/Monsueto

Pata Pata. Miriam Makeba-1960

Mas que nada. Jorge Ben Jor-1963

Parei na Contramão. Roberto Carlos-1963

Deixa isso pra lá. Alberto Paz/Edson Menezes-1964

Disparada. Geraldo Vandré/Theo de Barros-1966

Cantiga Brava. Geraldo Vandré-1968

Marcha de Quarta-Feira de Cinzas. Vinícius de Moraes/Carlos Lyra-1964

Ponteio. Edu Lobo/Capinan-1967

Nada será como antes. Milton Nascimento/Ronaldo Bastos-1972

Bigorrilho. Sebastião Gomes/Paquito/Romeu Gentil-1964 (Adaptado pelos estudantes)

Panis et circenses. Caetano Veloso/Gilberto Gil-1968

Esse Mundo é Meu. Sergio Ricardo/Ruy Guerra-1963

Os tipos utilizados neste livro foram:

American Typewriter
Arno Pro
Escrita à mão (de Guilherme Caldas)
MESQUITE STD.